Goldstadt-Reiseführer
Fränkische Schweiz

Gernot Messarius

Titelbilder: Wallfahrtskirche und Burg Gößweinstein
Ortseingang von Pottenstein
Das eindrucksvolle „Walberla"

Karte: Deutschland 1:500 000, RV-Verlag, Stuttgart
Stadtpläne: Goldstadtverlag
Fotos: Fremdenverkehrsverband Franken, Nürnberg
Tourismus-Zentrale Ebermannstadt,
Tourist Information Lauf, Verkehrsamt Bamberg,
Verkehrsamt Bayreuth, Verkehrsbüro Pottenstein,
Kulmbacher Mönchshofbräu,
Günter Schäfer und Gernot Messarius

ISBN 3-87269-319-0


3. erweiterte und aktualisierte Auflage

Herstellung: Karl A. Schäfer, Buch- und Offsetdruckerei, Pforzheim
Vertrieb: GeoCenter Verlagsvertrieb GmbH, München

0392049230

Goldstadt-Reiseführer
Band 319

# Fränkische Schweiz

**Naturpark**
**Fränkische Schweiz**
**Veldensteiner Forst**
**Obermaintal**
**Frankenalb**
**Nürnberger Land**

Gernot Messarius

30 Farbfotos
64 Fotos s/w
3 Stadtpläne
1 farbige Landkarte

GOLDSTADTVERLAG PFORZHEIM

# INHALTSVERZEICHNIS

## Städte und Orte von A - Z



## Praktische Hinweise

Route 1
Route 2
Route 3
Route 4
Lichtenfels
Kulmbach
Redwitz a. d. R.
Staffelstein
Vierzehnheiligen
Breitengüßbach
Hallstadt
Bamberg
Scheßlitz
Würgau
Hollfd.
Fränkische Schweiz
Ebermannstadt
Gößweinstein
Behringersmühle
Pottenstein
Forchhm.
Pretzfd.
Egloffstein
Obertrubach
Hiltpoltstein
Gräfenbg.
Erlangen
Herzogenaurach
Sebalder Wald
Lauf a. d. P.
Hersbruck
Fürth
Zirndorf
Nürnberg
Stein b. N.
Feucht
Altdorf b. N.
Schwabach
Wendelstein
Schnaittach
Hüttenb.
Main
Wiesent
Regnitz
Pegnitz
Aisch

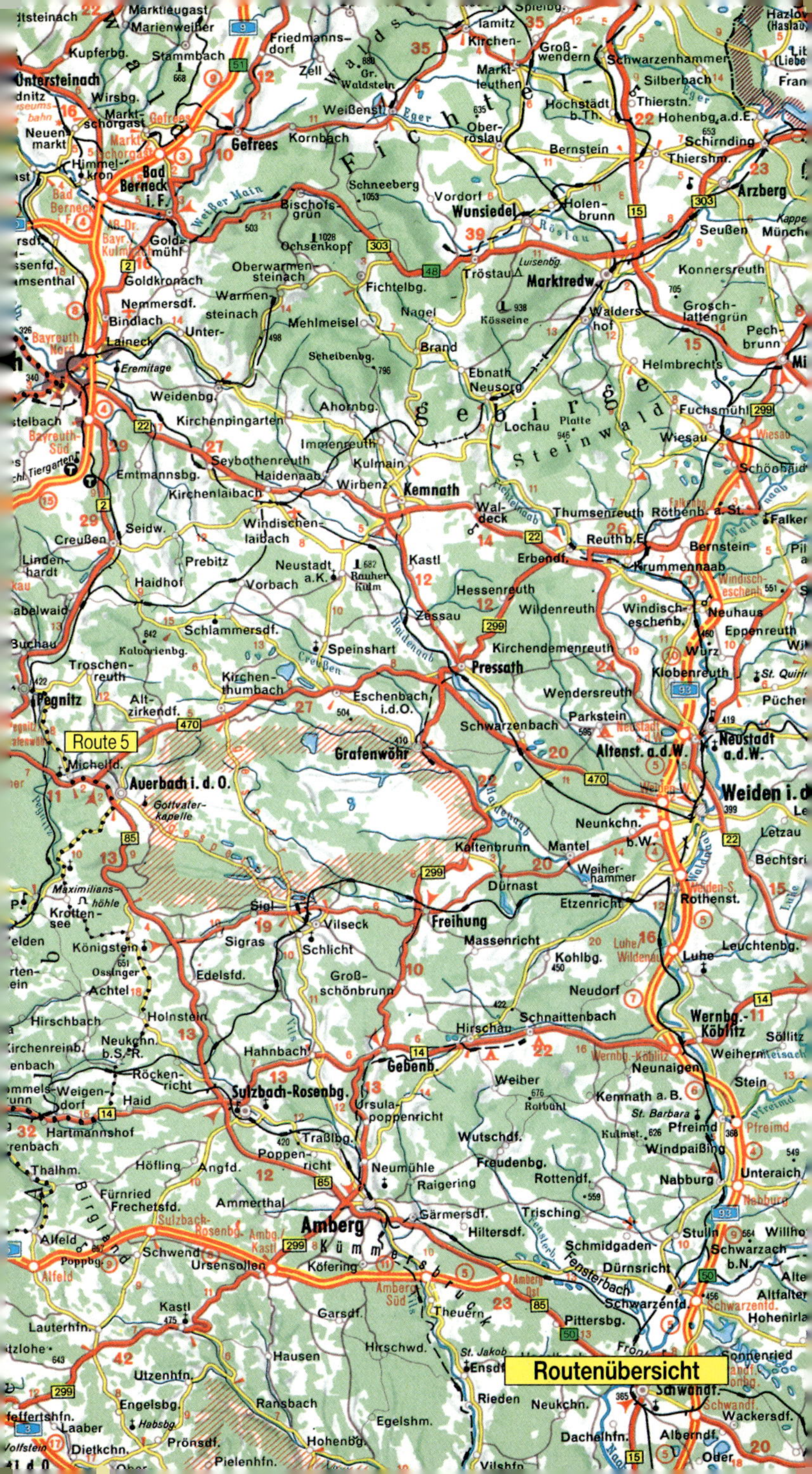

Routenübersicht
Route 5
Fichtelgebirge
Steinwald
Marktleugast
Marienweiher
Kupferbg.
Stammbach
Friedmanns-dorf
Zell
Gr. Waldstein
Lamitz
Kirchen-lamitz
Groß-wendern
Schwarzenhammer
Silberbach
Thierstn.
Hohenbg. a.d.E.
Schirnding
Thiershm.
Arzberg
Untersteinach
Wirsbg.
Markt-schorgast
Neuenmarkt
Himmel-kron
Bad Berneck i.F.
Gefrees
Kornbach
Weißenstadt
Ober-röslau
Markt-leuthen
Höchstädt b.Th.
Bernstein
Schneeberg
Vordorf
Wunsiedel
Holen-brunn
Seußen
Bischofs-grün
Ochsenkopf
Gold-mühl
Goldkronach
Oberwarmen-steinach
Fichtelbg.
Tröstau
Luisenbg.
Marktredw.
Konnersreuth
Nemmersdf.
Bindlach
Laineck
Warmen-steinach
Unter-
Mehlmeisel
Nagel
Kösseine
Walders-hof
Grosch-lattengrün
Pech-brunn
Eremitage
Scheibenbg.
Brand
Ebnath
Neusorg
Helmbrechts
Bayreuth
Weidenbg.
Ahornbg.
Lochau
Platte
Fuchsmühl
Wiesau
Kirchenpingarten
Immenreuth
Kulmain
Schönhaid
Emtmannsbg.
Seybothenreuth
Haidenaab
Wirbenz
Kemnath
Kirchenlaibach
Wal-deck
Thumsenreuth
Röthenb. a. St.
Falkenbg.
Creußen
Seidw.
Windischen-laibach
Reuth b.E.
Bernstein
Linden-hardt
Prebitz
Neustadt a.K.
Rauher Kulm
Kastl
Erbendf.
Krummennaab
Haidhof
Vorbach
Hessenreuth
Wildenreuth
Windisch-eschenb.
Neuhaus
Schlammersdf.
Zessau
Eppenreuth
Kalvarienbg.
Speinshart
Kirchendemenreuth
Würz
Buchau
Troschen-reuth
Kirchen-thumbach
Pressath
Klobenreuth
St. Quirin
Pegnitz
Alt-zirkendf.
Eschenbach i.d.O.
Wendersreuth
Püchersreuth
Parkstein
Michelfd.
Auerbach i.d.O.
Gottvater-kapelle
Grafenwöhr
Schwarzenbach
Altenst. a.d.W.
Neustadt a.d.W.
Weiden i.d.
Neunkchn. b.W.
Letzau
Maximilians-höhle
Krotten-see
Kaltenbrunn
Mantel
Weiher-hammer
Bechtsri
Dürnast
Etzenricht
Rothenst.
Königstein
Ossinger
Sigl
Sigras
Vilseck
Schlicht
Freihung
Massenricht
Kohlbg.
Luhe
Leuchtenbg.
Achtel
Edelsfd.
Groß-schönbrunn
Neudorf
Hirschbach
Holnstein
Neukchn. b.S.-R.
Hahnbach
Hirschau
Schnaittenbach
Wernbg.-Köblitz
Söllitz
Gebenb.
Weiherm
Röcken-richt
Weigen-dorf
Haid
Sulzbach-Rosenbg.
Ursula-poppenricht
Weiher
Rotbühl
Kemnath a. B.
Neunaigen
Stein
Hartmannshof
Traßlbg.
Wutschdf.
St. Barbara
Kulmst.
Pfreimd
Windpaißing
Thalhm.
Höfling
Angfd.
Poppen-richt
Neumühle
Freudenbg.
Rottendf.
Nabburg
Unteraich
Fürnried
Frechetsfd.
Ammerthal
Raigering
Gärmersdf.
Trisching
Hiltersdf.
Stulln
Schwarzach b.N.
Alfeld
Poppbg.
Schwend
Amberg
Kümmersbruck
Ursensollen
Köfering
Schmidgaden
Dürnsricht
Fensterbach
Schwarzenfd.
Altfalter
Hohenirla
Kastl
Theuern
Garsdf.
Pittersbg.
Lauterhfn.
Hirschwd.
St. Jakob
Ensdf.
Sonnenried
Hausen
Utzenhfn.
Engelsbg.
Habsbg.
Ransbach
Egelshm.
Rieden
Neukchn.
Schwandf.
Wackersdf.
Laaber
Dietkchn.
Prönsdf.
Hohenbg.
Dachelhfn.
Alberndf.
Pielenhfn.
Vilshfn.
Oder

*Es ligt die weitberühmte deß Heiligen Röm. Reichs Stadt Nürnberg im Fränckischen Creiß an der Pegnitz, so bey Fürth in die Regnitz oder Rednitz und diese förters in den Mayn fället, auf einem sandigten gar harten Boden, das weder Weinwachs noch Schiffarth ist, die auch nicht eben, sondern auf etlichen Berglein erbauet, deren Hand jedoch durch alle Land gehet. Woher aber ihr Name kommt und wer sie erbauet, davon seynd unterschiedliche Meynungen.*

*Matthaeus Merian, 1641*

*

*Wir bestiegen noch einen hohen Berg hinter Muggendorf, dessen Spitze (das Quakenschloß genannt) ein paar isolierte Felsenstücke trägt. Man sieht hier die ganze gebirgige Gegend umher, 14 Schlösser, und am Horizont den Fichtelberg.*

*Wilhelm Heinrich Wackenroder, 1793*

*

*Mittwoch abend reist' ich wieder von Erlangen ab, kam spät nach Mitternacht in Bamberg an, auf einem verdammt kalten und unsicheren Weg, wo man uns wegen den Diebesbanden in den Wäldern einen Husaren entgegenschickte.*

*Friedrich Hölderlin, 1794*

*

*In Muggendorf sind zwar zwölf Wirthshäuser; eine übermäßige Anzahl für einen Ort, der nur in allen aus 53 Häusern besteht und keine gangbare Straße hat, und gleichwohl hatte ich mehr als einmal den Verdruß, wenn ich entkräftet von meinen Bergreisen zurückkam, von einem Wirtshaus in das andere gewiesen zu werden, ohne eine Erfrischung zu erhalten. –*
*Sie brauen nach ihrem Bedürfniß . . . und geben solches nur aus Gefälligkeit her, unterdessen sie den Rest selbst austrinken und fremde Gäste mit kahlen Entschuldigungen abweisen.*

*Johann Gottfried Köppel, 1794*

*

*Die Ruinen des alten Schlosses Neideck sind die größten und romantischsten, so ich gesehen habe. Tausend Schlösser mögen höher und lieblicher und weitaussehender gelegen haben, wenige sicher so fest und so stattlich als dieses, bis das Pulver die Schlösser und Ritter niederwarf.*

*Ernst Moritz Arndt, 1798*

*Du liebliches Bayreuth, auf einem so schön gearbeiteten, so grün angestrichenen Präsentierteller von Gegend einem dargeboten, man sollte sich einbohren in dich, um nimmer heraus zu können.*

*Jean Paul, 1813*

*

*Weiter wandten wir uns nach dem Hohenstein, einer mit Burgruine und Warte bezeichneten Bergspitze, von wo sich die reichste Aussicht über viele Meilen in der Runde aufthut. Das einzige, was bei allen Schönsichten dieses Teiles von Franken unangenehm auffällt, ist die allzugroße Menge von Wäldern, besonders Nadelwaldungen.*

*August Graf von Platen, 1820*

*

*Bamberg liegt in einer der schönsten Gegenden Deutschlands, weit schöner als Würzburg, mitten in Gemüse-Gärten, Süßholz-, Fenchel- und Anisländern, beherrscht vom Kloster Michelsberg, und entzückt, zumal wenn man aus Sachsen kommt.*

*Karl Julius Weber, 1827*

*

*Nun bin ich schon vier Tage in Nürnberg. Es wird mit schwer fallen, mich von dieser Stadt zu trennen, denn sie übertrifft alle meine Erwartungen. Man geht keine zehn Schritte, ohne etwas Malerisches zu finden.*

*Woldemar Hottenroth, 1828*

*

*Dann kamen wir an eine klappernde Mühle und erblickten auf steilem Berge das weitläufige Schloß Gößweinstein. Es thront majestätisch über dem engen Felsenthal, dessen Wände mit Buchen bewachsen sind, aus denen hie und da einzelne Steinmassen hervorragen. Der steile Fußsteig war sehr ermüdend, und dennoch müssen die Einwohner des Marktfleckens ihr Wasser hier vom Flusse heraufschaffen, da sie kein anderes besitzen. Nur im Schloß ist eine Cisterne.*

*H.L.H. Fürst Pückler-Muskau, 1835*

*

*Bamberg selbst ist weniger groß und reich als Würzburg, doch sind alle Gebäude steinerne und die Hauptstraßen lebhaft.*

*Jacob Grimm, 1837*

Das Alte Rathaus in Bamberg
wurde auf Pfahlrosten
in der Regnitz erbaut

oben: Ammoniten des Juragebirges
erinnern an die Kreidezeit

unten: Eine besondere Attraktion
ist die Welt der Tropfsteinhöhlen

*Dies (Muggendorf) ist der eigentliche Mittelpunkt der fränkischen Schweiz. Das Gebirge reizt mich sehr. Es ist so ganz deutsch, dem Harz ähnlich, der Wald und die Wiesen von bezaubernder Frische und Grüne. Freilich können die Wiesen wohl grün sein; die Wiesent wird mit Schöpfrädern oder sonst in kleinen Gräbern hindurchgeleitet, sie zu bewässern. – Die Weiber sind alle hübsch; ich habe kein einziges häßliches Gesicht gesehen.*

*Karl Leberecht Immermann, 1837*

*

*Bei Streitberg, an der forellenreichen Wiesent, fängt die wilde Landschaft an. Zerklüftete Kalkgebirge mit abenteuerlich ausgewitterten Dolomitfelsnadeln und Felsspitzen, enge Felswandtäler mit frischgrünem Gebirgswasser, dazu die vielen abenteuerlichen Tropfsteinhöhlen mit den merkwürdigen Anschwemmungen der Gebeine vorsintflutlicher Tiere bilden in ihrem Zusammentreffen auf engem Raum eine Reihe eigentümlich schöner Landschaftsbilder.*

*Victor von Scheffel, 1859*

## Willkommen in der Fränkischen Schweiz

Ein Literat war es, dem die Fränkische Schweiz ihren Namen verdankt. Im Jahr 1829 veröffentlichte Joseph Heller aus Bamberg ein „Handbuch für Wanderer in diese Gegend", dem er den Titel „Muggendorf und seine Umgebungen oder die fränkische Schweiz" gab. Bis dahin nannte man diese Region schlicht „Altes Gebürg". Vielleicht ließ sich der Autor von Besuchern aus dem Elbsandsteingebirge inspirieren, das damals schon als „Sächsische Schweiz" bezeichnet wurde. Zu jener Zeit war die „echte" Schweiz gerade zum Inbegriff für naturnahen Urlaub geworden, und bald entstanden überall da, wo es gebirgig und romantisch war, neue „Schweizen", weltweit über hundert, die meisten davon in Mitteleuropa.

In unserer Zeit, genau im Jahre 1972, wurde der „Naturpark Fränkische Schweiz – Veldensteiner Forst" gegründet. Die gesamte Fläche zwischen den Orten Nürnberg, Erlangen, Bamberg und Bayreuth umfaßt 243 000 Hektar. Ziel des Naturpark-Vereins mit Sitz in Pottenstein ist es, diese urtümliche Landschaft mit ihrer schützenswerten Tier- und Pflanzenwelt sowie ihren Kulturstätten und historischen Bauten zu erhalten und als weiträumiges Erholungsgebiet zu erschließen.

Es gibt in Deutschland nur wenige Regionen, die auf relativ engem Raum so viele landschaftliche Schönheiten und kunstgeschichtliche Sehenswürdigkeiten aufweisen wie die Fränkische Schweiz. „Was die Schweiz im Großen gibt, findet man hier in verjüngtem Maßstabe", schreibt Joseph Heller, „und oft für das Auge angenehmer, indem es überschauen und als Bild auffassen kann, statt daß dort wie in manchen Gegenden der winzige Mensch die Größe der Natur nicht zu sehen vermag und von den ungeheuren Felsmassen gleichsam erdrückt wird."

Mag sich seitdem auch vieles geändert haben: Die Landschaft ist die gleiche geblieben. Natur und Romantik verbinden sich immer noch zu einem eindrucksvollen Panorama mit bizarren Dolomitfelsen und mächtigen Burgen, aussichtsreichen Höhen und tief eingeschnittenen Tälern, ausgedehnten Wäldern und wunderbaren Tropfsteinhöhlen. Dazwischen drängen sich kleine Dörfer, in denen die Zeit still zu stehen scheint, häufig gekrönt von einer Felsenburg, und malerische Fachwerkstädtchen, die oft noch von Mauern, Türmen und Toren umgeben sind. Viel Platz gibt es nicht in dieser kleinen Felsenwelt, so daß die großen Städte in die breiten Flußtäler am Rande der Fränkischen Schweiz ausweichen mußten.

„Alles ist hier wie ein Zauberschrank", meinte 1837 Karl Lebrecht Immermann, und durchwanderten einst die Dichter und Maler der Romantik die Fränkische Schweiz auf Schusters Rappen und verewigten sie auf dem Zeichenblock, so waren es später vor allem die Nürnberger Bürger, die die kleinen Orte für sich als „Sommerfrischen" entdeckten und mit der „neuen" Eisenbahn nach Ebermannstadt, Streitberg, Muggendorf und Behringersmühle ins „Gebürg" fuhren. Da ist es in unserer hektischen Zeit ein gutes Zeichen, daß gerade diese offiziell eigentlich stillgelegte Bahnstrecke durch das malerische Wiesent-Tal durch private Initiative erhalten blieb und man wie zu Zeiten der Großväter ganz romantisch mit der „Dampfbahn Fränkische Schweiz" von Ebermannstadt bis Behringersmühle durch das Herz der Fränkischen Schweiz fahren kann.

Gerade das tief eingeschnittene mittlere Wiesent-Tal ist mit seinen Nebentälern ein ganz besonderes Erlebnis. In den Talgründen verstreut liegen alte Mühlen, oft zu behaglichen Gasthöfen umgebaut, hier und da gibt es noch große Wasserschöpfräder, Straße und Fluß zwängen sich zwischen steile Felswände, und mancher Ort wie das fotogene Felsendorf Tüchersfeld schmiegt sich malerisch an turmartige Dolomitfelsen.

Die Autobahnen führen in einem Bogen um die Fränkische Schweiz herum und treffen sich an dem zur Ferienzeit viel befahrenen Nürnberger Kreuz; die Autobahn Nürnberg – Bayreuth – Hof

Felslandschaft bei Eschenbach

teilt die Fränkische Schweiz von der Frankenalb und dem Veldensteiner Forst. So ist das Gebiet gut zu erreichen, bleibt aber noch vom Fernverkehr verschont. Und von den vielen Autobahnausfahrten haben Sie Anschluß an ein gutes Straßennetz. Am Zielort sollten Sie jedoch den Wagen stehen lassen und die Region zu Fuß erkunden. Gerade die Fränkische Schweiz ist eine Landschaft, die erwandert werden will. Der 1901 gegründete Fränkische Schweiz-Verein e.V. hat ein engmaschiges Netz markierter Wanderwege geschaffen.

Breit gefächert ist auch das Angebot anderer Freizeitmöglichkeiten: Angeln, Golf, Klettern, Reiten, Segelfliegen, Tennis oder Wassersport – für jeden ist etwas dabei, und moderne Hallen- und Freibäder gibt es fast überall. Interessante Burgen, Kirchen und Museen harren auf Besichtigung. Eine ganz besondere Attraktion ist die Welt der Tropfsteinhöhlen, von denen die größten zugänglich sind, und örtliche Verkehrsämter wie Muggendorf und Streitberg organisieren geführte Höhlenwanderungen in sonst nicht zugängliche oder noch zu erschließende Höhlen. In den Wildgehegen im Veldensteiner Forst, in Hundshaupten und bei Rabenstein im Ahorntal können die vorkommenden Haupttierarten Hirsche, Rehe, Wildschweine und auf Greifvögel in natürlicher Umgebung beobachtet werden. Abwechslung bieten mannigfaltige Volksfeste, bei denen mancherorts wie in Alfeld und Effeltrich noch die alten Trachten zu sehen sind: Man versteht zu feiern und Traditionen zu wahren. Kein Wunder, daß gerade an den Wochenenden viele Kurzurlauber und Ausflügler aus den umliegenden Städten in die Fränkische Schweiz kommen, so daß es sich dann empfiehlt, entweder im Urlaubsquartier zu bleiben oder eben in Ruhe jene Städte zu besichtigen, deren Bewohner ins „Gebürg“ gefahren sind.

Dank fast völlig fehlender Industrie ist die Fränkische Schweiz auch heute weitgehend von der Luftverschmutzung verschont. Noch gibt es auch keine Urlaubsindustrie: Hotelpaläste und Touristensilos in Betonhochhäusern werden Sie vergeblich suchen. Dafür finden Sie den behäbigen, gediegenen Landgasthof, dem oft eine hauseigene Brauerei angeschlossen ist, denn immerhin hat die Region noch rund einhundert kleine Privatbrauereien aufzuweisen. Deftige Brotzeitteller bekommen Sie dort, Schweinebraten mit rohen Klöß, fränkische Bratwürste mit Kraut, je nach Saison auch Wild- und Spargelgerichte, frische Forellen aus klaren Bächen, dazu das hausgebraute Bier, von dem jede Sorte anders schmeckt, und selbstgebrannte Obstschnäpse in vielen Variationen.

Bleibt zu hoffen, daß diese noch überwiegend intakte Landschaft, deren Idylle seit der Romantik gepriesen wird, auch in Zukunft erhalten bleibt!

# ZUR EINFÜHRUNG

## Kleine Geographie

Der 243 000 Hektar große Naturpark Fränkische Schweiz – Veldensteiner Forst umfaßt geographisch das Gebiet der Fränkischen Alb zwischen den Ballungsräumen Nürnberg–Fürth–Erlangen, Bayreuth–Kulmbach und Bamberg. Es erstreckt sich von Lichtenfels im Nordwesten bis in die Gegend von Sulzbach-Rosenberg im Südosten. Am Naturparkgebiet sind drei Regierungsbezirke (Mittelfranken, Oberfranken, Oberpfalz) und acht Landkreise (Forchheim, Kulmbach, Lichtenfels, Neustadt an der Waldnaab, Nürnberger Land) beteiligt. Obermaingebiet, Fränkische Schweiz, Frankenalb und Veldensteiner Forst sind die einzelnen Landschaftsteile.

## Das Obermaingebiet

Den nördlichsten Teil des Naturparks nimmt das Obermaintal mit den Städten Lichtenfels, Burgkunstadt und Kulmbach ein. Mittelpunkt ist die südlich von Burgkunstadt gelegene sogenannte Weismainalb mit dem reizvollen Kleinziegenfelder Tal, einem unter Naturschutz stehenden Felsental, das von der Weismain durchflossen wird. Sie entspringt bei Kleinziegenfeld und mündet nach 15 km bei Altenkunstadt in den Main.

Der Main hat zwei Quellflüsse: Der Weiße Main entspringt im Fichtelgebirge am Ochsenkopf und vereinigt sich in der Nähe von Kulmbach mit dem Roten Main, der seinen Ursprung südlich von Bayreuth im Lindenhardter Forst hat. Nach der Vereinigung fließt der Main über Burgkunstadt, Lichtenfels, Staffelstein nach Bamberg und weiter über Würzburg und Mainz zum Rhein.

Aussichtsreichste Erhebung im Obermaingebiet ist der auch geologisch interessante, weithin im Maintal sichtbare Staffelberg (539 m) bei Staffelstein. Gute Sicht bietet auch der Große Kordigast (536 m) bei Weismain.

## Die Fränkische Schweiz

Die Fränkische Schweiz bildet das eigentliche Kerngebiet des Naturparks mit den Hauptorten Ebermannstadt, Egloffstein, Gößweinstein, Heiligenstadt, Hollfeld, Muggendorf, Pottenstein, Streitberg und Waischenfeld. Charakteristisch sind die oft turmhohen Dolomitfelsen, die tief eingeschnittenen Täler und die zahlreichen Höhlen. Höchste Erhebung ist der aussichtsreiche Kleine Kulm (626 m) östlich von Pottenstein, gefolgt von dem Burgfelsen (587 m) in Gößweinstein-Wichsenstein.

Burgkunstadt besitzt ein prächtiges Rathaus

oben: Wasserschöpfrad in Ebermannstadt

unten: Kurhausbrennerei in Streitberg

Hauptfluß ist die 70 km lange Wiesent. Sie entspringt östlich von Scheßlitz bei Steinfeld an der B-22 und mündet bei Forchheim in die Regnitz. Das Wiesent-Tal hat viele landschaftliche Schönheiten. Zwischen Steinfeld und Hollfeld sind die Felshöhen des Flusses von Burg Wiesentfels, Schloß Freienfels, Ruine Neidenstein und dem kleinen Aufseßschen Schlößchen Weiher bekrönt. Südlich von Hollfeld weitet sich das Tal, um sich bei Plankenfels wieder zu verengen. Steiler wird es nun, und bei Waischenfeld beginnt das romantische Rabenecker Tal mit der Burg Rabeneck. Ab Doos ist die Wiesent auch bei Wasserwanderern sehr beliebt, und der Abschnitt heißt nun Schottertal nach der am Fluß liegenden Schottermühle. In Behringersmühle ändert die Wiesent ihre Richtung und fließt nordwestlich über Muggendorf nach Streitberg, um nach einem erneuten Richtungswechsel über Ebermannstadt in einem breiten Tal der Regnitz zuzustreben.

Während ihres Laufes nimmt die Wiesent mehrere wasserreiche kleine Flüsse auf, die jeweils wieder sehr reizvolle Nebentäler bilden: Die Kainach bei Hollfeld, die Truppach (größter Nebenfluß) bei Plankenfels, die Aufseß bei Doos, den Ailsbach und die Püttlach bei Behringersmühle, die Leinleiter bei Gasseldorf sowie die Trubach bei Pretzfeld.

## Die Frankenalb

Im Anschluß an die Fränkische Schweiz folgt die Frankenalb. Sie wird auch Hersbrucker Alb genannt und gehört zur Juralandschaft östlich von Nürnberg. Hauptort ist die alte Stadt Hersbruck an der Pegnitz, die sich gern als Mittelpunkt der Hersbrucker Schweiz bezeichnet. Auch dieses Gebiet ist eine romantische Miniaturschweiz mit bizarren Kalkriffen und steilen Dolomitsockeln, die sogar Alpinisten zu Klettereien verleiten. Dazwischen breitet sich eine artenreiche Flora aus.

Hauptfluß ist die Pegnitz. Sie geht aus der Fichtenohe hervor, die in der Nähe des Roten Mains im Lindenhardter Forst südlich von Bayreuth entspringt. In dem Ort Pegnitz verursacht sie ein interessantes Naturereignis: Bei der Röschmühle verschwindet sie im „Wasserberg", um nach einem unterirdischen Lauf von etwa 320 m an der Südseite des Berges wieder hervorzutreten. Über Neuhaus und Velden fließt sie durch ein romantisches Engtal nach Süden, wendet sich bei Hersbruck nach Westen, passiert die Stadt Lauf, gibt bald der Stadt Nürnberg viele reizvolle Akzente, vereinigt sich in Fürth mit der Rednitz zur Regnitz und mündet unterhalb von Bamberg in den Main.

Kleinere idyllische Täler der Frankenalb sind bei Hersbruck das Sittenbach-, Hirschbach-, Högenbach- und Förrenbachtal sowie bei Lauf das durch den Zusammenfluß von Naifer- und Achtelbach gebildete Schnaittachtal mit dem Hauptort Schnaittach.

Höchste Erhebung der Frankenalb ist der Hohensteiner Berg (634 m) nördlich von Hersbruck mit aussichtsreicher Burgruine. Der östlich gelegene höhere Ossinger (651 m) bei Königstein gehört schon zur Oberpfälzer Alb. Herrliche Rundsicht spendet auch der Moritzberg (600 m) südlich von Lauf, ein isoliert aufragender Inselberg.

Westlich grenzt die Frankenalb an den Großraum Nürnberg mit dem ausgedehnten Reichswald, der seinen Namen im Mittelalter erhielt, als er noch der „Reichswald" der deutschen Kaiser war. Er gliedert sich in den Sebalder Wald nördlich der Pegnitz zwischen Lauf und Erlangen sowie den Lorenzer Wald südlich der Pegnitz, der in das Altdorfer Land übergeht mit dem tief in die Rhätsandsteinschichten eingeschnittenen Schwarzachtal.

### Der Veldensteiner Forst

Der rund 7000 Hektar große Staatsforst erstreckt sich als geschlossenes Waldgebiet im Dreieck der Orte Auerbach, Neuhaus und Plech. Er grenzt unmittelbar an die Frankenalb. Der Name stammt von der Burg Veldenstein über dem Pegnitztal.

Der Veldensteiner Forst liegt in einer großflächigen Mulde zwischen 400 m und 514 m über dem Meeresspiegel. Er wird von Höhenrücken und Trockentälern durchzogen, die zur Pegnitz führen. Zahlreiche Naturdenkmäler wie Dolomitfelsgebilde, Dolinen und Höhlen geben auch dieser verkarsteten Juralandschaft einen besonderen Reiz. Rund 100 verstreute Dolinen deuten auf unterirdische Höhlensysteme, die vom Wasser ausgespült wurden und auch auf unterirdische Flußläufe schließen lassen.

Die über dem Dolomitgestein lagernden Sande aus der Kreidezeit ermöglichen eine ausgeprägte Karstflora mit Flechten, Moosen, Kräutern und Orchideen. Kein Wunder, daß dieses noch intakte Biotop auch einer artenreichen Tierwelt gute Lebensbedingungen bietet, in der selbst der Hirsch noch in freier Wildbahn zu Hause ist.

Touristisches Zentrum des Veldensteiner Forstes ist das Waldhaus Hufeisen an der Straße Pegnitz – Plech mit großen Wildgehegen.

## Geologische Besonderheiten

Die Fränkische Schweiz bildet als geographischer Teil der Fränkischen Alb den nördlichsten Ausläufer des Juramassivs, das sich von der „echten" Schweiz über die Schwäbische Alb und Oberpfälzer Alb bis zum Obermain erstreckt. Entstanden ist dieses

Förrenbach-Stausee bei Happurg

Juragebirge vor rund 160 Millionen Jahren im Mesozoikum durch starke Hebungen und Senkungen des Bodens, wobei weite Teile zeitweise überflutet waren. Noch heute gibt es in Form von Versteinerungen viele Spuren einstiger Tier- und Pflanzenwelt. Während der Jurazeit lebten nicht nur die großen Saurier und ersten Vögel, sondern auch Knochenfische, Schwämme, Korallen, Seeigel und Muscheln.

Lias, Dogger und Malm sind die Hauptformationen des Juragebirges. Das westliche Albvorland besteht aus dem Lias (Unterer oder Schwarzer Jura), der mit seinen fruchtbaren Böden einen reichen Acker- und Gartenbau ermöglicht. Es folgt im ersten Anstieg der mehrschichtige Dogger (Mittlerer oder Brauner Jura), der sich besonders für Obstbaumkulturen eignet, als fester Doggersandstein (Eisensandstein) aber auch für den Bau von Häusern Verwendung findet. Bestandteil der obersten Juraschichten ist das weiße Kalkgestein des Malm (Oberer oder Weißer Jura), der besonders im mittleren Wiesent- und Pegnitztal durch seine hoch aufragenden Dolomitfelsen das Bild der Landschaft bestimmt, aber auch die trockenen, steinigen Äcker der Albhochfläche prägt.

Die Zoolithenhöhle bei Burggaillenreuth
gilt als reiche Fundstätte fossiler Tierknochen

Der poröse Dolomit verwittert schneller als die übrigen Kalkschichten und neigt zur Verkarstung, einer für ein Juragebirge typischen Naturerscheinung. Die Bezeichnung stammt von dem zerklüfteten Karst-Kalkhochland bei Triest. Da die Albhochfläche wegen des wasserdurchlässigen Kalkgesteins trotz reichlicher Niederschläge trocken ist, entstanden Trockentäler, die nur nach starken Regenfällen oder zur Schneeschmelze Wasser führen, wie bei der Heroldsmühle in der Nähe von Heiligenstadt. Oft mündet dieses Wasser plötzlich in einem Schlundloch (Ponor). Selbst ein ganzer Fluß wie die Pegnitz verschwindet bei der Röschmühle im „Wasserberg", um nach etwa 320 Metern unterirdischen Laufes wieder aus dem Felsengeklüft hervorzutreten – eine Laune der Natur.

Erstaunlich sind auch jene sogenannten Hungerbrunnen oder Tummler, die als Karstquellen nur periodisch in Erscheinung treten, dann aber gleich explosionsartig Wasser emporschleudern, oft sogar vermischt mit Steinen aus dem Untergrund, wie bei der Heroldsmühle, bei Pottenstein, bei Königsfeld (Hohler Brunnen) und bei der Kuchenmühle im Aufseßtal (Kurtzenbrunnen). Eingestürzte Höhlen bzw. Hohlräume verursachen Erdfälle (zwischen Gößweinstein und Egloffstein, bei Moggast, Leutzdorf, Wohlmuthshüll) und Dolinen (Windloch bei Pottenstein, Fellner-Doline bei Gößweinstein), bei denen eine schmale, trichterartige Öffnung verbleibt, von den Einheimischen Wetter- oder Windloch genannt, weil häufig nach starken Regenfällen ein Rauschen im Erdinnern zu hören ist.

Die zahlreichen Höhlen sind ein ganz besonderes Phänomen der Fränkischen Schweiz. Rund tausend gibt es, und immer wieder werden neue entdeckt. Gebildet haben sie sich im Laufe der Jahrtausende durch Wasser, das die Dolomitfelsen zersetzt und nach Eindringen durch Gesteinsklüfte Hohlräume bildet. Viele Höhlen erhalten dabei durch das kalkhaltige, verdunstende Wasser wunderbare Tropfsteine, deren obere Stalaktiten mit den unteren Stalagmiten so zusammenwachsen können, daß sie als Säulen die Höhlendecke zu stützen scheinen. Man unterscheidet Zerklüftungshöhlen mit großen, weitgespannten Räumen (Teufelshöhle, Sophienhöhle, Maximiliansgrotte) und Spalthöhlen mit relativ schmalen Gängen (Binghöhle, Rosenmüllerhöhle, Schönsteinhöhle).

Schon im frühen 16. Jh. wurde von Gebeinen berichtet, die in den Höhlen der Fränkischen Schweiz „frei herumliegen". Anfangs hielt man sie für Pferdeknochen, bis Pfarrer Joh. Friedr. Esper 1774 die in der Zoolithenhöhle gefundenen Knochen als Bärenknochen erkannte und Professor Joh. Christ. Rosenmüller sie wenig später exakt als Reste eines Höhlenbären mit der lateinischen Bezeichnung „ursus spelaeus" klassifizierte. Man fand weitere Überreste von Tieren, die vor der Eiszeit lebten, wie Mammut, Wollnashorn, Riesenhirsch, Höhlenhyäne und Höhlenlöwe. Die gewaltigen Mengen gefundener Knochen lassen vermuten, daß die Tiere einst vor einem umwälzenden Naturereignis in den Höhlen Schutz suchten. Doch auch heute gibt es in den dunklen Höhlenräumen noch mancherlei Lebensformen: Neben Moosen, Farnen, Algen und Pilzen existieren auch Tiere wie Höhlenassel, Höhlenschnecke, Höhlengarnele und Süringschwanz, nicht zu vergessen die Fledermaus, die sich gern in Höhlen niederläßt und mit dem Kopf nach unten an der Decke hängt.

Für den Fremdenverkehr zugänglich gemacht wurden als größte und schönste Tropfsteinhöhle die Teufelshöhle bei Pottenstein, die Binghöhle bei Streitberg, die Sophienhöhle bei Burg Rabenstein im Ailsbachtal sowie die Maximiliansgrotte in Krottensee bei Neuhaus an der Pegnitz. Sie sind gefahrlos zu begehen und erfordern keine spezielle Ausrüstung. Einige Verkehrsämter wie in Muggendorf, Streitberg und Pottenstein veranstalten Höhlenexkursionen in sonst nicht zugängliche oder neu zu erschließende Höhlen. Es sei davor gewarnt, Höhlen ohne sachkundige Führung zu begehen, da die damit verbundenen Gefahren oft unterschätzt werden. Die als reiche Fundstätte fossiler Tierknochen berühmt gewordene Zoolithenhöhle bei Burggaillenreuth ist nur noch beschränkt zugänglich, da sie heute vor allem der wissenschaftlichen Forschung dient. Ein in dieser Höhle geborgenes Höhlenbärenskelett zählt zu den Attraktionen der Anthropologischen Staatssammlung in München, und ihre einst als „unheimliche Grüfte" beschriebenen Gangsysteme geben noch immer Knochen eiszeitlicher Tiere preis.

## Die bedeutendsten Höhlen

**Binghöhle** bei Streitberg, entdeckt 1905 von dem Nürnberger Industriellen Ignaz Bing, mit 350m Länge die größte Spalthöhle der Fränkischen Schweiz; konstante Temperatur von 12° Celsius; sehr schöne Tropfsteinbildungen wie Riesensäule, Kerzensaal, Nixengrotte, Venusgrotte und Drei Zinnen; Führungen.

**Brunnsteinhöhle** nordöstlich von Streitberg in der Nähe der Schönsteinhöhle (mit der sie durch einen schmalen Gang verbunden ist), eine von Ignaz Bing entdeckte Spalthöhle mit mehreren Gängen von insgesamt 44m Länge und 15m Breite; schöne Tropfsteinbildungen, Sinter-Bassin mit 80 cm tiefem Trinkwasser.

**Esperhöhle** (auch Klingloch) nordwestlich von Leutzdorf 140m über dem Tal, benannt nach dem Höhlenforscher Johann Friedrich Esper; Spalthöhle mit vielen Gängen, 20m breiter Doline und dem bis zu 17m hohen eigentlichen Klingloch.

**Fellner-Doline** (Zeubachhöhle) 1 km östlich von Waischenfeld oberhalb des Zeubachgrundes, mehrere Spalthöhlen von insgesamt 55 m Länge, 31 m Breite und 20 m Höhe.

**Geißhöhle** bei Oberfellendorf/Streitberg, eine erst neu entdeckte, weit verzweigte Höhle mit sehr schönen Tropfsteinen, schwieriger Zugang (40 m kriechend!), nur für Geübte mit Führung zugänglich.

**Kirchenweg-Höhle** 1 km von Oberfellendorf bei Streitberg am Guckhüll-Hang, Zerklüftungshöhle mit 38 m langem und bis zu 12 m breitem Hauptraum, wenig Tropfsteine.

**Klauskirche** westlich von Betzenstein, eine durch Meerwasser ausgewaschene 30 m lange Felshöhle.

**Klaussteinhöhle** unterhalb der Klaussteinkapelle bei Rabenstein; in den beiden tropfsteinlosen Gewölben wurden Bronzescheiben, Teile von Tongefäßen und Knochen von Höhlenbären gefunden, bekannt seit 1778 und seit Entdeckung der Sophienhöhle 1832 deren Vorhöhle.

**Ludwigshöhle,** auch Kühloch oder Rabenloch genannt, bei der Neumühle im Ailsbachtal, ein geräumiger, bis zu 13,5 m hoher Raum ohne Tropfsteine mit 11 m hohem und 15 m breitem Eingang, benannt nach König Ludwig I., für den die Grafen von Schönborn hier im Juni 1830 ein Festessen gaben.

**Maximiliansgrotte** bei Krottensee in der Nähe von Neuhaus/Pegnitz, benannt nach König Maximilian II. von Bayern, entdeckt 1852, Zerklüftungshöhle von 120 m Länge, 80 m Breite und 68 m Tiefe, unterirdischer See, viele schöne Tropfsteinbildungen wie Eisberg, Orgelgrotte, Kristallpalast, Schatzkammer; Führungen.

**Moggaster Höhle** nördlich von Moggast im „Hohlen Berg“, erstmals beschrieben 1774 von Johann Friedrich Esper, Spalthöhle von 100 m Länge mit engen Durchgängen und steilen Schächten, Tropfsteine nur im dritten Höhlenabschnitt, Besuch nur für Geübte mit Erfahrung im Klettern!

**Oswaldhöhle** südöstlich von Muggendorf am Weg nach Engelhardsberg, Zerklüftungshöhle von 60 m Länge ohne Tropfsteine, benannt nach einem Roman von A.G.F. Rebmann, der hier den Einsiedler Oswald hausen ließ.

**Quakenschloß** südöstlich von Muggendorf; eine kleine, aber eindrucksvolle Galeriehöhle.

**Rabenecker Höhle** am Fuß der Burg Rabeneck, über eine Leiter erreichbare Spalthöhle ohne Tropfstein mit Vorraum und 4 m tiefer gelegener Haupthöhle von 17 m Länge und 8 m Breite.

Teufelshöhle bei Pottenstein

**Rosenmüllerhöhle** nördlich von Muggendorf am Weg nach Albertshof, Spalthöhle von 45 m Länge, 11 m Breite und bis 16 m Höhe; 1793 von Professor Joh. Christ. Rosenmüller erstmals besucht mit Hilfe einer 16 m langen Leiter, jetziger Eingang seit 1830; Tropfsteine.

**Schneiderloch** gegenüber der Burg Rabeneck 35 m hoch über dem Ailsbachtal, Zerklüftungshöhle von 30 m Länge, 12 m Breite und einer Höhe bis 5 m ohne Tropfsteine; benannt nach einem Schneider, der hier im 30-jährigen Krieg gehaust haben soll.

**Schönsteinhöhle** am Hang des „Langen Tals" bei Streitberg am Weg nach Neudorf, Spalthöhle mit weitverzweigtem Netz von Höhlengängen, bevorzugtes Winterquartier von Fledermäusen, (durch einen schmalen Gang mit der Brunnsteinhöhle verbunden) mit insgesamt 100m Länge, 70m Breite und 25m Tiefe eine der größten Höhlen in der Fränkischen Schweiz, viele schöne Tropfsteine wie Orgelgrotte, Riesensäule, Ölberg, Hagelkammer.

**Sophienhöhle** unterhalb der Klaussteinkapelle bei der Burg Rabenstein im Ailsbachtal, entdeckt 1832 durch den gräflich Schönbornschen Gärtner Koch und benannt nach der Schwiegertochter Sophie des damaligen Schloßbesitzers von Schönborn, eine der größten Zerklüftungshöhlen Deutschlands, drei größere Abteilungen zusammen mit der Klaussteinhöhle als Vorhöhle 112m lang und 82m breit, großartige Tropfsteinbildungen wie türkische Stadt, großer Adler, steinerner Wasserfall (5m), Millionär (einzeln stehender 2,40m hoher Stalagmit); Führungen.

**Teufelshöhle** an der Straße südöstlich von Pottenstein im Weihersbachtal, größte Schauhöhle der Fränkischen Schweiz mit weitverzweigtem Grottensystem, das von 1922 an unter Leitung von Dr. Ing. Hans Brand auf eine Länge von 1,5km erschlossen wurde; bis dahin war nur das 70m tiefe Teufelsloch bekannt. Größter Höhleneingang Deutschlands (ehem. Teufelsloch) mit 16m Höhe und bis zu 30m Breite; sehr schöne Tropfsteinbildungen wie Kerzensaal, Barbarossadom, Kristallgrotte, Orgel, Goliath, Vorhang, Wasserfall; Fundstätte fossiler Knochen; Führungen. Neuerdings auch Liegekuren in der Höhle (→ S. 222).

**Wassergrotte** 1km südöstlich von Burggailenreuth, entdeckt 1804 durch Höhleninspektor Wunder, Zerklüftungshöhle von 40m Länge und 19m Breite mit niedrigem Eingang; im zweiten Höhlenabschnitt kleiner See mit klarem Wasser; Tropfsteine.

**Windloch** bei Pottenstein, Doline von 16m Durchmesser und 18m Höhe, keine Tropfsteine.

**Windlochhöhle** bei Alfeld, Spalthöhle von 60m Tiefe mit schönen Grotten, bietet 300 Menschen Platz.

**Witzenhöhle** östlich von Muggendorf am Weg nach Engelhardsberg, Zerklüftungshöhle von 90m Länge bestehend aus Vorhöhle, Hauptraum mit großem Steinblock (der Sage nach ein slawischer Opferstein) und einem gangförmigen dritten Abschnitt mit Tropfsteinen.

**Wundershöhle** in der Nähe der Witzenhöhle, Höhlenräume können nur flach kriechend erreicht werden.

**Zoolithenhöhle** westlich von Burggaillenreuth, schon 1602 von Johann Bonius beschrieben, Zerklüftungshöhle, keine Tropfsteine, sensationelle Fundstätte fossiler Tierknochen (u.a. 800 Höhlenbärskelette); nur noch beschränkt zugänglich.

## Klima und Wetter

Unter den deutschen Mittelgebirgen nimmt die Fränkische Schweiz eine Sonderstellung ein: Klimatisch liegt sie im Übergang vom maritimen zum kontinentalen Bereich. Während im Schwarzwald und Odenwald ozeanische Klimafaktoren für vermehrte Niederschläge sorgen, befindet sich die Fränkische Schweiz hinter dem Steigerwald im Regenschatten. Das bedeutet geringen Jahresniederschlag unter 900 mm. Im Regnitzbecken, in der Gegend also um Bamberg und Nürnberg, fallen jährlich sogar nur 500 bis 600 mm Niederschläge, so daß das Trinkwasser in diesen Trockengebieten über Fernleitungen herangeführt werden muß. Regenreichste Monate sind April und November.

Während im Regnitzbecken 90 Tage mit 15 Grad Celsius und 30 Tage mit über 25 Grad Celsius mildes Klima bei nur 10 bis 20 Schneetagen signalisieren, gibt es auf der Albhöhe nur 20 Sommertage mit 25 Grad Celsius, aber bis zu 70 Frosttage. So liegt der Frühlingsbeginn zwischen dem 25. April in der Gegend um Bamberg und dem 15. Mai auf der Albhöhe. Dazwischen sind je nach der Lage viele örtliche Klimaabweichungen zu beobachten.

Hauptreisezeit sind in der Fränkischen Schweiz wie überall in Deutschland die Sommermonate Juli und August. Besonders für Wanderer empfehlen sich aber auch die Monate Mai und Juni mit den in vollem Blumenschmuck stehenden Wiesen sowie September und Oktober mit den bunten Laubwäldern.

## Pflanzen und Tiere

### Die Pflanzenwelt

Die Abhängigkeit der Pflanzen vom Boden kann man beim Albanstieg durch die aufeinanderfolgenden Formationen Lias, Dogger und Malm besonders gut beobachten.

Im Bereich des Lias und der untersten Doggerschicht bei Pretzfeld, Gräfenberg und Hersbruck liegen die fruchtbaren Hopfengärten und Obstbaumkulturen. Die trockenen Hänge des Doggersandsteins, überwiegend mit Kiefernwäldern bestockt, haben eine typische Sandflora mit Färberginster, Besenginster, Katzenpfötchen und Adlerfarn. In anderen Doggerlagen gedeihen aber auch feuchtigkeitsliebende Pflanzen wie Baldrian, Bachminze, Binsen und Schachtelhalm. Erst die oberste Schicht des Malm mit Werkkalk, Mergelkalk, Schwammkalk und Dolomitgestein weist die für den Jura charakteristische Kalkflora auf. Sie ist nicht nur vom Standort abhängig, sondern auch von der geologischen Schicht.

Auf den Mergelbögen im Buchenwald blüht es fast das ganze Jahr hindurch: Der Frühling beginnt mit dem Violett der Küchenschellen; es folgen Maiglöckchen, Salomonssiegel, Akelei und die weißen Blütensterne der Waldanemonen, im Juni die Orchidee mit Hummelorchis, Waldvögelein, Kuckucksblume, Türkenbund und Frauenschuh sowie verschiedenen Farne und Gräser.

Anders geartet ist die reiche Pflanzenwelt der Wachholderheiden und Dolomitfelsen: In der Reihenfolge des Jahreslaufs gedeihen hier Felsenhungerblümchen, Kreuzblümchen, Glockenblume, Teufelskralle, Streifenfarn, Wundklee, Sonnenröschen, Fingerkraut, Skabiose, Bergastern, Augentrost und Silberdistel. Und im heißen Kalksteinschutt bilden Rindsauge, Fockenblume, Mauerpfeffer, Färberkamille und Wundklee eine zähe Pflanzengemeinschaft.

Die oft terrassenförmig angelegten Äcker und Wiesen der Albhochfläche sind häufig mit Hecken aus Weißdorn, Hollunder, Vogelbeere, Kornelkirsche und Hartriegel durchsetzt – ein bevorzugtes Revier der Singvögel und Kleinsäugetiere. Magerwiesen und Schafweiden sind beliebte Standorte von Schlehdorn, Wildrosen und Wachholder.

Eine völlig andere Vegetation weisen die saftigen Wiesen in den Talgründen der Bäche und Flüsse auf, wo Alpengänsekresse, Kälberkropf, Eisenhut, Klappertopf und Braunwurz gedeihen.

Die in vielen Bächen heimische Brunnenkresse läßt auf besonders sauberes Wasser schließen.

## Die Tierwelt

Durch die fortschreitende Kultivierung der Landschaft hat die Tierwelt der Region besonders stark gelitten. Wildkatze, Fischotter, Uhu, Birk- und Auerwild, Eisvogel und Flußkrebs, noch um die Jahrhundertwende weit verbreitet, sind heute in freier Wildbahn kaum vorhanden. Geeignete Lebensbedingungen finden noch Rehwild, Schwarzwild, Fuchs, Hase, Wiesel und Marder, Rotwild nur im Veldensteiner Forst.

Aus der Vogelwelt sind die verschiedenen Specht-, Drossel-, Finken- und Meisenarten sowie Häher, Rebhühner, Fasane, Eulen, Bussarde und Falken heimisch. Weit verbreitet sind Feuersalamander, Eidechse, Blindschleiche und Ringelnatter, während die giftige Kreuzotter kaum noch zu finden ist. Auf kalkhaltigen Böden gibt es an feuchten Stellen eine artenreiche Schneckenflora.

Von den einst reichen Fischbeständen sind heute fast nur noch Forelle und Äsche vertreten. Im Regnitzbecken wird eine intensive Karpfenzucht betrieben.

Bemerkenswert ist die Vielfalt der Insekten, besonders auch die im Albgebiet noch vorkommenden Schmetterlinge mit Bläuling, Schillerfalter und Schneckenfalter; an warmen Tagen sind auch die geschützten Segel- und Apollofalter zu beobachten.

# Blick in die Geschichte

Vorgeschichtliche Funde in verschiedenen Höhlen zwischen Muggendorf, Pottenstein und Velden deuten darauf hin, daß darin schon in der Altsteinzeit neben Tieren auch Menschen gelebt haben. In der Jungsteinzeit entstanden die ersten freien Ansiedlungen, wie die bei Obertrubach aufgedeckte Siedlung aus der Zeit um 4000 v. Chr. bezeugt. Um 500 v. Chr. errichteten die Kelten ihre großen Wallanlagen auf den Höhen, deren Spuren auf der Ehrenbürg bei Forchheim, bei Burggaillenreuth, der Guttenburg südlich von Waischfeld, auf dem Hetzleser Berg und der Houbirg bei Happurg noch heute sichtbar sind. Während der Völkerwanderung wurde das Gebiet von Thüringern und Markomannen besiedelt.

Mit dem Eindringen der Franken von Westen her im 6. Jh. wurde die Region Teil des entstehenden Fränkischen Großreiches. Es begann eine rege Rodungs- und Siedlungstätigkeit. Stützpunkte waren besonders die Königshöfe, aus denen oft bedeutende Städte wuchsen. 793/94 ließ Karl der Große zwischen Main und Regnitz 14 Urpfarreien zur Missionierung der Slawen (Wenden) errichten. Schon 805 wurde Forchheim im Süden des fränkischen Radenzgaues als karolingischer Königshof genannt. Es entstanden viele Kirchen, die dem Hl.Martin geweiht wurden, dem Schutzheiligen der Franken.

Von großer Bedeutung für die Entwicklung des Gebietes war die Gründung des Bistums Bamberg 1007 durch Kaiser Heinrich II. Es wurde reich ausgestattet und erhielt unter anderem die Königshöfe in Forcheim, Hersbruck und Velden mit den dazugehörigen Ländereien. Ebermannstadt, Hollfeld, Pottenstein und Waischenfeld wurden Amtssitze bischöflicher Dienstmänner.

Nach dem Aussterben des fränkischen Herrscherhauses und dem Zerfall der Hohenstaufen wurde das Gebiet unter vielen, oft miteinander befehdeten Rittergeschlechtern aufgeteilt. Lange Zeit konnten alte Adelsgeschlechter wie derer von Aufseß, Egloffstein oder Groß ihre politische und wirtschaftliche Eigenständigkeit bewahren. Besonders einflußreich war Konrad von Schlüsselberg, Gründer der Orte Ebermannstadt und Waischenfeld und Vertrauter Kaiser Ludwigs des Bayern: Wegen seiner eigenen Territorialpolitik wurde er sowohl den Nürnbergern als auch dem Bistum Bamberg zu mächtig und 1347 bei Verteidigung seiner Burg Neideck von einer Steinschleuder tödlich getroffen. Sein Erbe teilten sich die Nünberger Burggrafen und Bamberger Bischöfe. Wenig später versuchte Kaiser Karl IV. aus dem Hause Luxemburg als König von Böhmen vergeblich, das Gebiet der heutigen Fränkischen Schweiz nach Böhmen anzugliedern, stieß aber dabei auf den erbitterten Wiederstand des Adels.

1430 richteten die Hussiten während ihres Zuges nach Bamberg große Zerstörungen an. Besonders Bayreuth, Creußen, Kulmbach, Ebermannstadt, Waischenfeld und die Gegend um Scheßlitz wurden in Mitleidenschaft gezogen, während sich reiche Städte wie Bamberg und Nürnberg freikaufen konnten.

Die Reichsstadt Nürnberg erlebte im 15. Jh. eine Zeit wirtschaftlicher und kultureller Blüte; hier wirkten bedeutende Persönlichkeiten wie Albrecht Dürer, Adam Kraft, Willibald Pirckheimer, Veit Stoß und Peter Vischer. Um 1500 war Nürnberg mit damals 30 000 Einwohnern die angesehenste Stadt Deutschlands.

Im Zuge der Reformation wurde Nürnberg-Bayreuth protestantisch, während Bamberg-Würzburg katholisch blieb. Dadurch verstärkten sich die Machtkämpfe zwischem dem katholischen Bamberg und den lutherisch gewordenen Markgrafen; als dritte Kraft trat noch die Reichsstadt Nürnberg hinzu, die Pflegeämter in Lauf, Hersbruck, Velden, Betzenstein und Stierberg erhalten hatte. Kriegerische Auseinandersetzungen waren die Folge.

So versuchte 1449 Markgraf Achilles im 1. Markgrafenkrieg gegen die Reichsstadt Nürnberg vergeblich, ein eigenes fränkisches Herzogtum durchzusetzen. 1525 führte die Erbitterung der Bauern über drückende Abgaben und Frondienste zum Bauernkrieg, in dem zahlreiche Burgen, Schlösser und Herrensitze vernichtet wurden. Im 2. Markgrafenkrieg 1541-1553 legte sich Markgraf Alcibiades mit der mächtigen Reichsstadt Nürnberg an. Jetzt wurden besonders die nicht befestigten Orte mit ihren Kirchen und Rathäusern zerstört. Und im 30jährigen Krieg (1618-1648), der sich von einem Religionskrieg zwischen Protestanten und Katholiken zu einem europäischen Machtkampf entwickelte, durchzogen Horden plündernder Söldner durch die Region und raubten der meist bäuerlichen Bevölkerung Hab und Gut.

Durch die Säkularisation der kirchlichen Territorien 1803 und Aufhebung der Reichsstadt Nürnberg kam das Gebiet mit der Markgrafenschaft Bayreuth an den neu gegründeten Staat Bayern, seit 1806 Königreich. Franken wurde in die späteren Regierungsbezirke Unter-, Mittel- und Oberfranken gegliedert.

Im Zweiten Weltkrieg wurde besonders Nürnberg durch Bomben stark zerstört. In der Nachkriegszeit fanden in Franken viele Vertriebene eine neue Heimat. Der Wiederaufbau intensivierte die Industrialisierung, so daß sich vor allem der Ballungsraum Nürnberg-Fürth-Erlangen zu einem bedeutenden Wirtschaftszentrum entwickelte. Durch die 1972 in Kraft getretene Gebietsreform verminderte sich die Zahl der Landkreise; kleinere Städte verloren die Kreisfreiheit. Dabei wurde allerdings die seit Zeiten altfränkischer Kleinstaaterei gehegte Hoffnung von politischer Einheit in der Fränkischen Schweiz nicht erfüllt, die heute überwiegend von den Landkreisen Forchheim und Bayreuth verwaltet wird.

## Kunstgeschichtlicher Streifzug

Franken ist reich an Kirchen, Burgen und Schlössern. Selbst in ländlichen Gegenden wie der Fränkischen Schweiz gibt es nicht nur landschaftliche Schönheiten, sondern auch interessante Kunststätten. Burgenforscher ermittelten allein in dieser Region rund zweihundert befestigte Ansitze, von denen noch zahlreiche Burgen und Ruinen künden, und unvermutet überrascht so manche Dorfkirche durch wertvollen Kunstbesitz. Aber natürlich haben die größeren Städte am Rande des Gebietes in dieser Hinsicht mehr aufzuweisen, allen voran die alte Reichsstadt Nürnberg und die Bischofsstadt Bamberg, wobei Bamberg im Gegensatz zu Nürnberg den Vorzug hatte, aus dem Weltkrieg fast unversehrt hervorzugehen.

Die Romanik zeigt sich in Bambergs ältester Kirche St. Jakob, einer Säulenbasilika von 1072 bis 1109, sowie in der St. Michaelskirche der ehemaligen Benediktinerabtei. Der Bamberger Kaiserdom signalisiert als bedeutendster deutscher Bau des Mittelalters bereits den Übergang zur Gotik. Eindrucksvolles Beispiel profaner Architektur ist die Kaiserburg zu Nürnberg. In der Fränkischen Schweiz entstanden die Burgen Betzenstein, Egloffstein, Gößweinstein, Hohenstein, Neideck, Pottenstein, Rabenstein, Streitburg, Unteraufseß und Waischenfeld, teils erhalten oder als Ruinen überliefert.

Die Gotik schuf in Nürnberg so bedeutende Kirchen wie St. Sebaldus (1230-1256) mit dem berühmten Sebaldusgrab von Peter Vischer und St. Lorenz (1260-1370) mit dem Sakramentshäuschen von Adam Kraft und dem Engelsgruß von Veit Stoß. In Bamberg entstand die Obere Pfarrkirche, in Forchheim die Martinskirche, in Erlangen die Peter-und-Paul-Kirche, in Gräfenberg die Stadtpfarrkirche, in Lauf die Johanniskirche, in Fürth die Michaeliskirche und in Schwabach die Stadtkirche St. Johannes und St. Martin, die fast unverändert mit ihrer gotischen Ausstattung erhalten ist. Oft finden sich nur noch einzelne gotische Altäre, Tafelbilder oder Figuren. Ein Meisterwerk spätgotischer Malerei hinterließ Matthias Grünewald auf der Rückseite des Flügelaltars der Kirche in Lindenhardt bei Creußen. Von Bedeutung ist auch der gotische Schreinaltar in der Pfarrkirche von Hersbruck. Beispiele gotischer Bildhauerkunst sind im Bamberger Kaiserdom die Greisengestalt des Bischofs von Hohenlohe sowie das Hochgrab Kaiser Heinrich II. von Tilmann Riemenschneider.

Die Renaissance repräsentiert sich besonders in Profanbauten wie bei den Rathäusern von Nürnberg, Altdorf oder Hersbruck sowie bei der mächtigen Plassenburg über Kulmbach und dem in der Nähe gelegenen Schloß Thurnau. In Nürnberg wirkte der Maler und Graphiker Albrecht Dürer, der seinen Einfluß auch auf andere

Künstler wie Hans von Kulmbach, Hans Schäufelein, Peter Flötner und Hans Springinklee ausübte. In der eigentlichen Fränkischen Schweiz, die im 16. Jh. durch Bauernaufstand und Markgrafenkrieg sehr zu leiden hatte, hinterließ die Renaissance nur wenige Spuren. Bedeutendster Zeuge ist hier das Schloß Wiesenthau im unteren Wiesent-Tal.

Der Barock hat in Franken viele Zeugnisse hinterlassen. Nach dem kulturellen Niedergang im 30-jährigen Krieg begann eine neue künstlerische Blütezeit. Besonders die Hofarchitekten der Residenzen ließen für ihre Auftraggeber prachtvolle Bauten errichten. Viele Schlösser und Kirchen wurden neu errichtet oder umgebaut. Ihr heutiges Aussehen erhielten die Schlösser Hagenbach, Hundshaupten, Jägersburg, Pretzfeld und Trockau; ganz neu entstand das eindrucksvolle Schloß Seehof bei Bamberg. Neue Kirchen auch in Gößweinstein, Hersbruck, Oberailsfeld, Pretzfeld und Waischenfeld; die Pfarrkirchen von Effeltrich, Forchheim, Lauf und Scheßlitz erhielten eine neue Barockausstattung. Neben einheimischen Künstlern (Baumeisterfamilie Schwesner aus Waischenfeld, Bildhauer Friedrich Theiler aus Ebermannstadt) waren noch bedeutende auswärtige Meister tätig. Berühmt war die oberbayrische Barockbaumeister-Familie Dientzenhofer; besonders die drei Brüder Johannes, Leonhard und Georg schufen um 1700 in Franken bedeutende Bauwerke wie die Bamberger Neue Residenz, Konventbau und Kirchenfassade der Bamberger Abtei Michelsberg, die Bamberger Martinskirche und die Klosterkirche Banz mit dem Konventhaus. Hofarchitekt Johann Jakob Michael Küchel erbaute das Schloß Thurn bei Forchheim, die Spitalkirche in Scheßlitz, die Pfarrkirche in Pretzfeld sowie unter Einbeziehung gotischer Bauteile das Alte Rathaus in Bamberg. Der aus Eger stammende Barockbaumeister Balthasar Neumann schuf Frankens berühmteste Wallfahrtskirche Vierzehnheiligen bei Staffelstein und entwarf die 1730 durch den Bamberger Fürstbischof Friedrich Karl von Schönborn in Auftrag gegebene Wallfahrtskirche zu Gößweinstein, an der viele namhafte Künstler beteiligt waren. Ganz vom Geist des Barock geprägt ist die Markgrafenstadt Bayreuth: Hier hatte die kunstsinnige Markgräfin Wilhelmine, Schwester Friedrich des Großen, den französischen Baumeister Joseph Saint-Pierre beauftragt, ihre eigenen Ideen zu verwirklichen, die besonders im Markgräflichen Opernhaus, im Neuen Schloß und in der Eremitage ihren Ausdruck fanden.

Der Klassizismus konnte Franken nicht wesentlich beeinflussen. Neue schöpferische Ideen brachten Gründerzeit und Jugendstil. Sehenswerte Gebäude aus dieser Zeit stehen besonders in Bamberg, Nürnberg und Fürth. Ein eindrucksvolles Bauensemble aus der Gründerzeit ist die Fürther Hornschuhpromenade mit ihren reich gegliederten Sandsteinfassaden.

## Bevölkerung und Brauchtum

Der alteingesessene Franke legt Wert auf die Feststellung, daß er zwar in Bayern lebt, aber kein Bayer, sondern eben ein Franke ist, im Gegensatz zum Oberpfälzer östlich der Pegnitz, der dem altbayerischen Stamm angehört.

Deutliche Unterscheidungsmerkmale zwischen beiden Volksstämmen sind Dorfanlage, Hausbau, Brauchtum, Volksmusik und nicht zuletzt die Mundart: Sagt man zum Beispiel in der Oberpfalz zum Mädchen „Moidl", so heißt das fränkisch „Madle" und ostfränkisch „Mädl". Bemerkenswert sind die fränkischen Zeugnisse moderner Mundartdichtung, die seit Zeiten des Hans Sachs (Nürnberger Meistersinger) und Georg Philipp Harsdörffer (Nürnberger Trichter) gepflegt wird. Konfessionell sind die ehemals reichsstädtischen und markgräflichen Lande überwiegend evangelisch, jedoch Bamberg und die Oberpfalz katholisch.

Die häufig aus alten Siedlungen entstandenen Orte haben auch heute noch eine überwiegend ländliche Struktur mit intakten Dorfgemeinschaften einschließlich Dorflinde, Dorfbrunnen und Dorfweiher. Neue Siedlungen entstanden nur in den Randgebieten im Umfeld der größeren Städte. Tradition hat das oft kunstvoll gebaute Fachwerkhaus, zu dem sich auf der Albhochfläche das verputzte Kalkbruchsteinhaus und in den Hopfenbauerndörfern des Pegnitztales das hochgiebelige Hopfenhaus mit langen Lüftungsschlitzen im Dach gesellt.

Eine besondere Eigenart der im allgemeinen sehr geselligen Franken ist ihre Freude an Gesang und Musik, verbunden mit der Pflege des alten Brauchtums. So hören die Feste zwischen Nürnberg, Bamberg und Bayreuth selten auf, da immer irgendwo eine Kirchweih ist, die als „Kärwa" in jedem Ort am Tag des Kirchenpatrons gefeiert wird. Hierbei spielen konfessionelle Unterschiede kaum eine Rolle, da feiert jeder mit. Besonders stolz auf ihre jahrhundertealte Kärwatradition ist die Stadt Fürth, die zusammen mit dem Umland nicht weniger als 11 Tage feiert. Berühmt ist auch die Walpurgiskirchweih auf der Ehrenbürg, dem „Walberla" bei Forchheim. Und zu allen Kirchweihfesten gibt es oft spezielles Kärwabier, dazu die fränkischen Bratwürste, aber auch die beliebten, in Fett schwimmenden „Kärwaküchla".

Zum österlichen Brauchtum gehört in der Fränkischen Schweiz das Schmücken von Brunnen, das mancherorts bereits zur Touristenattraktion geworden ist. In einigen Gegenden wird ein Osterbaum aufgestellt und von der Dorfjugend mit bunten Eiern und Bändern verziert. Bei manchen Bauern ist es noch Brauch, in der Osternacht den Ostersamen (die Saat des jungen Korns) zu rupfen und dem Vieh vorzulegen, damit es gut gedeiht.

Fränkisches Musterdorf lebendigen Brauchtums ist Effeltrich zwischen Erlangen und Forchheim. Dort und in einigen Orten der

Die Hersbrucker Stadtpfeifer

Umgebung wird zu festlichen Anlässen noch die alte malerische Sonntagstracht getragen, besonders zur Fronleichnamsprozession, wo die Tracht noch um die Brautkronen der Mädchen verschönt wird, beim Georgiritt am Georgstag (23. April) und am Rosenmontag, wenn die jungen Burschen mit aus Buchsbaumzweigen und Bändern geflochtenen Kronen als furchterregende „Fasalecken" mit ihren Strohbären ins benachbarte Baiersdorf ziehen, wo sie den Winter in Form der Strohhüllen in der Pegnitz ertränken oder verbrennen.

Inbegriff fränkischer Weihnacht ist der weltberühmte Christkindlesmarkt in Nürnberg mit Spielzeug-, Lebkuchen- und Baumschmuckständen sowie festlicher Musik vor dem Portal der Frauenkirche. In einigen Orten der Fränkischen Schweiz lebt noch die schöne Sitte des Barbarabaumes, einer Vorform des Weihnachtsbaumes: Am 4. Dezember (Barbaratag) werden armdicke Kirschenzweige in die Stube geholt und nach ihrem Erblühen am Heiligen Abend mit Kugeln, jedoch nicht mit Kerzen geschmückt.

## Fränkischer Festkalender

**Alfeld:** Kirchweihfest am letzten Sonntag im August mit der Trachtengruppe „Alfelder Moidla".

**Altdorf:** Wallenstein-Festspiele alle 3 Jahre im Juli und August im Hof der früheren Universität. In den Jahren dazwischen Altstadtfest im Juli.

**Bamberg:** Bamberger Calderon-Festspiele im Juni und Juli; Kärwa im Stadtteil Sand mit Illumination der Regnitz im August.

**Bayreuth:** Volksfest in der Pfingstwoche; Musica Bayreuth in der 2. Maihälfte; Fränkische Festwoche Ende Mai/Anfang Juni; Richard-Wagner-Festspiele Mitte Juli bis Ende August.

**Effeltrich:** Fasalecken-Umzug am Rosenmontag; Georgiritt am 23. April; Fronleichnamsprozession mit alten fränkischen Trachten.

Der Festumzug beim
Blumenfest in Röthenbach

**Erlangen:** Traditionsreiche Bergkirchweih in der Pfingstwoche am Festplatz beim Kellerhäuschen.

**Forchheim:** Anna-Volksfest in der letzten Juliwoche bei den Forchheimer Felsenkellern im sogenannten Kellerwald.

**Fürth:** Elftägige Michaelis-Kirchweih Anfang Oktober mit Erntedankfestzug; Fürther Weihnachtsmarkt am Platz „Fürther Freiheit".

**Hersbruck:** Altstadtfest Anfang August.

**Hollfeld:** Altstadtfest im Mai, Schützen- und Volksfest im Juli.

**Kirchehrenbach:** Walberlaskirchweih am 1. Maisonntag auf der 512 m hohen Ehrenbürg mit Verkaufsbuden.

**Kulmbach:** Gregoriusfest mit Altstadtfest Juni/Juli; Bierfest Ende Juli/Anfang August.

**Lauf:** Kunalaskärwa am 1. Sonntag und Montag im Juli mit Kinderumzug und Bewirtung der Schulkinder.

**Lichtenfels:** Korbmarkt am 3. Sonntag im September.

**Limmersdorf bei Thurnau:** Lindenkirchweih mit Tanz in einer 300-jährigen Linde am Sonntag nach dem 24. August.

**Moggast:** Vielhundertjähriger Stephansritt am 2. Weihnachtsfeiertag zu Ehren des Hl. Stephan mit Segnung der Pferde.

**Moritzberg:** Bergkirchweih um den 24. August herum auf dem 600 m hohen „Hausberg der Nürnberger".

**Muggendorf:** Kürbisfest Ende September mit abendlichem Umzug der Kinder, die ausgehöhlte und beleuchtete Kürbisse tragen.

**Neukirchen am Brand:** Figuralprozession am Karfreitag.

**Nürnberg:** Frühjahrs- und Herbstvolksfest; Christkindlesmarkt vom letzten Novemberfreitag bis Weihnachten.

**Pegnitz:** Flinderer-Starkbierausschank ab Samstag nach Pfingsten; Gregorifest am 3. Dienstag nach Pfingsten; Marktplatzfest mit Tanz unter freiem Himmel am letzten Juli-Wochenende.

**Pottenstein:** Lichterfest am Abend des 6. Januar mit Lichterprozession und Illuminierung der Häuser und Brunnen.

**Pretzfeld:** Kirschenfest Anfang Juli.

**Röthenbach a.d. Pegnitz:** Blumenfest am letzten Sonntag im August.

**Schwabach:** Frühlingsfest im April oder Mai; Wöhrwiesenfest im Juni; Bürgerfest im Juli; Schwabacher Kirchweih im September.

**Velden:** Winkalas-Fest mit Back- und Brühtrogrennen auf der Pegnitz im Juni.

Albrecht Dürer
(1471-1528)

Jean Paul
(1763-1825)

## Berühmte Leute

**Freiherr von und zu Aufseß** (1801-1872): Gründer des Germanischen Nationalmuseums in Nürnberg.

**Martin Beheim** (1459-1506): Seefahrer und Geograph aus Nürnberg; baute 1492 den ersten Globus und beriet Chr. Columbus.

**Hans Beheim d.Ä.** (1465-1538): Nürnberger Stadtbaumeister; schuf u.a. Unschlitthaus, Mauthalle, Kaiserstallung und Rathaus.

**Ignaz Bing** (1840-1918): Nürnberger Fabrikant, Wohltäter, Naturfreund, Höhlenforscher (Binghöhle bei Streitberg).

**Albrecht Dürer** (1471-1528): Bedeutender Maler und Graphiker; berühmtester Sohn der Stadt Nürnberg.

**Johann Friedrich Esper** (1732-1781): Pfarrer aus Uttenreuth bei Erlangen; Begründer der Höhlenforschung in der Fränkischen Schweiz.

**Friedrich Grau** (1480-1552): Geboren in Waischenfeld; bedeutender Kanzelredner der Reformationszeit, der unter dem Namen Nausea zum Bischof von Wien aufstieg.

**Peter Henlein** (1485-1542): Schlosser; Erfinder der Taschenuhr (Nürnberger Ei), Erbauer von Turmuhren.

**Mauritius Knauer** (1613-1664): Astronom aus Weismain; schuf als Abt des Klosters Langheim den berühmten Hundertjährigen Kalender.

**Adam Kraft** (1450-1508): Letzter Steinbildhauer der Spätgotik, u.a. Sakramentshäuschen in der Nürnberger Lorenzkirche.

**Georg Ohm** (1789-1854): Physiker aus Erlangen; stellte das Ohm'sche Gesetz auf.

**Jean Paul** (1763-1825): Meistgelesener Erzähler seiner Zeit; lebte zuletzt in Bayreuth.

**Ernst Penzoldt** (1892-1955): Schriftsteller, Bildhauer, Graphiker, Theaterkritiker, aus Erlangen; Autor von „Die Powenzbande".

**Willibald Pirckheimer** (1470-1530): Humanistischer Schriftsteller; Freund und Förderer Albrecht Dürers.

**Adam Riese** (1492-1559): Rechenmeister aus Staffelstein; Verfasser der ersten deutschen Rechenbücher.

**Hans Sachs** (1494-1576): Schuhmacher, Dichter und Meistersinger; von Goethe und Richard Wagner verherrlicht.

**Johannes Scharrer** (1785-1844): Hopfengroßhändler aus Hersbruck; Bürgermeister von Nürnberg; Förderer, Direktor und Hauptaktionär der ersten deutschen Eisenbahn.

**Johann Siegmund Schuckert** (1846-1895): Elektrotechniker; erfand die Bogenlampe und Motoren; Siemens-Schuckert-Werke.

**Veit Stoß** (1447-1533): Bildschnitzer, Maler, Kupferstecher; u.a. „Englischer Gruß" in der Nürnberger Lorenzkirche.

**Dr. Heinrich Stromer** (1482-1542): Arzt aus Auerbach; Wegbereiter der Leipziger Messe und Gründer des „Auerbachskellers", einem noch heute bestehenden Leipziger Restaurant.

**Friedrich Theiler** (1748-1826): Bildschnitzer aus Ebermannstadt; mit seinen Plastiken ist er in vielen Kirchen der Fränkischen Schweiz vertreten.

**Ernst Tucher** (1423-1507): Ratsbaumeister und Geschichtsschreiber der Stadt Nürnberg; Begründer des bekannten Patriziergeschlechtes.

**Peter Vischer d.Ä.** (1460-1529): Rotschmied, Erzgießer; schuf mit seinen Söhnen das „Sebaldusgrab" in Nürnberg.

**Richard Wagner** (1813-1883): Komponist, Dichter, Kulturpolitiker; Begründer der Bayreuther Richard-Wagner-Festspiele.

## Essen und Trinken

Der Franke ist kein Schlemmer, sondern ein Esser, der die Genüsse fein aufeinander abzustimmen weiß. Deftig und kräftig soll's sein, und ehrlich dazu. Ganz oben steht die Suppe, früher Hauptmahlzeit in bäuerlichen Familien, wobei der Kartoffelsuppe mit ihren verschiedenen Zutaten eine besondere Rolle zukommt: Auf fränkische Art wird sie aus durchpassierten Kartoffeln, viel Suppengrün, gelben Rüben und Majoran zubereitet. Zur Suppenzubereitung gehört natürlich auch Rindfleisch, wobei man gern den Brustkern des Ochsen verwendet, der als Tellerfleisch auf dem traditionellen Holzteller serviert wird.

Eine besondere Spezialität sind Klöße mit ihren vielfältigen Variationen. Favorit sind in Franken „rohe Klöß", wozu die rohen Kartoffeln gerieben, ausgedrückt, überbrüht und dann mit geriebenen gekochten Kartoffeln zu einem Kloßteig verarbeitet werden. Dazu ißt man Schweinebraten, Schäufele (Schulter) oder Knöchla (Eisbein) mit Sauerkraut ebenso gern wie fränkischen Sauerbraten mit Rotkohl, aber auch Gans, Ente, Hirschbraten, Rehrücken und Hasenkeule. Im Hersbrucker Hopfenanbaugebiet schätzt man im zeitigen Frühjahr den Hopfensalat. Und von Ende April bis zum Johannistag am 24. Juni gibt es im „Knoblauchsland" zwischen Nürnberg und Erlangen den vielbegehrten erntefrischen Spargel, der von den Spargelgaststätten auf vielerlei Weise zubereitet wird.

Franken gilt als Paradies der Wurstesser. Was für den Bayern die Weißwurst, ist für den Franken die Bratwurst. Die echten Nürnberger Bratwürste sind kaum größer als ein kleiner Finger, enthalten nur Schweinefleisch und schmecken am besten gebraten auf einem Rost über Buchenholzkohle. Man verzehrt sie ohne Rücksicht auf die Tageszeit vom Halbdutzend an aufwärts von runden Zinntellern, bei zehn Stück jedoch von einem zinnernen Herzteller. Als Beilage gibt es Sauerkraut oder Kartoffelsalat, auch mit „Kren", dem Meerrettich aus dem Knoblauchsland. In der „Provinz" draußen auf dem Land werden die Bratwürste dickbauchig und prall angeboten, da genügen zwei bis drei vollauf.

Gern werden sie für die Bratwurstsemmel als „Eingezwickte" verwendet. Sonderformen der fränkischen Bratwurst sind Bratwurstsülze, Blaue Zipfel (gekochte Bratwürste mit Essig und Zwiebeln) und Nackerte (aus dem Darm gepelltes rohes Bratwurstgehäck), aber auch Bauernseufzer, eine lange geräucherte Bratwurst, die entweder roh oder warm (sie muß in heißem Wasser ziehen) gern mit Meerrettich gegessen wird.

Beliebt in und um Nürnberg ist die Stadtwurst. Sie soll aus reinem Schweinefleisch bestehen und kann kalt oder warm, mit Kraut oder anderen Beilagen verzehrt werden. „Stadtwurst mit

Musik" wird mit Essig, Öl, feingeschnittenen Zwiebeln und einer Prise Zucker angemacht. Eine wichtige Rolle spielt unter den Wurstsorten auch der Preßsack, den es als weißen Leberpreßsack oder roten Blutpreßsack gibt.

Während der Karpfenzeit – das sind die acht Monate mit einem „R" – werden in vielen Gaststätten Karpfen angeboten, entweder in Mehl gewendet und in Butterschmalz schwimmend herausgebacken oder in einem heißen Weinsud als „Karpfen blau" zubereitet. Der „Pegnitzkarpfen" oder „Gewedelte" hat damit wenig zu tun: Das ist ein auf Holzkohlenfeuer gebratener Salzhering, der besonders zur Kirchweihzeit angeboten wird. In der Fränkischen Schweiz bekommt man aufgrund der meist immer noch klaren Bäche vorzügliche Forellen – blau oder gebacken.

Als kleiner Happen zwischendurch empfiehlt sich die oft an Straßenständen angebotene Laugenbreze, die man auch gern zu fast allen kalten Speisen ißt. Unter den Backwaren dominiert natürlich besonders zur Weihnachtszeit der Nürnberger Lebkuchen. Die Lebkuchenherstellung hat in Nürnberg eine 500-jährige Tradition, weil der Reichswald früher ein bedeutendes Honigeinzugsgebiet war und Honig den erst später aus Rüben und Zuckerrohr gewonnenen Zucker ersetzte. Feinste Lebkuchenart ist der Elisenlebkuchen, der ohne Verwendung von Mehl aus geriebenen Mandeln und Haselnüssen, Honig, Zucker, Eiern und Gewürzen hergestellt wird. Am besten schmeckt jener ofenfrische Lebkuchen, der gleich an Ort und Stelle verzehrt wird, aber häufig wird er als Mitbringsel eingekauft, vielleicht vom Christkindlesmarkt, ebenso wie das Hutzelbrot, ein Früchtebrot aus gedörrten Zwetschgen, Birnen (Hutzeln), Rosinen, gehackten Mandeln und Haselnüssen. Typisch fränkische Mehlspeisen sind Apfelküchle, Hollerschtreiberla, Ufnschupferla und Feuerspatzen, die man fast nur noch in privaten Haushalten, mitunter aber auch im Dorfgasthof findet.

Zum Essen gehört auch das Trinken. Da ist ein guter Tropfen Frankenwein sicher nicht zu verachten. Der Franke weiß aber auch ein süffiges Bier sehr zu schätzen. Bamberg, Bayreuth, Kulmbach und Nürnberg sind bedeutende Braustädte, aber gerade die Fränkische Schweiz gilt mit ihren noch rund 100 Privatbrauereien als Dorado für Biertrinker, und mancherorts wie in der Gegend um Pegnitz und Neuhaus gibt es sogar noch ein Hausbraurecht. Man hält sich streng an das berühmte Reinheitsgebot von 1516: Zur Bierherstellung dürfen nur Malz, Hopfen, Hefe und Wasser verwendet werden. Während das helle und in Franken sehr beliebte dunkle Vollbier (Lagerbier, Faßbier) je nach Anteil des Malzes in der Flüssigkeit eine Stammwürze von 11 bis 12 Prozent hat, steigert sich das Märzenbier auf 13 bis 14 Prozent. Zu besonderen Jahreszeiten gibt es das meist nicht auf Flaschen abgefüllte Festbier oder Kirchweihbier mit einer Stammwürze von 18 bis 19

Prozent. In Bamberg schätzt man das Rauchbier. Eine Besonderheit ist das Weißbier, zu dessen Herstellung nicht Gerste sondern Weizen verwendet wird. An heißen Tagen erfrischt die Radlermaß, eine Mischung aus Hellbier und Zitronenlimonade.

Quer durch Franken verläuft die „europäische Schnapsgrenze" zwischen den meist aus Obst gebrannten scharfen Wässern des Südens und denen des Nordens, die aus Korn und Wachholder hergestellt werden. Die frostarmen Täler der Fränkischen Schweiz sind wahre Obstparadiese. Kirsche, Apfel, Birne, Quitte und Zwetschgen werden im Herbst zu aromatischen Obstschnäpsen gebrannt. In den Streitberger Probierstuben der Alten Kurhausbrennerei und der Adlerbrennerei Schütz kann alles probiert und natürlich auch mitgenommen werden, vom Kräuterschnaps über Edelliköre bis zum Edelbranntwein. Doch beim Kosten heißt es Vorsicht: Auch der süßeste Likör hat einen Alkoholgehalt bis zu 35 Prozent!

**Kulmbacher Brauerei**

## Aus der Wirtschaft

Die *Landwirtschaft* setzt sich überwiegend aus bäuerlichen Klein- und Mittelbetrieben zusammen. Gute Erträge hat das fruchtbare, humusüberdeckte Regnitzbecken mit Obst-, Hopfen- und Tabakanbau. Zwischen Nürnberg und Erlangen liegt ein großes Gemüseanbaugebiet, das sogenannte Knoblauchsland, in dem Meerrettich (Kren), Schwarzwurzeln und Spargel gedeihen. Die Gegend um Hersbruck ist ein bekanntes Beerenobst- und Hopfenanbaugebiet. Auf der steinigen, trockenen Albhochfläche dagegen wachsen nur Kartoffeln, Futterrüben und Getreide, und die engen, schattigen Täler werden als Viehweiden und Heuwiesen benutzt. Landwirtschaftlich unrentable Flächen forstet man wieder auf. Rund ein Drittel des Naturparks Fränkische Schweiz ist mit Wald bedeckt, der sich überwiegend im bäuerlichen Besitz befindet mit Ausnahme des 7000 Hektar großen staatseigenen Veldensteiner Forstes.

Die *Bodenschätze* bestehen vor allem aus den Kalk- und Sandsteinen des Juragebietes. Sie werden in den Steinbrüchen von Ebermannstadt, Pegnitz, Rupprechtstegen-Vorra (Frankendolomit und Werkkalk), Hartmannshof, Schnaittach (Lehm, Ton) und Gräfenberg abgebaut.

Die *Industrie* hat ihre wichtigen Zentren mit zahlreichen Großbetrieben im Ballungsraum Nürnberg-Fürth-Erlangen. Führend sind besonders die Elektrotechnik und der Maschinenbau. Von Bedeutung sind auch die Zulieferbetriebe der Metall-, Stahl- und Blechwarenherstellung. Außerdem dominieren in Nürnberg Brauereien, Pharmazie, Spielwaren, Schreibwaren und Lebkuchenbäckereien, in Fürth Optik und Feinmechanik, in Erlangen Textil, Bekleidung und Lederwaren, in Bamberg neben umfangreicher Elektroindustrie Textil, Schuhe, Lederwaren und Brauereien. Von großer Bedeutung für die Industrie ist ein enges Energieverbundnetz mit Großkraftwerken, Gas- und Ölpipelines sowie mehreren Umspannwerken. Durch ein dichtes Autobahnnetz ist der Großraum Nürnberg hervorragend erschlossen, und durch den Rhein-Main-Donau-Kanal ist nun auch der Anschluß an die Schiffahrt gesichert.

# STRECKEN-BESCHREIBUNGEN

Die folgenden 5 Rundtouren erschließen mit ihren Abstechern den Naturpark Fränkische Schweiz – Veldensteiner Forst und berücksichtigen auch touristisch interessante Randgebiete. Um diesen Reiseführer so übersichtlich wie möglich zu gestalten, sind ausführlichere Ortsbeschreibungen mit einem Sternchen * versehen und in dem alphabetischen Teil getrennt aufgeführt. Eine weitere Hilfe ist das jeweils auf das Hauptstichwort verweisende Ortsregister.

## Route 1: Zwischen Bamberg und Bayreuth

### Bamberg – Staffelstein – Lichtenfels – Burgkunstadt – Kulmbach – Bayreuth – Hollfeld – Bamberg

**Bamberg*,** die über tausend Jahre alte Kaiser- und Bischofsstadt mit einer Fülle unversehrter Baudenkmäler und Kunstschätze, verlassen Sie in nördlicher Richtung und kommen nach

**Hallstadt** (239m, 7300 Einw.), einem der ältesten Orte des Frankenlandes, der sogar schon in der Steinzeit besiedelt war und sich aus einem karolingischen Königshof entwickelte. Dieser befand sich am Marktplatz, der von historischen Bauten wie dem Renaissance-Rathaus, dem barocken ehemals fürstbischöflichen Amtshaus und der spätgotischen Kilianskirche umgeben ist. In der Bahnhofstraße interessiert die prächtige barocke St. Annakapelle ebenso wie die schöne barocke St. Ursulakapelle im Stadtteil *Dörfleins.* Hier liegt am östlichen Ortsrand ein Wanderparkplatz, der Ausgangspunkt verschiedener Fern- und Rundwanderwege ist. Im Freizeitgebiet Bettelsee befindet sich ein beheiztes Freibad. In

**Breitengüßbach** (248m, 2400 Einw.) lohnt ein Blick in die alte Dorfschmiede von 1693 mit dem mächtigen Stützbalken unter dem Dach. Die spätgotische Laurentiuskirche von 1538 wurde im 18. Jh. barock umgestaltet. Aus dem Gewirr der Straßenkreuzungen suchen Sie sich die B-173, die im Maintal aufwärts Richtung Lichtenfels führt. Erste Station ist

**Zapfendorf** (244m, 3300 Einw.). Hier befindet sich ein bedeutendes Holzverarbeitungswerk. Die Pfarrkirche St. Peter und Paul wurde 1734-1736 erbaut. Im östlichen *Kirchschletten* interessiert die Johanniskirche, die 1706 von L. Dietzenhofer an einen romanischen Chorturm gefügt wurde. Sehenswertes auch im nördlichen Ortsteil *Unterleiterbach:* Die von einer Wehrmauer umgebene barockisierte Dorfkirche bewahrt ein kostbares spätgotisches Flügelaltärchen um 1500. Ein Kleinod ist am Dorfausgang Richtung Ebensfeld die Friedhofskapelle St. Valentin, ein Meisterwerk von

J.M. Küchel (1738) mit Scheinarchitektur-Ausmalung von Gia F. Marchini wie in der Bamberger Martinskirche. Das 1739 von J.H. Dientzenhofer erbaute Landschloß mit hohem Mansarddach befindet sich heute in Privatbesitz.

**Ebensfeld** (255 m, 3300 Einw.) besitzt eine baugeschichtlich interessante Kirche aus verschiedenen Perioden mit einem spätgotischen Ostteil. Östlich führt ein einstündiger Spaziergang auf den Ansberg mit der barocken Wallfahrtskapelle St. Veit von 1719, die von einem Kranz mächtiger Linden umgeben ist. Das *Naturfreundehaus am Dornig* bei Sträublingshof 5 km östlich ist Ausgangspunkt verschiedener Wanderwege. Auf der gegenüberliegenden Mainseite überrascht der Ortsteil *Oberbrunn* mit der schönen Landkirche St. Laurentius von 1744-50 des Barockmeisters J.M. Küchel, während weiter nördlich der Ortsteil *Döringstadt* vom mittelalterlichen Turm der ehemaligen Wehrkirche beherrscht wird.

**Staffelstein*** ist Geburtsort des berühmten Rechenmeisters Adam Riese, der 1550 das erste deutsche Rechenbuch verfaßte. Das Rathaus am Marktplatz beeindruckt durch prächtiges Fachwerk. Lohnend ist die Besichtigung der ehemaligen Benediktinerabtei Banz jenseits des Mains sowie der hochaufragenden zweitürmigen Wallfahrtskirche Vierzehnheiligen diesseits des Mains. Auf dem aussichtsreichen Staffelberg dichtete Viktor von Scheffel das Frankenlied „Wohlauf, die Luft geht frisch und rein...". Eine besondere Attraktion ist das neue Thermalbad mit 600 qm Wasserfläche in sechs Becken bei Temperaturen von 34-36 °C.

**Lichtenfels***, Zentrum der deutschen Korbmacherindustrie, hat einen breiten Marktplatz, der von schönen Fachwerk- und Barockhäusern umsäumt und vom Oberen Torturm abgeschlossen ist. Der Fünfspitzturm der Stadtpfarrkirche stammt noch aus spätromanischer Zeit.

**Michelau** (268 m, 4000 Einw.), jenseits des Mains am rechten Ufer gelegen, besitzt das einzigartige, schon 1928 gegründete Deutsche Korbmuseum mit einer Korbmacherwerkstatt (Bismarckstr. 4, im Stölzelhaus). Zu sehen sind sämtliche Artikel der traditionsreichen, einst in Heimarbeit betriebenen Korbmacherei, die inzwischen von der Industrie abgelöst wurde. Die evangelische Pfarrkirche St. Anna zählt zu den wenigen klassizistischen Kirchen im Obermaintal. Sie wurde anstelle einer gotischen Kapelle errichtet und 1932 stilvoll zu der jetzt kreuzförmigen Anlage erweitert.

**Marktzeuln** (290 m, 1600 Einw.) oberhalb der Rodachmündung in den Main gehört zu den schönsten Fachwerkdörfern Frankens. Die Häuser des 17. und 18. Jh. sind mit kunstvollen Schitzereien geschmückt. Besonders prächtig ist das Fachwerk-Rathaus von 1690 mit hölzernem Treppenturm.

Geflochtene Superlative
erinnert an die traditionsreiche
Korbmacherei in Lichtenfels

**Burgkunstadt*** beeindruckt durch das hochgiebelige Fachwerk-Rathaus und die vielen malerischen Winkel, die dem alten Frankenstädtchen ein malerisches Gepräge geben. Dominierend ist die Schuhindustrie, und ein Großversandhaus hat den Namen dieser Stadt weithin bekannt gemacht.

**Abstecher, zugleich Abkürzung zurück nach Bamberg**

**Altenkunstadt** (278 m, 2600 Einw.), 2 km südlich am linken Mainufer an der Einmündung der Weismain, besitzt ebenfalls schöne alte Fachwerkhäuser. Sehenswert ist die gotisch-barocke Pfarrkirche von 1528/1723 mit der originellen Doppelwendeltreppe, die zur Orgel emporführt. – Im benachbarten *Strössendorf* erhebt sich am Steilufer des Mains ein stattliches Renaissance-Schloß mit mittelalterlichem Bergfried.

**Weismain*,** kleines Fachwerkstädtchen mit Resten alter Befestigungsanlagen, ist Mittelpunkt der Weismainalb und Eingangstor zum romantischen, unter Naturschutz stehenden

**Kleinziegenfelder Tal.** Das von der Weismain durchflossene Felsental erstreckt sich 10 km lang bis Kleinziegenfeld und gilt als ganz besondere Naturschönheit. Über *Schammendorf* mit gleichnamiger Mühle und *Wallersberg* (hoch oben die Wallersberger Kapelle) kommen Sie – umgeben von turmhohen Felswänden – zur *Weihersmühle* aus dem 15. Jh. mit behaglichem Gasthof, zu dessen Spezialitäten Forellen gehören. Fotogen ist das uralte Mühlenrad. Die Straße führt weiter durch das enge Tal, überall herrliche Wanderwege, und vorbei an dem am Hochrand gelegenen Dorf *Arnstein* mit schöner Barockkirche von 1734 nach Plänen Balthasar Neumanns und dem eigenartigen Felsriesen „Mönch" kommen Sie über die Schwarzmühle nach

**Kleinziegenfeld.** Am Hang des Schloßberges befindet sich die gefaßte Weismainquelle. Der in der Nähe gebrochene harte Dolomit findet als Baustein Verwendung. Über

**Stadelhofen** (478 m, 1100 Einw.), ein schon 930 nachweisbares hochgelegenes Juradorf mit sehenswertem frühbarocken Hochaltar in der Kirche St. Peter und Paul, erreichen Sie die B-505 und gelangen über *Freienfels* mit gleichnamiger Burg nach

**Hollfeld*** an der Einmündung der Krainach in die Wiesent. Der weitere Verlauf der Route zurück nach Bamberg ist auf Seite 53 beschrieben.

**Mainleus** (302 m, 4100 Einw.), von Burgkunstadt auch auf dem Mainwanderweg über Altenkunstadt, Motschenbach und Willmersreuth in knapp 3 Std. zu erreichen, besitzt mit der 2 km nördlich gelegenen *Burg Wernstein* einen prächtigen Renaissancebau, errichtet 1563/93 von Caspar Vischer. Im Oberen Schloß, zu dem eine Freitreppe emporführt, befinden sich noch Teile der 1376 bezeugten Burg „Zum Berenstein"; im Schloßhof ein alter Wehrgang und ein 50 m tiefer Brunnen. Das östlich gelegene Untere Schloß wurde erstmals 1485 genannt. Von dort führt ein schöner Wanderweg über *Veitlahm* mit ursprünglich gotischer Kirche zum *Patersberg* (528 m), der schon zu den Vorbergen des Frankenwaldes gehört und den Aussichtsturm „Schau-Dich-um" trägt.

**Kulmbach*** kündigt sich schon von weitem durch die hoch thronende Plassenburg an. Burg und Bier haben diese Stadt berühmt gemacht. Südwestlich bei Steinhausen vereinigen sich Weißer und Roter Main.

**Abstecher**

**Thurnau** (365 m, 4200 Einw.) liegt 11 km südlich von Kulmbach malerisch in der Juralandschaft. Die große Burganlage mit Unterem und Oberem Schloß, schon 1239 erstmals erwähnt, diente dem Rittergeschlecht der Förtsche, den Freiherren von Künßberg und den Reichsgrafen von Giech über Jahrhunderte als Residenz. Heute befindet sich hier ein Forschungsinstitut der Universität Bayreuth. Ältester wehrturmartiger Teil aus dem 13. Jh. ist die sogenannte Kemenate mit dem reizvollen Gebetserker von 1581 am Eingang zum Oberen Schloß. In der Renaissance und danach erfolgten mehrfache Erweiterungen. Im ersten Hof steht ein Rokokobrunnen von J. G. Räntz (1752). Durch einen Brückengang mit dem Schloß verbunden ist die evangelische Laurentiuskirche von 1701-06 mit spätgotischem Chortum; sie besitzt schöne Stukkaturen und Deckenmalereien, umlaufende Doppelemporen, einen prächtigen Sechssäulenaltar sowie eine von Elias Räntz mit vergoldetem Schnitzdekor geschmückte Herrschaftsempore über dem Eingang. Sehenswert ist das Töpfermuseum in der ehemaligen Lateinschule am Kirchplatz 12; es befindet sich in einem alten Renaissancebau von 1598 und erinnert an die seit dem 14. Jh. heimische Töpferei. Auf dem historischen Marktplatz der barocke Neptunbrunnen mit wasserspeienden Delphinen um 1700. Das Ortsbild bestimmen noch viele Häuser des 18. Jh., darunter das Rathaus von 1792. Schön gelegen ist der 18-Loch-Golfplatz. – In dem jetzt eingemeindeten Ortsteil *Limmersdorf* im Süden interessiert die 300-jährige Tanzlinde, deren mächtige Krone zur traditionsreichen Lindenkirchweih am Sonntag nach dem 24. August auf einem eigens angefertigten hölzernen Podium Platz für 20 tanzende Paare bietet.

Von Kulmbach führt die B-85 vorbei am aussichtsreichen *Rauhen Berg* (464 m) zum Autobahnanschluß Kulmbach – Bayreuth. Wenn Sie es eilig haben, können Sie von hier aus auf der sehr gut ausgebauten B-505 nach Bamberg zurückfahren. – Nach dem Autobahnanschluß folgt

**Neudrossenfeld** (330 m, 3000 Einw.). Prachtvoll ist die spätbarocke Saalkirche, besonders der Kanzelaltar mit den spätgotischen Flügelgemälden, wahrscheinlich Werke des Dürerschülers Hans von Kulmbach. Den Marktplatz mit alter Tanzlinde umsäumen Kirche, Pfarrhof und das etwas schmucklose Schloß des 13./16. Jh.; vom dahinter liegenden Schloßgarten hat man einen schönen Blick hinunter in das Tal des Roten Mains.

**Bayreuth*** ist eine Stadt, für die Sie sich etwas Zeit nehmen sollten. Festspielhaus, Markgräfliches Opernhaus, Stadtkirche mit Fürstengruft, Blick in die Friedrichstraße mit ihren Barockhäusern, Neues Schloß, Haus Wahnfried und etwas außerhalb die Eremitage – das ist das Mindestprogramm. Und zum Mittagessen die Bayreuther Spezialität „Rohe Klöß mit Schweinebraten", vielleicht in dem interessanten Künstlerlokal „Die Eule", Kirchgasse 8, bei der Stadtkirche.

Bayreuth ist nicht nur
zur Festspielzeit besuchenswert

**Abstecher**

**Creußen** (444 m, 2800 Einw.), 12 km südlich von Bayreuth, zu erreichen von dem Autobahnanschluß Bayreuth Süd auf der B-2, ist ein altes Städtchen am Roten Main mit Mauern und Türmen aus dem 15. Jh. Das Rathaus besitzt ein spätgotisches Erdgeschoß und ein Obergeschoß aus dem 17. Jh. Die ursprünglich gotische Jakobskirche wurde um 1700 barock umgestaltet. Das Krügemuseum im Hinteren Torturm zeigt kostbare buntglasierte Creußener Krüge, die im 17. Jh. weite Verbreitung fanden. Nahe dem Main steht in der Neudorfer Straße das malerische Eremitenhäuschen; 1760 ließ es der Philosoph Joh. Th. Künneth als einzige bürgerliche Eremitage Deutschlands als Gegenstück zu den fürstlichen Bauwerken errichten. Westlich liegt

**Lindenhardt,** heute Ortsteil von Creußen. In der Michaeliskirche steht der berühmte gotische Schnitzaltar, dessen Rückseite Matthias Grünewald (1480-1528) mit der Darstellung Christi und der 14 Nothelfer bemalte. Nördlich befindet sich im Lindenhardter Forst am Tannenberg der *Ursprung des Roten Mains.* Jenseits der Autobahn das *Schloß Trockau* aus dem 13. Jh., 1770 barock verändert und jüngst restauriert.

Die B-2 führt weiter südlich nach Pegnitz*.

Von Bayreuth geht es auf der B-22 westlich nach

**Eckersdorf** (400 m, 4900 Einw.). Im Ortsteil *Donndorf* steht an der B-22 auf einem Hügelkamm mit schönem Park das Schloß Fantaisie, das Markgräfin Wilhelmine 1758-65 erbauen ließ. In unmittelbarer Nähe liegt das Naturschutzgebiet Salamandertal. Mitten durch die Gemeinde Eckersdorf zieht sich eine Rhätsandsteinschlucht. Die evangelische Pfarrkirche besitzt einen mittelalterlichen Chor, einen barocken Turm und ein klassizistisches Schiff. Südwestlich geht es über *Mistelgau,* ältester Ort des trachtenreichen Hummelgaus mit gotisch-barocker Landkirche (Chorturm 1450, Langhaus 1737) und die Sommerfrische *Glashütten* mit vielen Wandermöglichkeiten und traditionsreichem Landgasthof in das Ahorntal (→ S. 60).

**Schönfeld,** heute Ortsteil von Hollfeld, ist Ausgangspunkt markierter Wanderwege in alle Richtungen, besonders südlich durch das idyllische Lochautal (Wanderparkplätze) nach Plankenfels.

**Hollfeld*** baut sich terrassenförmig am Zusammenfluß von Wiesent und Kainach auf. Wahrzeichen der Stadt ist der aussichtsreiche Turm der heute profanierten St. Gangolfkirche, die sich an der Stelle der 1017 bezeugten Burg erhebt.

**Abstecher Nord**

**Sanspareil,** zu erreichen über den Ortsteil Kainach und *Wonsee* (Pfarrkirche von 1729; Kneippanlage). Seinen eigenartigen Namen hat das fränkische Dorf von dem im Buchenwald gelegenen Felsengarten, den die Bayreuther Markgräfin Wilhelmine 1745-48 als ersten deutschen Landschaftsgarten anlegen ließ und „sans pareil" (= ohnegleichen) nannte. Als Vorbild diente ihr dazu Fénelons Roman „Die Abenteuer des Telemach". Bis 1746 hieß der Ort Zwernitz, wie die über dem Ort thronende Burg. Vorbei an Diana-, Mentors- und Äolusgrotte, an Vulkanhöhle und Pan-Sitz, gelangen Sie zum Felsentheater mit künstlicher Ruine, wo die Markgräfin Modestücke ihrer Zeit aufführen ließ. Vom barocken Lustschloß sind nur noch der einfache Küchenbau und der „Hainbau", ein pavillonähnlicher Speisesaal erhalten. – Die benachbarte *Burg Zwernitz* aus dem 12. Jh. mit ihrem fast 35 m hohen runden Bergfried (aus Kalksteinbuckelquadern) war einst Stammsitz der edelfreien Walpoten.

**Abstecher Süd**

**Plankenfels** (465 m, 1000 Einw.), 7 km südöstlich am Zusammenfluß von Wiesent und Truppach, liegt hoch über dem Wiesent-Tal mit einem Schloß, das auf eine Burg des 13. Jh. zurückgeht. Die Straße führt weiter über

**Waischenfeld*,** Luftkurort beiderseits der Wiesent, überragt vom „Steinernen Beutel", dem Restbestand der alten Burg, nach

**Gößweinstein*,** Luftkurort im Herzen der Fränkischen Schweiz mit mittelalterlicher Burg und berühmter Wallfahrtsbasilika von Balthasar Neumann.

**Freienfels,** Ortsteil von Hollfeld, erstreckt sich im engen Tal der oberen Wiesent, bekrönt von der gleichnamigen Burg, die durch die Herren von Aufseß begründet und zuletzt 1693-1701 neu errichtet wurde.

**Wiesentfels,** Ortsteil von Hollfeld, wird von dem mächtigen Schloß der Herren von Giech beherrscht, das auf einem Felssporn aus dem engen Wiesent-Tal hervorragt. Zum Schloß führt eine prächtige Lindenallee. Die heutige Anlage stammt mit ihren Gebäuden aus der Zeit um 1525.

**Steinfeld** ist Quellort der 70 km langen Wiesent, dem Hauptfluß der Fränkischen Schweiz. Sehenswert ist die etwas außerhalb gelegene Wallfahrtskapelle Heiligkreuz.

**Königsfeld,** südlich gelegener Nachbarort, wurde schon im 8. Jh. als Chunigeshove erwähnt und gehört damit zu den ältesten Orten der Region. In der Nähe entspringt die Aufseß. Die Kirche St. Jakob und Kilian war einst eine der „Slawenkirchen" Karls des Großen für die Slawenmission. – Von Steinfeld windet sich die B-22 von der Jurahochfläche kurvenreich hinunter vorbei an dem Kletterfelsen *Würgauer Wand* nach

**Würgau,** einer hübsch gelegenen Sommerfrische, heute Ortsteil von Scheßlitz mit der St. Andreaskirche von 1733. Gut aufgehoben sind Sie im Brauerei-Gasthof Hartmann mit guter einheimischer Küche.

**Scheßlitz** (309 m, 7000 Einw.) wurde bereits 805 urkundlich genannt. Im alten Stadtkern gibt es noch schöne Fachwerkhäuser wie das Dilling'sche Haus von 1692 mit reichen Schnitzereien am Marktplatz, errichtet als Zunfthaus der Brauer und Büttner, ein Werk des Zimmerermeisters Jörg Hoffmann aus Zeil bei Bamberg. Außer der Stadtpfarrkirche St. Kilian (13.-18. Jh.) mit barocker Ausstattung ist auch die Spitalkirche St. Elisabeth (1766/67) mit schöner Spätrokoko-Einrichtung sehenswert. Südlich erhebt sich eindrucksvoll auf einem Steilabfall die imposante *Burgruine Giech* mit Ausflugsgaststätte und Tagungshotel. Gegründet wurde die Burg im 12. Jh. durch die Herzöge von Andechs und verfiel erst im 19. Jh., bis sie jüngst restauriert wurde. Eine Ringmauer mit Rundtürmchen und Bastionen umgibt die Wohnbauten mit dem aussichtsreichen Bergfried. Östlich von der Burgruine liegt 20 Minuten entfernt die *Felsenkapelle Gügel* aus dem 15./17. Jh. mit schöner Innenausstattung, darunter ein spätgotischer Christus in grüngoldenem Gewand am linken Seitenaltar.

**Memmelsdorf** (290 m, 8500 Einw.) bietet mit dem traditionsreichen Brauereigasthof Drei Kronen angenehmen Aufenthalt. Die katholische Pfarrkirche des 18. Jh. mit Chorturm des 14. Jh. hat ein von Leonh. Dientzenhofer erbautes barockes Langhaus. In der Nähe liegt das repräsentative, jüngst restaurierte

**Schloß Seehof,** als fürstbischöflich-bambergisches Amtsschloß von Antoni Petrini 1684-1695 erbaut. Mit seinen vier Ecktürmen gehört es zu den eindrucksvollsten Barockschlössern Frankens; der 4-flügelige Bau umschließt einen quadratischen Innenhof (nicht zugäglich). Die Orangerie baute Justus Heinrich Dientzenhofer 1738 nach Plänen Balthasar Neumanns. Der anschließende Park war einst ein kunstvoller Garten mit rund 400 Figuren aus der griechischen Götterwelt. Heute beherbergt das Schloß das Landesdenkmalschutzamt.

**Bamberg*** erreichen Sie wieder nach 5 km.

# Route 2: Im Herzen der Fränkischen Schweiz

**Forchheim – Ebermannstadt – Streitberg – Muggendorf – Gößweinstein – Waischenfeld – Ahorntal – Behringersmühle – Pottenstein – Obertrubach – Egloffstein – Forchheim**

**Forchheim*,** westliches Eingangstor zur Fränkischen Schweiz mit historischem Stadtzentrum an der Mündung der Wiesent in die Regnitz, verlassen Sie auf der B-470, die durch das Wiesent-Tal aufwärts führt, und biegen nach 7 km rechts ein nach

**Kirchehrenbach** (508 m, 2200 Einw.). Das malerische Ortsbild wird von reichverzierten Fachwerkhäusern bestimmt. Die barokke Pfarrkirche von 1766 mit romanisch-gotischem Turm bewahrt Renaissance-Grabmäler der Familie von Wiesenthau. Altarausstattung und Kanzel stammen von Martin Mutschele und Friedrich Theiler (1771-73). – Südlich liegt die

**Ehrenbürg,** volkstümlich „Walberla" (Walpurgisberg) genannt, ein isoliert aufragender Bergstock mit Einsattelung zwischen dem südlichen (530 m) und nördlichen (512 m) Gipfel. Mit dem Wagen können Sie von Kirchehrenbach und Schlaifhausen bis zum Wanderparkplatz hinauffahren. Das fast baumlose Hochplateau, rund 1500 m lang und 300 m breit, wurde schon in der Hallstattzeit befestigt und von den Kelten im späten La-Tène zu einer umfang-

Die aussichtsreiche Ehrenbürg ist ein isoliert aufragender Bergstock

reichen Fliehburg ausgebaut, deren Ringwallanlage noch heute sichtbar ist. Nach der Besiedelung durch Germanen übernahm das Christentum die heidnische Kultstätte. Vermutlich um 1000 entstand eine Walpurgiskapelle, die dem Berg seinen volkstümlichen Namen gab. Urkundlich wird diese Kapelle erstmals um 1300 genannt, die heutige einfache Anlage stammt aus dem 16./17. Jh. Aus den Walpurgiswallfahrten zum 1. Mai entwickelte sich die Walpurgiskirchweih am 1. Maisonntag, heute ein großes Volksfest mit Verkaufsbuden und viel Kärwaatmosphäre. Großartig ist die Rundsicht nach allen Seiten. Markierte Wanderwege führen von Kirchehrenbach, Leutenbach, Dietzhof und Wiesenthau empor.

**Pretzfeld** (294 m, 2100 Einw.) liegt an der Mündung der Trubach in die Wiesent und ist wegen seines günstigen Klimas Zentrum eines Kirschenanbaugebietes; Anfang Juli feiert man das Kirschenfest. Sehenswert ist die Pfarrkirche St. Kilian, die 1739 bis 1761 nach Plänen von J.M. Küchel anstelle der gotischen Vorgängerin im Rokokostil errichtet wurde; bemerkenswert auch die einzelnen Skulpturen im Schiff von Friedrich Theiler aus Ebermannstadt. Wahrscheinlich geht der Ursprung auf eine der vierzehn Slawenkirchen Karls des Großen zurück. Das 1182 erstmals genannte Schloß, eine zum Teil dreigeschossige Anlage mit polygonalem Treppenturm und zwei mittelalterlichen Rundtürmen, wurde um 1720 umgebaut und beherbergt heute einen Industriebetrieb. Südöstlich steht in *Hagenbach* das im 12. Jh. begründete Schloß Hagenbach; die heutige einfache Anlage mit Walmdach und Stichbogenportal stammt von 1796-98 und ist im Besitz derer von Wiesenthau. In der Nähe liegt ein alter jüdischer Friedhof. Ein weiterer Judenfriedhof befindet sich nordöstlich am Judenberg. Von dort führt ein schöner Wanderweg über die Kanzel (503 m), den Kreuzberg (499 m) und den aussichtsreichen Wallerturm (513 m) nach Ebermannstadt und zurück durch das Wiesent-Tal, insgesamt 2 1/2 Stunden.

**Ebermannstadt*** hat das schöne alte Stadtbild mit kunstvollen Fachwerkhäusern des 17. Jh. weitgehend bewahren können. Die Strahlenmadonna in der Marienkapelle, ein Werk von Friedrich Theiler, ist als „Ebermannstädter Madonna" weithin bekannt geworden. Beliebtes Fotomotiv ist das Wasserschöpfrad von 1606 an der Wiesent. Nordwestlich windet sich eine Straße zur *Jugendburg Feuerstein* empor.

**Gasseldorf,** Ortsteil von Ebermannstadt, ist Geburtsort von Georg Lahner (1772), der als Frankfurter Metzgergeselle 1803 nach Wien zog und die „Frankfurter Würstchen" erfand, die als „Wiener Würstchen" die ganze Welt eroberten.

**Abstecher**
Eine Abzweigung führt nördlich durch das beschauliche Leinleitertal mit bewaldeten Hängen und weiten Wiesengründen nach

**Unterleinleiter** (350 m, 1350 Einw.). Der kleine Ferienort in herrlicher Waldlandschaft ist von einem dichten Netz markierter Wander- und Rundwanderwege umgeben. Interessant ist die Weltzeituhr am Turm der evangelischen Pfarrkirche. Das ehem. Seckendorffsche Renaissance-Schloß dient heute als heilpädagogisches Institut.

**Heiligenstadt*** hat einen schönen Marktplatz mit alten Fachwerkhäusern, darunter auch das Rathaus; gegenüber der ehemalige Örtelshof, heute Haus des Gastes. Hoch über dem Ort das Schloß Greifenstein, seit 1691 Stammsitz der Schenk von Stauffenberg, zu dem eine 300-jährige Lindenallee emporführt, mit sehenswerten Innenräumen (Besichtigung möglich) und großem Park. – Nordöstlich 5 km liegt

**Aufseß** (416 m, 650 Einw.), Hauptort des stillen Aufseßtales in typischer Juralandschaft mit noch heute vier Brauereien. Malerisch thront auf einem von der Aufseß umflossenen Felssporn das *Schloß Unteraufseß*, seit 1114 Stammsitz der Herren von Aufseß, die zu den angesehensten und reichsten fränkischen Reichsrittern gehörten. Bis zum 30-jährigen Krieg bestand eine wehrhafte Burg, auf die noch der mächtige Rabenturm mit seinem 2 m dicken Quadermauernwerk und das anschließende sogenannte Meingotzhaus zurückgehen; der heutige von Rundtürmen flankierte Hauptbau stammt überwiegend aus dem 17. Jh. An dem Platz der schon 1309 bezeugten Burgkapelle steht jetzt die barocke Schloßkirche von 1740-42; sie bewahrt außer dem wappengeschmückten Epitaph des Albrecht von Aufseß auch das Grabmal des Gründers des Germanischen Nationalmuseums in Nürnberg, des Freiherrn von und zu Aufseß (1801-1872), dessen holzvertäfeltes Studierzimmer im Meingotzhaus erhalten blieb. Im Rahmen einer Führung können die alte Ritterburg, Kapelle mit Verlies, Flure und Saal, Turmhaus sowie Interieur besichtigt werden. Das 1 km nördlich gelegene, von einem Park umgebene barocke *Schloß Oberaufseß* wurde erst im 17. Jh. errichtet. Westlich davon erhebt sich auf dem Petzberg (477 m) der aussichtsreiche Hugoturm hoch über dem idyllischen

**Aufseßtal.** Es gehört zu den ruhigen Tälern der Fränkischen Schweiz, weil der untere Teil vor der Mündung in die Wiesent bei Doos von keiner Straße, sondern nur von einem Wanderweg erschlossen ist. Das 25 km lange Flüßchen windet sich von seiner Quelle in *Königsfeld* (→ S. 54) 150m westlich der Straße nach Huppendorf durch Wiesen und Wälder über Kotzendorf (Karstquelle „Hungerbrunnen"), Voitmannsdorf und Drosendorf im östlichen Bogen vorbei am Nebelberg (456m) nach Sachsendorf, Neuhaus, Neuhauser Mühle, Oberaufseß und Aufseß, begleitet von einem Wanderweg (Königsfeld – Aufseß 3 Std.). Von hier führt die Wanderung weiter flußabwärts durch den landschaftlich schönsten Teil über *Rauenberg* (Wanderparkplatz) nach *Wüstenstein* mit ehem. Schloß und Resten einer aufsessischen Burg. Weiter geht es durch wildromantische Partien ohne Ortschaften (die Autostraße verläuft von Wüstenstein nach Streitberg) vorbei an der Kuchenmühle (Einkehrmöglichkeit) zum Gasthof *Doos* an der Einmündung der Aufseß in die Wiesent (Aufseß – Rauenberg 1 Std., Rauenberg – Doos 2 Std.).

**Streitberg*,** altrenommierter Luftkurort, heute Teil der Großgemeinde Wiesenttal, lehnt sich an die steile Felsenwand der Ruine Streitburg, und auf der anderen Talseite thront die Ruine Neideck. In den beiden Probierstuben der Brennereien können Sie die verschiedensten Liköre und den „Streitberger Bitter" kennenlernen. Attraktion ist die Binghöhle, größte Spalthöhle der Fränkischen Schweiz. Auffallend sind in dieser Gegend die konfessionellen Unterschiede nebeneinanderliegender Ortschaften: In Ebermannstadt ist man katholisch, in Streitberg und Muggendorf evangelisch, im dann folgenden Gößweinstein und Pottenstein wieder katholisch - bedingt durch den ehemals fürstbischöflichen Einfluß aus Bamberg und den markgräflichen aus Bayreuth. Den frommen Pilgern, die das Wiesent-Tal hoch gen Gößweinstein zogen, war das lutherische Streitberg ein stetes Ärgernis, und mit eingerollten Fahnen zog man schnell weiter.

**Muggendorf*,** Luftkurort der Großgemeinde Wiesenttal, war schon im 18. Jh. als „Muggendorfer Gebürg" wegen seiner landschaftlichen Besonderheit berühmt. 1753 entdeckte Professor Rosenmüller die nach ihm benannte Höhle. Die Straße verläuft im engen, felsumsäumten Wiesent-Tal, rechts liegt auf einer bewaldeten Hochfläche *Burggaillenreuth,* heute Ortsteil von Ebermannstadt*, mit Schloß, Schloßwirtschaft, Burgruine und keltischen Wallanlagen; danach folgen Sachsenmühle und Stempfermühle (bewirtschaftet).

**Gößweinstein*** liegt etwas abseits der B 470 schön zwischen der mittelalterlichen Burg und der barocken Wallfahrtskirche von Balthasar Neumann. Im „Scheffel-Gasthof" weilten Viktor von Scheffel und Richard Wagner.

Mit der Museumsbahn
durch die Fränkische Schweiz

**Behringersmühle** ist heute Ortsteil von Gößweinstein und Endstation der privatisierten Oldtimerbahn von Ebermannstadt. Drei Täler vereinigen sich hier: Wiesent-, Ailsbach- und Püttlachtal.

**Abstecher**

**Schottertal** nennt man das 5km lange Wiesent-Tal zwischen Behringersmühle und Doos, das nach der früher in einem Wasserfall „tosend" in die Wiesent mündenden Aufseß benannt ist. In der Mitte liegt die bewirtschaftete *Schottersmühle* (Spezialität: Riesenpfannkuchen); von hier empfiehlt sich ein kleiner Spaziergang zum Felsenlabyrinth der Riesenburg. Die Straße verläuft am westlichen Flußufer, der Wanderweg am östlichen Ufer. Südöstlich von Doos mit seinem Ausflugsgasthof liegt an einem Berghang der Sieghardtfelsen, ein mächtiges Felsentor. Ab Doos folgt das von der Wiesent gebildete

**Rabenecker Tal.** Es erstreckt sich 6km lang bis Waischenfeld mit Straße und Wanderweg diesseits und jenseits des Flusses. Mittelpunkt ist die hoch über dem Tal thronende *Burg Rabeneck*. Sie wurde von den Schlüsselbergern im 13. Jh. gegründet und kam nach häufigem Besitzwechsel 1742 an die Grafen von Schönborn. Vorburg mit barockisierter Burgkapelle des 15. Jh. und Hauptburg mit Torturm und dreigeschossigem Wohnbau sind durch einen Graben getrennt. Unten an der Wiesent steht die Rabenecker Mühle aus dem 18. Jh. – Straße und Wanderwege führen weiter über die *Pulvermühle,* einem traditionsreichen Gasthof am Fuße der Burgruine Schlüsselburg. Über die Hammermühle kommen Sie nach

**Waischenfeld*.** Der anerkannte Luftkurort liegt mit seinen gepflegten Fachwerkhäusern, der hochgelegenen Stadtpfarrkirche, der Stadtkapelle Laurentius und der St.-Anna-Kapelle malerisch beiderseits der Wiesent, überragt von dem runden Turm des „Steinernen Beutels", Rest der einst mächtigen Burg der Edelfreien von Waischenfeld und heute Wahrzeichen des Städtchens. Über Volsbach erreichen Sie

**Ahorntal** (398 m, 400 Einw.), eine nach der Gebietsreform 1972 neu geschaffene Großgemeinde, die die Dörfer des Ahorntales, Rabensteiner Tales und Ailsbachtales umfaßt. Gemeindesitz ist Kirchahorn; Ortsteile sind Adlitz, Christanz, Freiahorn, Körzendorf, Oberailsfeld, Pfaffenberg, Reizendorf, Volsbach und Zauppenberg. Der Ailsbach oder Aßbach entspringt im Glashüttener Wald 15 km südwestlich von Bayreuth und bildet vor seiner Mündung in die Wiesent ein 12 km langes enges Waldtal, durch das Straße und Wanderwege hindurchführen.

**Freiahorn** ist erste Station im Ahorntal. Nordöstlich führt ein Hauptwanderweg in 1 Std. zum Weiler *Altenhimmel* mit einer bekannten Waldschänke, wo Wanderwege aus allen Richtungen zusammentreffen.

**Kirchahorn** ist der Gemeindesitz von Ahorntal. Hier verengt sich der Talkessel zum felsumsäumten, vom Ailsbach durchflossenen Rabensteiner Tal. Die spätgotische evangelische Pfarrkirche von 1450, im 18. Jh. barock umgestaltet mit interessantem Westportal, bewahrt Epitaphien und Wappen der Ritter von Rabenstein. Nordöstlich liegt das ehemalige Wasserschloß Weiher.

**Neumühle,** eine alte Herberge der Erlanger Studenten, ist beliebter Gasthof und Wanderstützpunkt. Oberhalb liegt die *Ludwigshöhle,* auch Rabenloch oder Kühloch genannt, gegenüber am rechtsufrigen Talhang die

**Sophienhöhle** (Parkplatz, kurzer Anstieg), eine große Hallenhöhle mit reichen Tropfsteinbildungen von besonders bunter Färbung und bemerkenswerten Skeletten von Riesenhirsch, Mammut und Höhlenbär (Führung bei Karbid- und Magnesiumlicht). Über die Höhle erhebt sich auf einem Felsvorsprung die romanisch-gotische *Klausstein-Kapelle* mit Kanzelaltar und Orgel von 1723; einst Burgkapelle der Edelfreien von Ahorn, deren frühmittelalterliche Burg auf dieser Höhe stand. Die benachbarte

**Burg Rabenstein** thront hoch über dem Tal auf einem mächtigen Felssporn (Fußweg von der Sophienhöhle und vom Gasthof Neumühle jeweils 1/4 Std.). Die im 13. Jh. von den Schlüsselbergern erbaute Burg war über Jahrhunderte Sitz der Ritter von Rabenstein. Nach Zerstörung im 30-jährigen Krieg wurde sie teilweise wieder aufgebaut und befindet sich heute im Besitz der Grafen von Schönborn (Hotel). Besichtigt werden kann eine Sammlung von Versteinerungen und Knochenfunden aus der nahen Sophienhöhle.

**Oberailsfeld** war früher Amtssitz des Bistums Würzburg. Die barocke Pfarrkirche St. Burkardus wurde 1771 an der Stelle einer Vorgängerin aus dem 15. Jh. errichtet; sie besitzt eine reizvolle barocke Ausstattung und noch eine spätgotische Madonna um 1500. Ein schöner Wanderweg führt südlich in 1 Std. zum fotogenen Felsendorf Tüchersfeld.

**Tüchersfeld,** heute Ortsteil von Pottenstein, liegt 2 km von Behringersmühle eingezwängt im Tal der Püttlach. Malerisch schmiegen sich die Häuser an turmartige Dolomitfelsen. Der schon im 13. Jh. genannte Ort besaß einst zwei Burgen und wurde bis 1872 von zahlreichen Juden bewohnt; erhalten sind Reste der ehem. Synagoge und Fachwerkhäuser des sogenannten Judenhofs, der heute das Fränkische-Schweiz-Museum beherbergt. Eine schöne Fachwerkmühle von 1575 ist noch heute als Sägemühle in Betrieb.

**Pottenstein*** liegt als eine der ältesten Siedlungen der Fränkischen Schweiz an der Einmündung des Weihersbach- und Haselbrunntales in das Püttlachtal zu Füßen der 1000-jährigen Burg. Der anerkannte Luftkurort verfügt über ein modernes Kurzentrum. – Die Route folgt der B-470 durch das hier noch relativ breite Weihersbachtal. Nach 2 km erreichen Sie das wohl beliebteste Schwimmbad der Region, das am Fuße des 70 m hohen Finkensteins gelegene 3000 qm große Felsenschwimmbad, das 1926 erbaut wurde. Das Tal verengt sich, Bach und Straße verlaufen zwischen steilen Dolomitfelswänden, und bald erscheint an der westlichen Talseite der Eingang zur berühmten

**Teufelshöhle** (Parkplatz). Der mächtige Felsenbogen von 16 m Höhe und bis zu 30 m Breite, das ehemalige Teufelsloch (→ S. 29) gilt als Deutschlands größter Höhleneingang. Der Sage nach erklangen hier einst die verzweifelten Schreie jener armen Seelen, die der Teufel zu Lebzeiten in seine Künste eingeweiht hatte. Das weitverzweigte, seit 1922 erschlossene Grottensystem von 1,5km Länge mit märchenhaften Tropfsteinbildungen führt bis 70m unter die Erdoberfläche und ist elektrisch beleuchtet. Die Höhle ist Fundstätte zahlreicher fossiler Knochen; am Eingang das imposante Skelett eines Höhlenbären (Führung etwa 1 Stunde). – Bald nach der Teufelshöhle kommen Sie zur Schüttersmühle. Von dort führt die B-470 ansteigend auf die Albhochfläche weiter nach Pegnitz*, diese Route verläuft jedoch über die Pottensteiner Ortsteile *Kirchenbirkig* und *Weidenhüll,* berührt kurz die B-2 und erreicht

**Obertrubach*.** Der anerkannte Erholungsort liegt reizvoll im oberen, felsumsäumten Trubachtal, das von seiner in der Nähe befindlichen Quelle bis zur 19km entfernten Mündung in die Wiesent bei Pretzfeld auch durchwandert werden kann. Hier bei Obertrubach ist das tief eingeschnittene Tal am schönsten. Vorbei an den idyllisch gelegenen Mühlen Hacker-, Schlötter-, Ziegel- und Reichelmühle (gegenüber der Richard-Wagner-Fels) gelangen Sie über

**Wolfsberg,** Ortsteil von Obertrubach, überragt von den Resten einer im 12. Jh. bezeugten Burg nach

**Untertrubach.** Hier durchbrechen die bizarren Kletterfelsen Topfstein und Mönch jenseits sowie Hohle Kirche und Fürther Tor diesseits des Flusses den Hangwald.

**Abstecher**
Nach der Hammermühle führt rechts eine Abzweigung hinauf auf die Albhochfläche nach

**Wichsenstein,** heute Ortsteil von Gößweinstein. Vom Burgfelsen (587m; dritthöchster Punkt der Fränkischen Schweiz), der einmal eine Burg trug, hat man eine herrliche Rundsicht. Sehenswert ist die Barockkirche von 1628 mit steinerner Kreuzigungsgruppe von 1400. Nordöstlich führt ein markierter Wanderweg in 2 Std. nach Gößweinstein*.

**Egloffstein*** steigt mit seinen schönen Fachwerkhäusern terrassenförmig am Westhang des Trubachtales empor. Hoch oben thront die endrucksvolle Burg, heute wie im Mittelalter Sitz der Egloffsteiner. Der Pfarrwald birgt als seltene Besonderheit zahlreiche Eiben. Ein dichtes Wandernetz erschließt die herrliche Umgebung des anerkannten Luftkurortes. Vom Ortsteil *Egloffsteinerhüll* gelangt man zum Ortsteil

**Hundshaupten.** In einem 43 Hektar großen Natur- und Wildpark steht das Renaissance-Schloß derer von Pölnitz. Attraktion sind die Wildgehege mit Rot-, Dam-, Muffel-, Stein-, Schwarz- und Niederwild sowie das Wisentgatter (Besichtigung April bis Oktober 9.00-18.00 Uhr, in der übrigen Zeit an Wochenenden und Feiertagen 11.00-15-00 Uhr).

**Leutenbach** (508m, 800 Einw.) liegt am Fuß der Ehrenbürg bzw. des „Walberla" (Aufstieg 1 Std.). Hier und im benachbarten Kirchehrenbach sind häufiig noch die alten Trachten zu sehen. Lohnend ist ein Spaziergang zu der 20 Minuten südöstlich gelegenen Moritzkapelle des 15./17. Jh.; von dem darüber aufragenden Burgstein (503m) hat man einen schönen Ausblick.

**Wiesenthau** besitzt das schönste Renaissance-Schloß der Fränkischen Schweiz. Eindrucksvoll steht die Dreiflügel-Anlage von 1566 mit den hohen Satteldächern und den vier Ecktürmen über dem Tal der unteren Wiesent. Die ursprüngliche Burg wurde 1525 während der Bauernkriege zerstört. Albrecht Dürer hat Schloß und Dorf in seiner Eisenradierung „Die große Kanone" verewigt. Leider kann man das Schloß nur von außen besichtigen. Einkehr bieten die Schloß-Weinstube und der Biergarten im Schloßhof. Die ursprüngliche Schloßkapelle mit Grabmälern der Herren von Wiesenthau aus dem 16. Jh. dient heute als Pfarrkirche.

**Abstecher**

**Effeltrich** (303m, 1500 Einw.), traditionsreiches Trachtendorf, liegt 7km südwestlich von Wiesenthau und 8km südöstlich von Forchheim. Sehenswert außer schönen Fachwerkbauten die ehem. Wehrkirche aus dem 15. Jh. mit gut erhaltener Befestigung, Barockausstattung, spätgotischer Madonna und Portalfiguren aus der Zeit um 1520 (Georg, Sebastian, Laurentius). Interessant die 1000jährige Riesenlinde, in deren breiter Krone sich eine Tanzfläche befindet. Trachten und Brauchtum werden in Effeltrich besonders gepflegt. – In *Kunreuth* 5km nordöstlich befindet sich ein malerisches Wasserschloß der Freiherren von Egloffstein, das nach zweifacher Zerstörung 1525 und 1552 sein jetziges Aussehen erhielt; ein mächtiger Rundturm von 1557 erhebt sich im Winkel der beiden Wohntrakte (öffentlich nicht zugänglich).

**Forchheim*** erreichen Sie wieder von Wiesenthau nach 5 km.

# Route 3: Rund um Nürnberg

**Nürnberg – Zirndorf – Fürth – Knoblauchsland – Erlangen – Heroldsberg – Röthenbach an der Pegnitz – Altdorf – Schwarzenbruck – Schwabach – Nürnberg**

**Nürnberg*** verlassen Sie vom Plärrer aus – einem Straßenknotenpunkt westlich vom Hauptbahnhof – und fahren durch die Rothenburger Straße zur Kreuzung Fürth Süd, dann nach Altenberg und die Abzweigung rechts nach

**Zirndorf*,** 10km westlich von Nürnberg. Das moderne Industriestädtchen hat noch einen altfränkischen Ortskern mit vielen Fachwerk- und Sandsteinhäusern. Es ist bekannt wegen seines guten Bieres, das seit 300 Jahren hier gebraut wird. Während des 30-jährigen Krieges war Zirndorf das Lager Wallensteins, heute befindet sich hier ein Aufnahmelager für Asylanten.Den Urlauber erwartet ein Kneippkurhaus mit allen Einrichtungen. Naherholungsgebiet ist der 360m hohe Höhenrücken „Alte Veste" mit Resten einer Burg; nördlich schließt sich der Fürther Stadtwald an.

**Fürth*** liegt am Zusammenfluß von Rednitz und Pegnitz zur Regnitz. Die bedeutende Industrie- und Handelsstadt (Quelle, Grundig u.a.) mit rund 100 000 Einwohnern hat eine ältere Geschichte als die große Nachbarin Nürnberg, mit der sie fast vollkommen zusammengewachsen ist. Parallel zur Nürnberger Straße fuhr am 7. Dezember 1835 Deutschlands erste Eisenbahn.

**Poppenreuth,** Ortsteil von Fürth östlich der Autobahn, gehört zu den ältesten Dörfern des Umlandes. Die evangelische Kirche St. Peter und Paul aus dem 15./16. Jh. besitzt einen Flügelaltar aus der Zeit um 1500. – Über den Nürnberger Stadtteil *Buch* kommen Sie nach Unterquerung der B-4 nach

**Kraftshof.** Das zu Nürnberg gehörende Dorf liegt mitten im „Knoblauchsland", jenem fruchtbaren Gemüseanbaugebiet zwischen Nürnberg, Fürth und Erlangen, das schon 1443 unter diesem Namen urkundlich erwähnt wurde und mit seinen gemütlichen Gasthäusern ein beliebtes Ausflugsgebiet ist. Zu den Spezialitäten gehören besonders Meerrettich (Kren) und Spargel. Sehenswert ist die noch erhaltene Kirchenburg mit St. Georg Kirche, Torhaus, gedecktem Wehrgang und befestigtem Friedhof. Die Kirche, ursprünglich aus dem frühen 14. Jh. und nach Kriegszerstörung 1952 wieder aufgebaut, bewahrt zwei gotische Altäre, einen Bronzeleuchter des 16. Jh. sowie interessante Grabmäler und Totenschilde. Im östlichen Wehrturm befindet sich die Gruftkapelle. – Beliebte Gaststätten (nicht nur bei Spargelessern) sind „Schwarzer Adler" und „Alte Post".

**Neunhof,** ebenfalls Nürnberg zugehörig, besitzt ein Fachwerkschlösschen aus dem 16. Jh., das zu einem Jagdmuseum ausgebaut wurde; gegenüber das Knoblauchsland-Museum mit Trachten und Handwerkskunst.

**Abstecher**

**Reutles,** 5 km nordwestlich von Neunhof links der B-4, überrascht durch ein schönes Ortsbild. Sehenswert ist die gotisch-barocke Pfarrkirche und die St. Felicitaskapelle mit Pranger und Kastenaltar des 15. Jh.

**Tennenlohe,** Stadtteil von Erlangen, liegt am Rande des Sebalder Waldes. Die gotisch-barocke Pfarrkirche hat schöne Glasgemälde aus dem 17. Jh. Im ehem. Schloß befindet sich heute eine Gaststätte.

**Erlangen*,** erstmals 1002 als „villa erlangon" bezeichnet, entwickelte sich aus der 1364 durch Kaiser Karl IV. gegründeten Altstadt und der 1686 durch Markgraf Christian Ernst von Brandenburg-Bayreuth gegründeten barocken Hugenotten-Neustadt „Christian Erlang" zu einer modernen Universitäts- (seit 1743) und Industriestadt (Siemens u.a.) mit Rathaus-Hochbau, Fußgängerforum und überdachten Einkaufsstraßen. Durch Eingemeindungen umliegender Dörfer ist Erlangen seit 1974 Großstadt mit rund 100 000 Einwohnern.

Von Neunhof führt die Route vorbei an dem idyllischen „Irrhain" (früher Versammlungsort des „Pegnesischen Blumenordens", einer 1644 gegründeten Literaturvereinigung) durch den Sebalder Wald nach

**Kalchreuth.** Das aussichtsreiche 410 m hoch am Rande eines Höhenrückens inmitten ausgedehnter Kirschgärten gelegene Pfarrdorf, besonders schön zur Kirschenblüte im Mai, ist durch Albrecht Dürers Aquarelle „Kalchreuth" und „Fränkische Landschaft" bekannt geworden. Die äußerlich eher schlichte St. Andreaskirche von 1494 mit barockem Turm von 1789 überrascht durch reiche Kunstausstattung mit einem Hochaltar (1498) aus der Werkstatt von Michael Wolgemut (Dürers Lehrer), Sakramentshäuschen (1498) von Adam Kraft, zwölf Tonaposteln (1380), einer spätgotischen Pieta und einem Anna-Selbdritt-Altar von 1516.

**Heroldsberg** (351 m, 6600 Einw.), wurde im 11. Jh. gegründet, kam im 14. Jh. an die Grafen von Nürnberg und bald darauf an die Nürnberger Patrizierfamilie Geuder, seit rund 500 Jahren Besitzer von vier Schlössern, die nach den Farben der früheren Fensterläden benannt sind: Das Rote Schloß an der Oberen Marktstraße (ein Renaissancebau um 1500), das Grüne Schloß südlich der Pfarrkirche (Stammschloß der Familie Geuder), das Weiße Schloß neben der Kirche (seit 1928 Rathaus) und das Gelbe Schloß an der Hans-Sachs-Straße (Sitz des Willibald-Pirckheimer-Kuratoriums, einer Gesellschaft europäischer Humanisten). Albrecht Dürer weilte 1510 im Roten Schloß; aus dieser Zeit stammt sein Aquarell von Heroldsberg. Am Oberen Markt erhebt sich auch die evangelische Matthäuskirche mit fünfspitzigem Turm, der im Unterbau auf den Wartturm der einst befestigten Kirche des 15. Jh. zurückgeht; sie birgt ein Kruzifix, das als Frühwerk Tilmann Riemenschneiders gilt. Der Pfarrhof ist ein Fachwerkbau aus dem 15. Jh. In der Nähe ein Ziehbrunnen aus dem 13./17. Jh. Oberer und Unterer Markt (Geschäftsstraße) sind durch den idyllischen Dosenbachgrund getrennt. Wanderwege führen westlich vom Bahnhof über Hundsmühle am Gründlbach zum *Aussichtsturm Buchenbühl* (391 m) und südlich durch den Geschaidter Forst zum *Haidberg* (392 m). – Die Route folgt noch ein kurzes Stück der B-2 Richtung Gräfenberg*, biegt dann aber in *Großgeschaidt* nach rechts und erreicht auf Nebenstraßen das Dorf

**Beerbach,** Ortsteil von Lauf. Kirche mit Pfarrhaus und Friedhof liegen seltsamerweise 300 m vom Dorf entfernt. Die dreischiffige spätgotische Hallenkirche besitzt einen Altar aus der Dürer-Zeit mit schöner Predella (Altaraufsatz), holzgeschnitzte und bemalte Totenschilde sowie Butzenscheiben-Fenster mit farbigen Wappen alter Patriziergeschlechter.

**Neunhof bei Lauf** beeindruckt durch das Koler-Schloß derer von Welser, ein reich gegliederter Renaissance-Bau mit weitläufiger Gartenanlage. In der Nähe eine alte Zehntscheune (statt Steuern mußten die Bauern früher den zehnten Teil ihrer Getreideernte abgeben) und eine kleine ehemalige Wehrkirche mit alten Uhren am Turm. – Durch den Behringersdorfer Forst erreichen Sie

**Behringersdorf,** Ortsteil von *Schwaig,* mit zwei Tucherschlößchen. Sie können nun auf der B-14 nach Nürnberg (10 km) zurückfahren oder der gleichen Straße Richtung Lauf* folgen. Dann erreichen Sie

**Rückersdorf** (400 m, 4200 Einw.). Das langgestreckte Straßendorf am uralten Handelsweg von Nürnberg nach Prag hat schöne alte Häuser mit Fachwerk- und Sandsteinfassaden. Die Pfarrkirche besitzt einen gotischen Chor und ein barockes Brautportal. Das Schloß wurde im 16. Jh. durch die Freiherren von Tucher errichtet.

**Röthenbach an der Pegnitz** (328 m, 12 700 Einw.) ist eine Industriestadt am Nordrand des Lorenzer Reichswaldes und mit seinen Ortsteilen *Renzenhof, Haimendorf* und *Himmelgarten* beliebter Ausgangspunkt für Wanderungen zum 1 ½ Std. östlich aufragenden aussichtsreichen *Moritzberg* (600 m; → S. 75). Schön ist auch die 2 ½ stündige Wanderung von Renzenhof zunächst südwestlich zum *Röthenbachtal* und flußaufwärts durch Wald und Flur über Ungelstetten und nach Überquerung der Autobahn nach *Röthenbach bei Altdorf.* Am letzten Sonntag im August feiert man in Röthenbach an der Pegnitz das Blumenfest mit großem, blumengeschmücktem Festzug. – Über Renzenhof, Diepersdorf und Leinburg kommen Sie nach der Autobahnunterführung nach

**Altdorf*.** Das hochgelegene Städtchen am Südrand der Frankenalb macht mit seinen beiden Stadttoren, der alten Wehrmauer, der stattlichen Laurentiuskirche, dem ehemaligen Universitätsgebäude sowie den Fachwerk- und Sandsteinfassaden der Bürgerhäuser einen malerischen Eindruck. Es ist Mittelpunkt des Erholungsgebietes *Altdorfer Land,* einst als „des heiligen Reiches Bienengarten" bezeichnet, das weite Teile des Lorenzer Reichswaldes umfaßt und im Südosten von der Schwarzach mit ihrem tief in die Rhätsandsteinschichten eingeschnittenen Tal begrenzt wird. – Nach der Autobahnunterführung folgt

**Grünsberg.** Sehenswert ist das von Stromer'sche Patrizierschloß von 1561 mit der Sophienquelle (in Stein gefaßte Brunnenanlage). Ein Spaziergang führt in 10 Minuten zur Teufelskirche, einer Felsschlucht mit herabstürzendem Wasserfall.

**Burgthann** (430 m, 9100 Einw.), heute Großgemeinde mit 15 Ortsteilen, liegt schön im breiten, von saftigen Wiesen durchzogenen oberen Schwarzachtal, überragt von der auf einem Bergsporn thronenden Ruine einer Burg aus dem 12. Jh. mit gut erhaltenem Rundturm. Von hier aus unternahm im 14. Jh. der listenreiche Raubritter Eppelein von Gailingen seine Überfälle, unter denen besonders die nürnbergischen Handelszüge litten. Endlich gefaßt, gelang ihm auf dem Weg zum Galgen in der Nürnberger Kaiserburg 1372 durch einen tollkühnen Sprung die Flucht. Daher stammt der Spottvers „die Nürnberger hängen keinen – sie hätten ihn denn zuvor". Neun Jahre später allerdings wurde die Hinrichtung auf dem Marktplatz von Neumarkt in der Oberpfalz vollzogen.

**Schwarzenbruck** (350 m, 8000 Einw.) ist touristischer Mittelpunkt des wildromantischen mittleren Schwarzachtales mit steilen Burgsandsteinfelsen in bizarren Formen. Vom südlich gelegenen Wanderparkplatz beim Wildgehege führen Rundwege zu den schönsten Partien. Attraktion ist die Schwarzachklamm zwischen dem Ortsteil Gsteinach und dem Brückkanal mit der Gustav-Adolf-Höhle, in der 1632 Schwedenkönig Gustav Adolf nach siegreicher Schlacht seinen Dankgottesdienst abhielt. Die 13 m tiefe Schlucht wird von einer 1844 errichteten Trogbrücke, die den alten Ludwig-Donau-Main-Kanal über die Schwarzach führt, überspannt. Sie galt damals als Wunder der Ingenieurkunst. In Schwarzenbruck befindet sich das Petzsche Schloß sowie das

Das Schwarzachtal im Altdorfer Land
beeindruckt durch steile Felshänge

Gräflich Faber-Castellsche Schloß, heute Altersheim der Arbeiterwohlfahrt. Bekannt sind die Rummelsberger Anstalten im Ortsteil Rummelsberg mit Pflegestätten und evangelischer Gemeindeakademie.

**Feucht** (369 m, 10 300 Einw.) inmitten des Lorenzer Reichswaldes ist eine alte Zeidlersiedlung, die nach dem 1350 von Karl IV. gewährten Zeidel-Brief Sitz des Zeidelgerichtes war. Erhalten ist der historische Ortskern mit der ehemals befestigten evangelischen St. Jakobskirche und zahlreichen schönen Fachwerkbauten, darunter das Rathaus von 1652. Aus der Nürnberger Patrizierzeit des 16. Jh. stammen die Herrensitze Pfinzingschloß, Zeidlerschloß und Tucherschloß. An den aus Feucht stammenden Raketenforscher erinnert das Hermann-Oberth-Museum im Pfinzingschloß mit Sammlungen über die Raumfahrtentwicklung. Sehenswert ist auch das Zeidlermuseum mit Erinnerungen an die traditionsreiche Bienenzucht. Das beheizte Freibad am Waldrand gehört zu den schönsten der Region.

**Abstecher**
Von hier aus können Sie die Rückfahrt nach Nürnberg (15 km) abkürzen über **Altenfurt** mit der romanischen Sebaldus-Rundkapelle und **Fischbach** mit dem reizenden Fachwerk-Pellerschlößchen, einem typischen „Weiherhaus", wie es Albrecht Dürer auf seinem Bild „Maria mit der Meerkatze" gemalt hat.

**Röthenbach bei St. Wolfgang,** Ortsteil von Wendelstein, liegt südwestlich von Feucht im Schwarzachtal, getrennt durch zwei Autobahnen. Die gotisch-barocke Pfarrkirche St. Wolfgang besitzt einen originellen „Schlupfaltar": Wer daran glaubt, kann hindurchschlüpfen und ist von Kummer und Krankheiten befreit. Früher diente der Altar auch zum „Hänseln", dem traditionellen Ritterschlag der Fuhrleute.

**Wendelstein** (361 m, 13 000 Einw.) ist heute eine stattliche Großgemeinde mit vielen neuen Wohnvierteln. Das ursprünglich kaiserliche Freigut, 1282 erstmals bezeugt und 1524 zum Markt erhoben, gilt als erste evangelische Gemeinde in Franken. Schön ist der Marktplatz mit altfränkischen Fachwerkhäusern und dem Wendenbrunnen. Die gotische evangelische Pfarrkirche St. Georg birgt einen spätgotischen Flügelaltar (1510) aus der Werkstatt des Dürerschülers Hans Süß von Kulmbach; den Altartisch bildet der Sarkophag der Hl. Achahildis. Bemerkenswert auch das gotische Sakramentshäuschen und das alte Chorgestühl aus dem 15. Jh.

Idyllisch sind die in der Nähe gelegenen ehemaligen Sandsteinbrüche mit stillen Gewässern, Quarzit-Sandsteinwänden und herrlichem Baumbestand.

**Kleinschwarzenlohe,** Ortsteil von Wendelstein, erstreckt sich im Schwarzachtal. Die ursprünglich gotische Kirche Allerheiligen, seit 1632 Grablege der Nürnberger Patrizierfamilie Rieter, birgt reiche Kunstschätze: Prächtig geschnitzter Flügelaltar von 1491, Katharinenaltar von 1420, Kreuzigungsaltar von 1480 sowie Reliquienaltärchen und Totenschilde (Führung durch den Mesner im Nebenhaus). – Bei der Weiterfahrt unterqueren Sie bei Neuses die mächtige Trogbrücke des Main-Donau-Kanals und erreichen

**Schwabach*** mit historisch interessanter Altstadt beiderseits der Schwabach, einem Nebenfluß der Rednitz. – Zurück nach Nürnberg geht es nordöstlich nach

**Katzwang.** Der schon 760 bezeugte, heute zu Nürnberg gehörende Ort ist eine der ältesten Siedlungen im Umkreis. Malerisch steht an der Rednitz die evangelische Pfarrkirche St. Marien, eine Wehrkirche von 1287, mit kunstvollem Hochaltar von 1490 und Marienstatue von 1440, einem 6m hohen Sakramentshäuschen aus weißem Kalkstein (1518) von Hans Beheim d.Ä. und Veit Wirsberger sowie einem Kruzifix von Veit Wirsberger. In der Ummauerung des befestigten Friedhofs befindet sich ein Karner, ebenso im Untergeschoß der Friedhofskirche. Außerhalb der Mauern ist noch eine Zehntscheune erhalten.

**Kornburg** hat eine evangelische Barockkirche im Markgrafenstil mit 12-armigem, 3 Zentner schwerem Leuchter. Das ehem. Wasserschloß war früher im Besitz der Nürnberger Patrizierfamilie Rieter. Neben dem Rathaus das sehenswerte Heimatmuseum.

**Worzeldorf** liegt am jetzt stillgelegten Ludwigs-Main-Donau-Kanal, den Bayernkönig Ludwig I. erbauen ließ. Vom Ortsende (Parkmöglichkeit rechts im Wald) sind es nur wenige Minuten zu Fuß hinauf zum Glasberg mit schönen Felspartien und Schluchten verlassener Sandsteinbrüche, aus derem Quarzitgestein die Nürnberger Burg errichtet wurde. – Über Herpersdorf kommen Sie vorbei an einem uralten Sühnekreuz nach

**Weiherhaus,** einem gern besuchten Ausflugsort mit mehreren Fischweihern nahe dem neuen Rhein-Main-Donau-Kanal. – Durch den Reichswald kommen Sie wieder nach Nürnberg zurück.

# Route 4: Auf der Frankenalb

**Lauf – Schnaittach – Simmeldorf – Gräfenberg – Hilpoltstein – Kirchensittenbach – Hersbruck – Happurg – Alfeld – Engelthal – Lauf**

**Lauf an der Pegnitz*** beeindruckt durch einen noch erhaltenen historischen Stadtkern mit zwei Toren, ausgedehntem Marktplatz, freistehendem Rathaus und steilgiebeligen Bürgerhäusern; auf einer Pegnitzinsel das nahezu unveränderte Wenzelschloß mit dem berühmten Wappensaal. – Jenseits der Autobahn führt eine Abzweigung von der B-14 links nach

**Neunkirchen am Sand.** Sehenswert in dem industriell geprägten Ort ist die zweitürmige katholische Pfarrkirche, eine ehemalige Kirchenburg, mit barocker Innenausstattung von 1723. Spazierwege führen durch schöne Mischwälder zum Glatzenstein (572 m), der sich als höchster Punkt der Gemeinde erhebt.

**Schnaittach*** liegt reizvoll im Tal des gleichnamigen Flusses. Hoch oben thront die Festungsruine Rothenberg. – Unter der Autobahn hindurch geht es nach

**Simmelsdorf.** In einem Park steht das Stammschloß der Nürnberger Freiherren von Tucher mit vier Ecktürmen und reichem Fachwerk; im Kern stammt es noch aus dem 14.-16. Jh. An das alte Patriziergeschlecht erinnerte lange Zeit auf dem alten Zwanzig-Mark-Schein das von Albrecht Dürer porträtierte Abbild Elsbeth Tuchers. Südwestlich im Wald versteckt – 1/2 Std. zu Fuß – das monumentale Tucher-Mausoleum, ein Rundbau ähnlich dem Grabmal Theoderichs in Ravenna. Auf dem aussichtsreichen Bühler Kirchberg als Urkirche des Schnaittachtales die gotisch-barocke Bergkirche. Der nördlich am Fuß des Hienberges (550 m) gelegene Ortsteil *Diepoltsdorf* ist Ausgangspunkt reizvoller Wanderungen in die stillen Täler des Achtel- und Naiferbaches. Über den Ortsteil *Hüttenbach* im Haunachtal mit Schloß und Barockkapelle kommen Sie nach

**Gräfenberg*,** Mittelpunkt eines ausgedehnten Kirschenanbaugebietes. Drei Stadttore geben dem Städtchen ein romantisches Gepräge. Am Marktplatz gefällt das bunt bemalte Rathaus mit seinem zwiebelbekrönten Erker. Traditionsreich ist der Gasthof Alte Post.

**Hilpoltstein,** nicht zu verwechseln mit der gleichnamigen Stadt südlich von Nürnberg, wird von der schon im 12. Jh. bezeugten Burg überragt, die von 1504 bis 1806 von Pflegern der Reichsstadt Nürnberg bewohnt war und bis heute in Privatbesitz befindet. In der aus der Burgkapelle hervorgegangenen evangelischen Pfarrkirche steht ein wertvoller Flügelaltar mit Tafelgemälden des unbekannten „Meisters des Hilpoltsteiner Altars" um 1420 (Passion Christi). – Die Route verläßt die B-2 und führt südöstlich nach

**Wildenfels,** heute Ortsteil von Simmelsdorf. Das schmucke Fachwerkdorf wird von der Ruine einer Burg aus dem 13. Jh. überragt. Von 1511 bis 1625 bestand hier ein Pflegeamt der Reichsstadt Nürnberg. – Über

**Strahlenfels** mit geringen Resten einer Burg auf dem Schloßberg erreichen Sie nach Unterquerung der Autobahn *Hormersdorf.*

**Abstecher**
Östlich führen Nebenstraßen durch stille Dörfer in das reizvolle **Pegnitztal,** das mit seinen Orten Pegnitz, Neuhaus, Velden, Vorra und Hohenstadt in der Route 5 dargestellt ist.

**Hohenstein,** Ortsteil von Kirchensittenbach, ist beliebter Wanderstützpunkt und im Winter vielbesuchtes Skigebiet mit einem Landheim des Fränkischen Albvereins am Fuße der

**Burgruine Hohenstein** (634 m). Sie ist die höchste Erhebung der Frankenalb und thront auf einem steil abfallenden Dolomitfelsen. Die erste Felsgipfelburg entstand im 11. Jh. Ringmauern, St. Georgkapelle und Mauerteile des dreigeschossigen Palas stammen noch aus romanischer Zeit. Aus ursprünglich staufischem Besitz kam die Burg an die Wittelsbacher und 1504 an die Nürnberger. Nach Zerstörung durch den Markgrafen Albrecht Alcibiades 1533 wurde sie wieder aufgebaut, im 30-jährigen Krieg aber erneut zerstört. Überwältigend ist der Ausblick vom Türmchen des Hauptwohnbaues hinweg über den kleinen Glockenturm, der über dem Rest des Bergfrieds errichtet wurde. Einkehr bietet das unterhalb der Burgruine gelegene Gasthaus „Zur Felsenburg“ mit Gedenktafel für den Nürnberger Mundartdichter Konrad Grübel (1736-1809).

**Kirchensittenbach** ist heute eine 44 qkm große Flächengemeinde und noch weitgehend landwirtschaftlich ausgerichtet; typische Hopfenhäuser erinnern an den früher regen Hopfenanbau. Die Pfarrkirche aus dem 15. Jh. mit befestigtem Friedhof hat noch romanische Bauelemente; bemerkenswert sind in der Kirche die prächtigen Glasgemälde mit den Wappen Nürnberger Patrizier (1611). Das Schloß, eine Zweiflügelanlage mit achteckigem Treppenturm, wurde 1595 erbaut.

**Altensittenbach,** heute Stadtteil von Hersbruck, liegt am Eingang des romantischen Sittenbachtals zu Füßen des Großen (601 m) und Kleinen (533 m) Hansgörgel. Die evangelische Kirche aus dem 15./18. Jh. hat eine barocke Ausstattung.

**Hersbruck*** ist Hauptort der Frankenalb und Mittelpunkt der „Hersbrucker Schweiz“. Das 1000-jährige Städtchen macht mit seinen drei Stadttoren, den engen Gassen und malerischen Win-

Das Wassertor in Hersbruck

keln mit schmucken Fachwerkhäusern einen anheimelnden Eindruck. Einmalig in Deutschland ist das Hirtenmuseum. Südöstlich, jenseits der B-14, folgt

**Happurg** (350 m, 3500 Einw.). Der anerkannte Erholungsort mit vielen alten Fachwerkhäusern liegt an der Einmündung des Albachtals in das Pegnitztal. Seine evangelische Pfarrkirche erhebt sich innerhalb einer Friedhofsbefestigung aus dem 14. Jh. Segel-, Surf- und Paddelfreuden verheißt der 3 km lange, künstlich für ein Kraftwerk geschaffene *Happurger Stausee* (auch Förrenbach-Stausee genannt), und außerdem gibt es noch den beliebten *Baggersee,* der zu einem Freibad mit weitläufigen Anlagen ausgebaut wurde, sowie auf dem Deckersberg (574 m) den idyllisch gelegenen kleinen *Oberen Stausee.* Östlich erstreckt sich die *Houbirg* (617 m), eine nach drei Seiten abfallende Hochfläche mit 4,5 km langem und bis zu 13 m hohem Ringwall, der um 100 v. Chr. eine Keltensiedlung schützte. Am Südhang der „Hohle Fels" mit einer vorgeschichtlichen Wohnhöhle: Hier fand man bei Ausgrabungen Reste des „homo norimbergensis", der schon vor dem Neandertaler gelebt haben soll. – Die Straße führt westlich, ein Wanderweg östlich am Stausee entlang nach

**Förrenbach** am Eingang des Förrenbachtales. Vom Pfarrgarten hat man einen schönen Blick auf den Stausee. Originell ist der Dorfbrunnen. – Durch das von Berghängen umsäumte enge Tal erreichen Sie

**Thalheim.** Als ungewöhnliche Besonderheit fließt hier der Bach genau mitten unter der Kirche des 15./17. Jh. hindurch. Im Hof des Schlosses von 1707 steht eine 500 Jahre alte Linde mit 2 m Durchmesser. – Vorbei an den Mühlen Regels-, Kirchthal- und Rosenmühle (Gaststätten) kommen Sie nach

**Alfeld** (500 m, 1100 Einw.). Der von bizarren Felsgebilden umgebene 1000jährige Ort an der Grenze zur Oberpfalz liegt reizvoll am Ursprung des Albachtales an der ehemaligen karolingischen Eisenstraße. Mächtig erhebt sich die Wehrkirche aus dem 15. Jh., deren Portal eine alte Sonnenuhr trägt. Traditionsreich ist die Brauchtumspflege: Beim Kirchweihfest um den 24. August herum unter Mitwirkung der Trachtengruppe „Alfelder Moidla" werden die im Jahre 1504 getrennten fränkischen und oberpfälzischen Ortsteile hoch über den Häusern mit einem 240 m langen Seil verbunden, das an die glückliche Wiedervereinigung im Jahre 1806 erinnert und erst wieder beim „Betzenaustanzen" gekappt wird. Südlich liegt die *Windlochmühle,* eine 60 m tiefe Spalthöhle, südöstlich neben der Autobahn der *Poppberg* (657 m), höchste Erhebung der Oberpfälzer Alb mit Burgruine und Aussichtsturm

(⟶ Goldstadt-Reiseführer Oberpfalz). – Ganz Eilige können nun die nahe Autobahnauffahrt Alfeld benutzen, diese Route führt auf Nebenstraßen über

**Waller** mit spätgotischer Margaretenkapelle und die Orte *Schupf* und *Breitenbrunn* nach

**Offenhausen.** Auf dem nahen Keilberg, am zweiten Julisonntag Schauplatz der traditionellen Bergkirchweih, stehen noch Reste der 1148 erbauten St. Ottmar- und St. Ottilienkapelle.

**Engelthal** besaß einst ein Dominikanerinnenkloster. Erhalten ist die spätromanische, im 18. Jh. barockisierte Klosterkirche, jetzt evangelische Pfarrkirche, mit interessanten Grabmälern und Wappenscheiben. Gegenüber die Ruine der frühen St. Willibaldskapelle aus dem 11. Jh. Von der alten Orts- und Klosterbefestigung sind noch das Ost- und Nordtor erhalten. – Nördlich liegt *Henfenfeld* am Beginn des Hammerbachtales mit einem Renaissance-Schloß und der romanisch-gotischen St. Nikolauskirche, heute evangelische Pfarrkirche, die zahlreiche Grabmonumente und Epitaphien der Patrizierfamilie Pfinzing von Henfenfeld bewahrt. – Bald sehen Sie den isoliert aufragenden

**Moritzberg** (600 m). Der geologisch interessante Berg, an dem früher Kalk und Erz abgebaut wurden, besitzt eine artenreiche, seltene Pflanzenwelt, so daß er als „Orchideengärtlein der Frankenalb" bezeichnet wird. Nicht weniger als 18 Wanderwege führen von allen Seiten empor. Auf der Höhe die St. Mauritiuskapelle aus dem 15. Jh., ein Berggasthof und ein Aussichtsturm mit viel gerühmtem Blick auf Nürnberg, die Frankenalb und die Fränkische Schweiz. Beinahe hätte der Moritzberg die nun bei Regensburg stehende Walhalla erhalten. Um den 24. August herum findet dort oben die weithin bekannte Bergkirchweih statt. – Zurück nach Lauf kommen Sie entweder auf direktem Weg oder auf einem kleinen Abstecher nördlich über

**Ottensoos,** einem schon 903 genannten Ort. In der evangelischen Pfarrkirche von 1450, einer dreischiffigen Halle, befindet sich ein gotisches Sakramentshäuschen und ein Marienaltar, der vermutlich von dem Dürer-Schüler Hans von Kulmbach stammt.

# Route 5: Durch den Veldensteiner Forst

## Pegnitz – Auerbach – Königstein – Hirschbach – Pommelsbrunn – Vorra – Velden – Neuhaus a.d. Pegnitz – Plech – Betzenstein – Pegnitz

**Pegnitz***, östliches Eingangstor zur Fränkischen Schweiz mit malerischem Ortsbild (und dem von Feinschmeckern gerühmten „Pflaums Posthotel") verlassen Sie südöstlich und erreichen

**Michelfeld,** heute Ortsteil von Auerbach, mit der von den Brüdern Asam ausgeschmückten Klosterkirche des noch von einer Ringmauer umgebenen ehemaligen Benediktinerklosters (→ S. 84).

**Auerbach*** gehört schon zur Oberpfalz (→ Goldstadt-Reiseführer Oberpfalz). Berühmter Sohn der Stadt war Dr. Heinrich Stromer, der um 1530 in Leipzig ein großes Messehaus mit dem heute noch bestehenden Restaurant „Auerbachskeller" gründete.

**Ranna** entwickelte sich aus einem 1391 gegründeten Hammerwerk. Malerisch erhebt sich auf einer Wiesenhöhe die *St. Magdalenakapelle* von 1742. Westlich 2km liegt im Veldensteiner Forst die *Vogelherdgrotte* mit riesigem Felsportal. Es folgt

**Krottensee,** ein 1km langes Straßendorf, heute Ortsteil von Neuhaus a.d. Pegnitz. Ein Denkmal erinnert an das Gefecht vom 24. Mai 1703 zwischen kurbayerischen und fränkischen Truppen mit Hunderten von Toten, die man einfach in das nahe „Windloch", der später entdeckten Maximiliansgrotte warf. Die

**Maximiliansgrotte** gehört mit ihren Hallen, Seen und mächtigen Tropfsteingebilden zu den schönsten und größten Höhlen Deutschlands. Sie wurde 1852 entdeckt und verfügt in 5 Stockwerken bei 1200m Gesamtlänge über 70m Tiefe. Attraktion ist der Eisbergtropfstein mit 5,5m Höhe. Bei der an der Waldschänke beginnenden 40-Minuten-Führung erhalten die Besucher Karbidlampen, die den Aufenthalt in der Höhle stimmungsvoll unterstreichen (geöffnet von Ostern bis Oktober).

**Königstein*** ist anerkannter Erholungsort in ausgeprägter Karstlandschaft im Randgebiet der Oberpfälzer und Fränkischen Alb mit Felsen, Höhlen und Dolinen. Vom Aussichtsturm des 651m höhen Ossinger geht der Blick bis in das Fichtelgebirge.

**Abstecher**

Südwestlich erstreckt sich das wildromantische, von Wäldern und Felskuppen umsäumte enge Hirschbachtal mit dem Hauptort

**Hirschbach** (400m, 1300 Einw.). Das einst befestigte Hammerschloß aus dem 15. Jh., durch Umbauten stark verändert, erinnert noch an die Bedeutung des einstigen Eisenhammers.

Im Veldensteiner Forst
findet man noch mächtige Bäume

Schön ist der Blick vom Aussichtsturm in Oberhirschbach. Rund 200km Wander- und Kletterwege erschließen die waldreiche Felslandschaft; für Erfrischung sorgt ein neues Terrassen-Freibad. Ein spezieller Höhenwanderweg führt an etwa 40 Höhlen und Dolinen vorbei. Alpines Training ermöglicht die vielbesuchte Mittelbergwand. Südlich erstreckt sich die Felslandschaft am Schwarzen Brand, erschlossen durch die 60m hohen Klettersteige Höhenglücksteig und Norissteig.

**Eschenbach,** Ortsteil von Pommelsbrunn, liegt an der Mündung des Hirschbaches in die Pegnitz. Das im 16. Jh. als Wasserschloß erbaute, im 19. Jh. veränderte Schloß Eschenbach ist Stammmsitz der Nürnberger Patrizierfamilie Ebner-Eschenbach. Die Pfarrkirche St. Peter und Paul aus dem 11. Jh. besitzt Wand- und Glasmalereien aus dem 14. Jh. sowie interessante Wappenscheiben.

Über Fichtenhof und *Holnstein* (Schloß, Barock-Kirche) kommen Sie in den inmitten eines felsumsäumten Tales gelegenen oberpfälzischen Ferienort

**Neukirchen bei Sulzbach-Rosenberg** (430 m, 2600 Einw.). In der evangelischen Pfarrkirche von 1452 befinden sich wappenverzierte Grabdenkmäler der Burgherren von Rupprechtstein; die katholische Pfarrkirche von 1928 besitzt neben vielen alten Gegenständen einen kleinen gotischen Flügelaltar von 1521. Lohnendes Ausflugsziel ist die südöstlich gelegene *Osterhöhle* mit ihren schönen Tropfsteinbildungen (mit der bewirtschafteten Waldhütte von Ostern bis Oktober an Wochenenden und Feiertagen geöffnet). Nordwestlich steht das *Schloß Neidstein* von 1513, heute im Besitz des Freiherrn von Brand; hier weilte im August 1954 der damalige Bundespräsident Prof. Dr. Theodor Heuss zu Gast. Hinter dem Schloß befinden sich auf einer Felskuppe noch die Reste der 1504 zerstörten Burg Neidstein.

**Etzelwang** (450 m, 1400 Einw.) ist ein beliebter Wanderstützpunkt im felsigen Tal des Etzelbaches mit beheiztem Freibad. Langlaufloipen, Skiliftanlage und Norisschanze ermöglichen auch Wintersport. Die evangelische Kirche besitzt einen wertvollen Rokoko-Altar (1757). Nördlich erhebt sich aussichtsreich der Rupprechtstein (544 m) mit Burgruine und Berggasthof. Der in der Senke des Reinbaches gelegene Ortsteil *Kirchenreinbach,* prämiert als schönstes Dorf der Oberpfalz, ist Zwischenstation auf der Wanderroute Schwarzer Brand – Rupprechtstein. Vom Ortsteil *Schmidtstadt* führt ein Wanderweg zur Burgruine Hauseck. – Über *Weigendorf* erreichen Sie

**Hartmannshof,** Ortsteil von Pommelsbrunn. Hier münden Etzelbach- und Weigental in das Högenbachtal, dessen unterer Teil durch das weitläufige Hartmannshofer Kalksteinwerk beeinträchtigt wird. Bis Weigendorf bildet der bei *Högen* (ehem. Hammerschloß) entspringende Högenbach noch ein idyllisches, mühlenreiches Tal, fließt dann durch Hartmannshof und Pommelsbrunn, um bei Hohenstadt in die Pegnitz zu münden. Schön ist der Weg von Hartmannshof in 1 Std. südöstlich über Guntersried zur 583 m hoch gelegenen aussichtsreichen *Burgruine Lichtenegg* und zurück über *Haunritz* (ehem. Hammerschloß, Felsbildung „Alter Fritz") durch das Högenbachtal.

**Pommelsbrunn** (358 m, 5000 Einw.) ist anerkannter Erholungsort und liegt inmitten ausgedehnter Buchenwälder im Högenbachtal am Fuße des Zankelsteins (547 m). Beliebt ist das schön gelegene Naturfreundehaus. Die aus einer Wehrkirche entstandene Pfarrkirche St. Lorenz hat ihre schöne Barockausstattung von dem Wessobrunner Meister Philipp Jakob Schmuzer (1731); originell ist die Kanzel mit der Sanduhr. Westlich thront aussichtsreich über der Mündung des Högenbaches in die Pegnitz die Ruine Lichtenstein. Im Ortsteil *Hubmersberg* empfiehlt sich das renommierte Hotel Lindenhof mit Hallenbad. Über

**Hohenstadt** am Zusammenfluß von Pegnitz und Högenbach mit sehenswerter Markgrafenkirche, überragt vom Hohenstädter Fels (550 m), fahren Sie nun im romantischen Pegnitztal aufwärts, in dem auch die Schnellzugstrecke Paris – Nürnberg – Prag verläuft, umgeben von Mischwäldern mit bizarren Felsgebilden. Der ungezähmte Flußlauf ist ein Dorado für Paddler und Kanufahrer. Bei *Eschenbach* jenseits der Bahnlinie mit seinem ehem. Wasserschloß lohnt ein Abstecher in das Hirschbachtal mit der Felslandschaft des Schwarzen Brandes. Bald zeigt sich

**Alfalter,** Musterbeispiel eines in seltener Geschlossenheit erhaltenen Dorfes. Die Katharinenkirche des 15./18. Jh. besitzt einen prächtigen Barockaltar von 1642. Aus dem Hang über der Pegnitz ragen senkrecht die 60 m hohen, zackigen Riffler-Felsen empor. Über *Düsselbach* mit der imposanten Düsselbacher Wand kommen Sie nach

**Vorra** (370 m, 1800 Einw.). Der alte Ort entstand aus einem Königshof, der mit den Ländereien 1010 an das Bistum Bamberg und später an die Reichsstadt Nürnberg kam. Heute ist Vorra mit den Ortsteilen Alfalter, Düsselbach und Artelshofen ein beliebtes Feriengebiet. Die Pfarrkirche wurde im 18. Jh. barockisiert; das Untergeschoß des Chorturmes ist jedoch mit der bemerkenswerten Fensterarkade noch romanischen Ursprungs. Das Neue Schloß von 1889 beherbergt eine interessante Afrikasammlung; im Schloßpark befinden sich idyllische Weiher. Eine gute fränkische Küche bietet der Gasthof Rotes Roß. Nordöstlich liegen die Naturdenkmäler Windloch und Schlangenfichte. Östlich führt ein markierter Wanderweg in 1 Std. über Unterhirschbach nach *Hirschbach* mit seinen Kletterfelsen. – Im Pegnitztal folgt

**Artelshofen** mit einem aus einer Wasserburg des 14. Jh. entstandenen Schloß von 1553, das von einer turmbewehrten Ringmauer umgeben ist und sich heute im Besitz der Freiherren von Holzschuher befinden. – Über *Rupprechtstegen,* einer traditionsreichen Sommerfrische, und vorbei an dem markanten Roten Fels erreichen Sie *Lungsdorf,* das mit seinen altfränkischen Fachwerkhäusern reizvoll an der Pegnitz liegt. Das Tal wird enger und kurvenreicher, kaum bleibt Platz für Fluß, Straße und Bahn.

**Velden*** ist der älteste, schon 889 bezeugte Ort der Region. Über dem Ort erhebt sich das schlichte nürnbergische Pflegschloß. Die Pfarrkirche aus dem 14. Jh., verändert im 18. Jh., besitzt mit ihren vier Flügelaltären noch eine reiche gotische Ausstattung. – Östlich liegt 2 km entfernt der Ferienort

**Hartenstein** (520 m, 1500 Einw.) am Fuß der gleichnamigen Burg, eine Gründung der Grafen von Sulzbach um 1300, die schon Wolfram von Eschenbach in seinem „Parzival" erwähnte; der erhaltene dreigeschossige Hauptbau befindet sich seit 1919 in Privatbesitz. Gegenüber der den Burgberg noch überragende aussichtsreiche *Hirtenberg* (562 m) mit Gipfelkreuz, vom Dorfplatz in 20 Minuten zu erreichen. Ein einstündiger Rundweg führt nördlich um den Gottvaterberg (521 m). Nordöstlich liegt die Petershöhle, die schon Steinzeitmenschen als Unterschlupf diente. – Über Velden geht es weiter durch das enge Tal. Felsen, Höhlen und Dolinen prägen die Landschaft.

**Neuhaus an der Pegnitz*** wird von der mächtigen tausendjährigen Burg Veldenstein überragt. Sie ist die größte Burganlage des Pegnitztales. Die Rokoko-Pfarrkirche bewahrt eine spätgotische Rosenkranzmadonna sowie interessante Prozessionsstangen der Zünfte. Im Ortsteil *Krottensee* liegt die berühmte Maximiliansgrotte. Die Route verläßt das Pegnitztal und führt nordwestlich nach

**Plech*.** Die altbekannte Sommerfrische bietet zahlreiche Wandermöglichkeiten im Veldensteiner Forst und in das Klettergebiet der Spieser Felsen. Viel bewundert wird der historische Radbrunnen von 1540 in der Brunnenstube des Gasthofs zur Traube. Eine große Attraktion ist der Freizeitpark „Fränkisches Wunderland".

**Abstecher**
Jenseits der Autobahn liegt am Rande des Veldensteiner Forstes zwischen Frankenalb und Fränkischer Schweiz die kleine Stadt

**Betzenstein*** mit Resten einer Burganlage, einst Stammsitz der Herren von „Pezenstayn". Sehenswert auch hier ein alter Radziehbrunnen beim Oberen Tor. Das Heimatmuseum bewahrt eine umfangreiche geologische Sammlung. In der näheren Umgebung befinden sich zahlreiche unter Landschaftsschutz stehende Dolomitfelsbildungen.

Das **Wildgehege Veldensteiner Forst** befindet sich beim Waldhaus Hufeisen an der Straße an der Straße Plech – Pegnitz (Parkplätze). Rot-, Reh-, Muffel-, Dam- und Schwarzwild können in großen Gehegen in weitgehend natürlicher Umgebung beobachtet werden.

Der idyllische Schloßpark
in Vorra

# STÄDTE UND ORTE VON A-Z

## ALTDORF

*Landkreis Nürnberger Land, 444m, 12 000 Einwohner*

Das hochgelegene Städtchen am Südrand der Frankenalb ist mit den Ortsteilen Adelheim, Eismannsberg, Grünsberg, Hagenhausen, Hegnenberg, Ludersheim, Prackfels, Pühlheim, Rasch, Raschbach, Röthenbach, Unter- und Oberrieden, Unter- und Oberwellitzleithen, Wappeltshofen und Weinhof Mittelpunkt des Erholungs- und Wandergebietes *Altdorfer Land.* Das einst als „des heiligen Reiches Bienengarten" bezeichnete Gebiet umfaßt weite Teile des Lorenzer Reichswaldes und ist im Südosten von der Schwarzach mit ihrem tief eingeschnittenen Rhätsandsteintal begrenzt.

**Geschichte:** Altdorf weist sich schon namentlich als eine der ältesten Siedlungen der Region aus und entwickelte sich aus einem fränkischen Königshof. Die erstmalige urkundliche Erwähnung erfolgte aber erst 1281, als König Rudolf die Befreiung vom Nürnberger Reichszoll verfügte. Nach mehrmaligem Herrschaftswechsel kam Altdorf Ende des 14. Jh. an den Pfalzgrafen Ruprecht und 1505 an die Nürnberger, die 1575 das Melanchton-Gymnasium von Nürnberg nach Altdorf verlegten, das 1578 zur Akademie und 1622 zur Universität erhoben wurde.

Bis ins 18. Jh. war die Altdorfer Hohe Schule ein bedeutendes wissenschaftliches Zentrum mit hervorragenden Wissenschaftlern und später berühmten Studenten. Zu den Professoren gehörten Mauritius Hoffmann (Entdecker der Bauchspeicheldrüse), Johann Heinrich Schulz (Entdecker der Lichtempfindlichkeit des Bromsilbers) und Johann Prätorius (Erfinder des Meßtisches). Unter den Studenten waren der Philosoph Gottfried Wilhelm Leibnitz, der Dichter Friedrich Logau, Goethes Großvater Johann Wolfgang Textor, der Reitergeneral Graf von Pappenheim und der Feldherr Albrecht von Wallenstein. Wegen der konkurrierenden markgräflichen Universität in Erlangen wurde die Altdorfer Universität von dem neuen Landesherrn Bayern 1809 aufgelöst. Seit 1924 befinden sich in dem Gebäudekomplex Behinderteneinrichtungen der Inneren Mission mit Spastikerzentrum und Lehrwerkstätten für Körperbehinderte.

**Sehenswert:** Die geräumige Marktstraße mit freistehendem **Rathaus** von 1565/1860 und **altfränkischen Bürgerhäusern** im Sandstein- und Fachwerkstil wird vom **Oberen** und **Unteren Tor** begrenzt. An der Nordseite die evangelische **Laurentius-Pfarrkirche** mit Chor aus dem frühen 15. Jh.; das Langhaus wurde 1753-55 umgestaltet.

Das ehem. **Universitätsgebäude** in der Collegiengasse wurde 1571-82 erbaut. Drei Flügel mit glatten Quaderflächen gruppieren sich um einen quadratischen Hof; eine Mauer mit Tor bildet den nördlichen Abschluß. Den dreigeschossigen Hauptbau kennzeichnen ein durch rundbogige Arkaden offenes Erdgeschoß und ein hoher Uhrturm. Schmuckstück ist der inmitten des Hofes stehende, von einem Achteckgitter umschlossene kunstvolle Bronzebrunnen des Nürnberger Rotgießers Georg Labenwolf mit Widderköpfen und wasserspeienden Delphinen, bekrönt von der Minervastatue auf einer Balustersäule.

Das ehem. **Pflegschloß** der Reichsstadt, ein stattlicher Quaderbau von 1585, steht südwestlich der Universität und dient heute als Behördensitz.

Im Ortsteil **Rasch** 3km südöstlich befindet sich eine romanische **Wehrkirche** aus dem 12. Jh., im Ortsteil **Grünsberg** 3km südwestlich das **von Stromer'sche Patrizierschloß** von 1565 mit der Sophienquelle (in Stein gefaßter Brunnen).

**Auskunft:** Verkehrsamt 8503 Altdorf.
**Verkehr:** Autobahnanschlußstellen zur A-3 (Nürnberg-Regensburg) und A-6 (Nürnberg-Amberg). – Bahnstation.
**Hobby und Sport:** Freibad, Reiten, Segelfliegen, Tennis.
**Veranstaltungen:** Wallenstein-Festspiele alle drei Jahre im Juli/August im Hof der früheren Universität. In den Jahren dazwischen Altstadtfest.

**Wanderungen:**

**1.** Nach **Hagenhausen** im Tal des Hagenbaches mit ehemals befestigter Kirche (Barockausstattung und Schweppermannswappen), ½ Std. östlich. Weiter durch das idyllische Traunfelder Tal in ¾ Std. nordöstlich nach **Eismannsberg** mit Barockschloß und Schloßkapelle (1582 zur Pfarrkirche erweitert). Nach weiteren 30 Minuten folgt **Traunfeld** am Talanfang. Zurück über Eismannsberg und das Traunfelder Tal, dann aber westlich über Unterrieden.

**2.** Nach **Gnadenberg,** 1 Std. südöstlich. Eindrucksvolle Kirchenruine eines ehem. Birgittenklosters aus dem 15. Jh., das im 30jährigen Krieg zerstört wurde. An der Südostwand ein eingelassenes lebensgroßes Epitaph des 1466 verstorbenen Ritters Martin von Wildenstein (⟶ Goldstadt-Reiseführer Oberpfalz). Im verbliebenen Refektoriumsflügel wurde 1654 die heutige Pfarrkirche St.Birgitta eingerichtet.

**3.** Über **Grünsberg** mit Schloß und Sophienquelle nach **Altenthann** mit Pfarrkirche an der Stelle der Burg der Ritter von Thann, 1 Std. südwestlich. In der Nähe die Rhätschluchten des Thanngrabens und die romantische Wolfsschlucht. Weiter über Ochenbruch nach **Schwarzenbruck** am Eingang zur Schwarzachklamm bei Gsteinach (→ S. 67), 1 Std. südwestlich. Zurück über Ochenbruch, **Burgthann** mit Burgruine, Förresmühle und Grünsberg.

**4.** Nach **Rasch** im Tal der Schwarzach mit Resten einer 1504 zerstörten Burg, ½ Std. südl. Auf einem steil abfallenden Hügel inmitten des einst befestigten Friedhofes die romanische Pfarrkirche Rasch aus dem frühen 12. Jh., Urpfarrei des Altdorfer Landes. Benachbart die gotische Schäferkapelle und der Fachwerkbau des Pfarrhauses, eines ehem. Herrensitzes. Weiter über Gspannberg, Grub auf den **Dillberg** (595m) mit UKW-Sender, 1 ½ Std. südlich. Zurück im westlichen Bogen über Peunting, Dörlbach und Prackenfels.

**5.** Über Unterwellitzleithen und Ernhofen nach **Weißenbrunn** mit Jugendherberge, 1 ½ Std. nördlich. Zurück im östlichen Bogen über Klingenhof und Hegnenberg.

## AUERBACH IN DER OBERPFALZ

*Landkreis Amberg-Sulzbach, 435m, 9000 Einwohner*

Das Städtchen am Ostrand des Veldensteiner Forstes verdankt seine Entstehung dem nahe gelegenen ehem. Benediktinerkloster Michelfeld.

**Geschichte:** Der Auerbacher Lehrer Josef Köstler hat die Geschichte der Stadt in nicht weniger als 28 Bänden dargestellt. Bereits 1108 in einer Schenkungsurkunde Kaiser Heinrichs II. genannt und 1314 als Stadt bezeichnet, entwickelte sich Auerbach durch seine Lage an der alten Handelsstraße Nürnberg – Eger zu einem wichtigen Handelsplatz und durch seine Erzgruben zu einem Zentrum der Eisenindustrie. Unter Kaiser Karl IV. war Auerbach die Hauptstadt Neuböhmens.

Berühmter Sohn der Stadt war der Arzt Dr. Heinrich Stromer (1482-1542): Mit 26 Jahren bereits Universitätsprofessor in Leipzig, errichtete er dort nach Heirat mit einer reichen Leipziger Bürgerstochter um 1530 ein Messehaus und wurde so zum Wegbereiter der Leipziger Messe. Neben einer Weingroßhandlung gliederte er dem Messehaus auch eine Weinwirtschaft an, die er nach seiner Heimatstadt „Auerbachskeller" nannte. Bald wurde sie zum beliebten Treffpunkt von Kaufleuten, Künstlern, Gelehrten und Fürsten; Goethe verhalf dieser gastlichen Stätte in seinem „Faust" durch den „Spuk im Auerbachskeller" zu literarischem Ruhm. Anstelle des alten Messehauses mit dem Auerbachskeller wurde 1912 ein modernes Messegebäude unter Einbeziehung einiger historischer Räume errichtet mit einem Restaurant, das wieder den traditionellen Namen Auerbachskeller erhielt und noch heute in Leipzig besteht.

Das freistehende Rathaus in Auerbach,
dahinter die Stadtpfarrkirche

**Sehenswert:** In der Mitte des langgezogenen Straßenmarktes befindet sich das freistehende gotische **Rathaus** von 1418, umgestaltet 1928-29, mit dem Wappenrelief (1552) des „Auerbacher Ochsen" an der Fassade; im Inneren der mit Jagdszenen geschmückte Rathaussaal. Dahinter die **Stadtpfarrkirche St. Johann Baptist** von 1447, durch Georg Dientzenhofer unter Beibehaltung gotischer Mauerteile 1667 erweitert und barockisiert, mit prächtigem Hochaltar (1785) und vier Seitenaltären in geschnitzten Akanthusrahmungen. Gegenüber erinnert die **Stromer-Gedenktafel** an einem Geschäftshaus, daß hier das „Patrizierhaus der Stromer" stand, in welchem der „Erbauer des weltberühmten Auerbachskeller in Leipzig" geboren wurde. In der Unteren Vorstadt steht die **Spitalkirche St. Katharina** (14. Jh.) mit Statue der Namenspatronin auf dem Hochaltar und drei schönen Rokokoaltären; an der Empore dreizehn bemalte Felder mit Szenen aus dem Leben der Heiligen Katharina. Die **Friedhofskapelle St. Helena** von 1595-99 besitzt eine kunstvoll bemalte Balkendecke von 1611. Am südlichen Stadtgraben von 1795 befindet sich eine herrliche **Lindenallee**, die unter Naturschutz steht.

Das ehem. **Benediktinerkloster Michelfeld** liegt 4 km westlich von Auerbach. Noch heute ist das 1119 gegründete, 1803 säkularisierte Kloster von einer Ringmauer mit starken Wohntürmen umgeben. Die ehem. **Kloster**- und jetzige **Pfarrkirche,** eine Wandpfeilerkirche mit Emporen, entstand 1690-95 nach Plänen von Wolfgang Dientzenhofer. Plastischer Schmuck und Stukkaturen stammen von Egid Quirin Asam (Statuen des Gründers Bischof Otto von Bamberg und des Heiligen Wolfgang zu Seiten des Hochaltars, die 14 Nothelfer in den Kapellen), die Gemälde aus dem Jahre 1721 von Cosmas Damian Asam (im Hochaltar das Abendmahl, im Gewölbe die Hl. Dreifaltigkeit). – Im Friedhof die **Kirche St. Michael** von 1730 sowie die **Ölbergkapelle** mit spätgotischen Steinfiguren.

**Auskunft:** Stadtverwaltung 8572 Auerbach in der Oberpfalz.
**Verkehr:** Autobahnanschluß Grafenwöhr zur A-9 (Nürnberg-Berlin). Nächste Bahnstation Pegnitz (13 km); Busverbindung.
**Hobby und Sport:** Freibad, Hallenbad, Angeln, Minigolf, Reiten, Tennis.

**Wanderungen:**

**1.** Zum aussichtsreichen **Gottvaterberg** (550 m) mit Wallfahrtskapelle, ½ Std. südöstlich.

**2.** Zum **Pinzigberg** (541 m) mit Wallfahrtskapelle, ¾ Std. nördlich. Weiter 1 Std. nordwestlich über Ohrenbach zum Felsendorf **Steinamwasser** mit Burgruine. Zurück über Staubershammer und Pferrach nach Michelfeld.

**3.** Über Nitzbuch zur Gaststätte **Forsthaus Sackdilling,** 1 St. südlich. Weiter zur **Maximiliansgrotte,** 1 Std. südwestlich. Zurück über Gasthaus Hohe Tanne und Rußhütte nach Michelfeld.

# BAMBERG

*Kreisfreie Stadt und Sitz des Landkreises, 262 m, 70 000 Einw.*

Bamberg, tausendjährige Kaiser- und Bischofsstadt, liegt gleich Rom auf sieben Hügeln an zwei Armen der Regnitz kurz vor der Mündung in den Main: Auf der Regnitzinsel die Bürgerstadt, gegenüber auf den Ausläufern des Steigerwaldes die Bischofsstadt; getrennt durch das mitten im Fluß auf der Oberen Brücke stehende Alte Rathaus, das auf der einen Seite das bischöfliche und auf der anderen das bürgerliche Wappen Bambergs trägt. Von Kriegszerstörungen fast verschont, begegnen sich hier Romanik und Barock in einer Fülle gut erhaltener Baudenkmäler. „Bamberg ist das vollkommenste Stadtgebilde, das es heute in Deutschland noch gibt", meint Rudolf Pörtner und unterstreicht damit auch die Tatsache, daß die gesamte Altstadt mit rund zweitausend Häusern unter Denkmalschutz steht.

Bamberg ist Sitz des Erzbischofs, zahlreicher Behörden (u.a. Oberlandesgericht) und vieler Bildungseinrichtungen verschiedener Fachrichtungen (u.a. die Universität, ein astronomisches Institut der Universität Erlangen-Nürnberg). Museen, Bibliotheken (Staatsbibliothek), das E.T.A.-Hoffmann-Theater und die weltberühmten Bamberger Symphoniker ergänzen das kulturelle Angebot. Heute ist Bamberg die größte Stadt Oberfrankens und ein bedeutendes Wirtschaftszentrum mit vielfältiger Industrie wie Elektronik, Textil- und Lederwaren sowie Malz und Bier. Seit 1961 besteht der moderne Hafen am Rhein-Main-Donau-Kanal, zu dem der rechte Regnitzarm ausgebaut wurde.

**Blick in die Geschichte:**

Die Gegend um Bamberg war schon in der jüngeren Steinzeit besiedelt. Unter den Karolingern wurde Bamberg Gausitz und mit dem Königsgut Hallstadt wichtiger Handelsplatz im Grenzraum des Ostfrankenreiches. Als „Castrum Babenberg" wurde Bamberg 902 erstmals urkundlich erwähnt; die Grafenburg der „älteren" Babenberger, einst an der Stelle des heutigen Domes, gab der Stadt ihren Namen. Wegen Auflehnung gegen die Konradiner fielen die Babenberger in Ungnade: Ihr Besitz wurde konfisziert und gelangte durch kaiserliche Schenkung 973 in den Besitz des Bayernherzogs Heinrich des Zänkers. Bambergs bedeutendster Förderer wurde sein Sohn, Kaiser Heinrich II. Er gründete 1007 das neue Bistum, das mit Gebieten der Bistümer Würzburg und Eichstätt reich ausgestattet und bald Mittelpunkt des Reiches sowie Zentrum der Slawenmission wurde. Als Sitz bestimmte er den Burgbezirk. Dom, Königspfalz und Bischofswohnung waren nun vereint.

Der Bamberger Kaiserdom

Auf den benachbarten Hügeln entstanden im Laufe des 11. Jh. das Benediktinerkloster St. Michael sowie die Domnebenstifte St. Jakob und St. Stephan. Dem geistlichen Zentrum „auf den sieben Hügeln" trat das Bürgertum gegenüber. Neben einer dörflichen Siedlung auf dem Kaulberg entwickelte sich am Fuße des Domberges auf dem „Sand", dem schmalen Streifen bis zum linken Arm der Regnitz, eine Kaufmannssiedlung, die sich im 12. Jh. über den Fluß auf die Insel zwischen beiden Armen ausweitete und bald den Kern der Stadt bildete. Dazu trat noch die zunächst selbständige Siedlung Theuerstadt jenseits des rechten Regnitzarmes mit dem dritten Dom-Nebenstift St. Gangolf.

Die Immunität der geistlichen Stadt mit Sonderrechten wie Steuerfreiheiten führten zu heftigsten Auseinandersetzungen mit der Bürgerschaft. Da sich die Geistlichkeit nach Erhebung zur Stadt 1435 endgültig als der stärkere Teil erwies, blieb Bamberg bis zur Säkularisation unter der Obrigkeit des bischöflichen Stadtherrn; die Immunitäten konnten sich bis ins 18. Jh. behaupten. Durch die Reformation ließ sich die Geistlichkeit nicht beeinflussen und verblieb in der Gefolgschaft der Römischen Kirche. Während des 30-jährigen Krieges stand Bamberg auf Seiten der katholischen Liga und wurde 1632 sowie 1634 von den Schweden besetzt, blieb aber von Schäden weitgehend verschont. Im Zuge der Gegenreformation wurde das Höhere Schulwesen den Jesuiten übertragen, die 1648 die „Academia Ottoniana" gründeten, die 1773 zur Universität erhoben wurde und bis 1802 bestand; aus ihr ging die heutige Universität hervor. Am 28. November 1802 wurde das Fürstbistum Bamberg säkularisiert und dem neu gegründeten Staat Bayern zugeordnet.

Nach dem 30jährigen Krieg folgte eine Zeit neuer kultureller Blüte. Kunstsinnige Bischöfe und Bürger ließen Bamberg im 17./18. Jh. zu einer herrlichen Barockstadt werden. Balthasar Neumann, Johann Michael Küchel und die drei Brüder Dientzenhofer errichteten nicht nur prachtvolle Kirchen und Schlösser, sondern auch schöne Bürgerhäuser. Der Philosoph F.W.J. Schelling (1775-1854) besuchte eine Zeit lang die damalige medizinische Hochschule; sein Studienfreund G.W.F. Hegel (1770-1831) war 1807/08 Reakteur der „Bamberger Zeitung und verfaßte hier seine „Phänomenologie des Geistes". Der Romantiker E.T.A. Hoffmann leitete als Kapellmeister von 1808-13 das neu gegründete Stadttheater und ließ sich im Garten des Kapuzinerklosters zu seinem Buch „Elexiere des Teufels" inspirieren.

Im 19. Jh. entstanden neue Stadtteile im aufkommenden „Wilhelminischen Stil" wie im Hain-Viertel. Besonders in den letzten Jahrzehnten wuchsen neue Wohnsiedlungen weit über die Grenzen der Altstadt hinaus und setzten mit ihren modernen Wohnbauten der Kaiser- und Bischofsstadt neue Akzente.

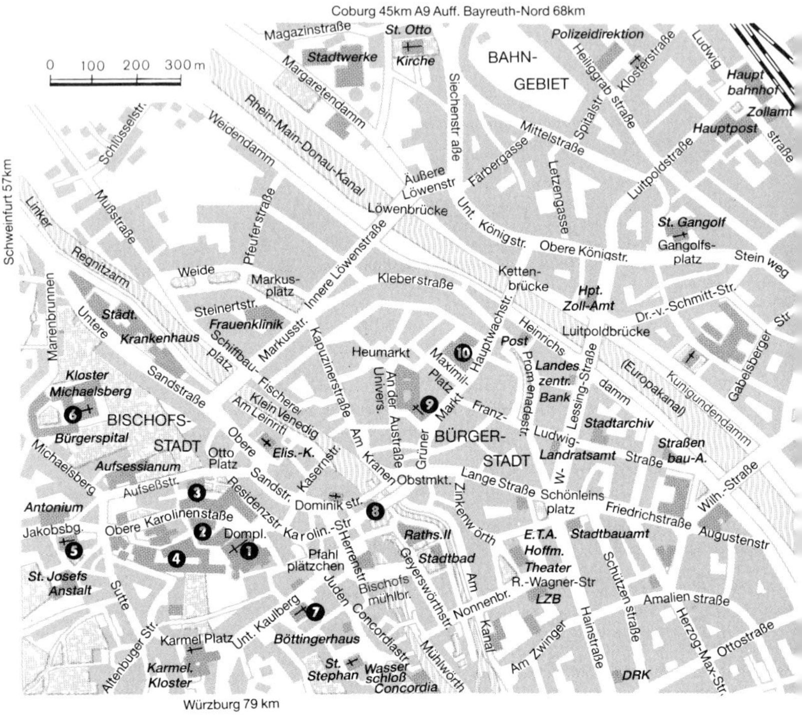


**Bamberg**

1 Dom
2 Alte Hofhaltung
3 Neue Residenz
4 Domherrenhöfe
5 St. Jakobskirche
6 St. Michaelskirche
7 Obere Pfarrkirche
8 Altes Rathaus
9 St. Martinskirche
10 Neues Rathaus

**Stadtbesichtigung:**

Vom Parkplatz oder von der Tiefgarage am Maximiliansplatz mit dem Neuen Rathaus im Zentrum der Bürgerstadt kommen Sie durch die Fußgängerzone zunächst über dem Grünen Markt vorbei an der St. Martinskirche zum Obstmarkt. Von dort gelangen Sie über die Obere Brücke vorbei am Alten Rathaus in die Bischofsstadt zum *Domplatz,* der vom viertürmigen Kaiserdom, dem Renaissance-Giebel der Alten Hofhaltung und der barocken Breite der Neuen Residenz beherrscht wird; in seiner Geschlossenheit zählt er zu den städtebaulich schönsten deutschen Plätzen. Machtvoll wie ein Schiff erhebt sich der

**Kaiserdom,** einer der bedeutendsten mittelalterlichen Bauten Deutschlands; Meisterwerke der Plastik haben ihn weltberühmt gemacht. Begonnen 1003 unter Kaiser Heinrich II., 1012 geweiht, nach einem Brand 1081 von Bischof Otto I. wiedererrichtet, wurde er 1185 erneut durch Brand zerstört. Der heutige Dom, eine dreischiffige, doppelchörige Basilika mit vier Türmen, entstand 1215-37 unter Bischof Ekbert von Andechs-Meranien. Die charakteristischen kupferbeschlagenen Helme aller vier Türme schuf 1766-68 Johann Michael Küchel.

Von den vier Portalen befinden sich zwei an der Ostseite in den Sockelgeschossen der Türme: Rechts die *Gnadenpforte* (auch Marienportal genannt) mit der thronenden Maria im Mittelpunkt, links die *Adamspforte,* deren berühmte 6 Statuen Petrus, Adam und Eva, Kaiser Heinrich II. und seine Gemahlin Kunigunde sowie der Hl. Stephan ihren Platz jetzt im Diözesanmuseum im Domkapitelhaus haben. Am prachtvollsten ist das *Fürstentor* an der Langseite des nördlichen Seitenschiffes (am Domplatz) mit dem Tympanonrelief des Jüngsten Gerichts (die beiden früher flankierenden Statuen Ecclesia und Synagoge befinden sich jetzt an den Chorpfeilern im südlichen Seitenschiff) und den Aposteln auf den Schultern der Propheten. Die schlichte *Veitspforte* am nördlichen Querschiff mit dem Kleeblattbogen der Zisterzienser ist ohne bildnerischen Schmuck.

Das Innere des Domes beeindruckt durch Größe und Einfachheit. Der Raum wurde zwar 1650 barockisiert, jedoch später wieder in den ursprünglichen Zustand gebracht. Hier befinden sich die berühmten Hauptwerke der Plastik. Am Ostchor der berühmte *Bamberger Reiter* (von einem unbekannten Meister um 1235), eine königliche stolze Rittergestalt, auf einem Pferd sitzend, ohne Schild und Schwert, nur eine Krone schmückt den Kopf: Die reine Verkörperung des Ritterideals der staufischen Zeit. Wenige Schritte entfernt am 3. Pfeiler des Mittelschiffes das *Wandgrabmal des Bischofs Friedrich von Hohenlohe* (von dem Würzburger Wolfskeelmeister 1352). Ein Blick zum Reiter zeigt den ergreifenden Unterschied: Dort der selbstbewußte christliche Ritter, hier der verinnerlichte Asket in Hinwendung zum Jenseits. Unvergleichliche Hauptwerke der klassischen Kunst des 13. Jh. sind auch die 6 Darstellungen der *Propheten und Apostel* an den Georgenschranken und die beiden edlen Frauengestalten *Maria und Elisabeth,* die sogenannte Heimsuchungsgruppe (1230-35). Im Mittelschiff zwischen den Aufgängen zum Ostchor das *Hochgrab Kaiser Heinrichs II.* und seiner Gemahlin Kunigunde, von Tilmann Riemenschneider 1499-1513 aus Treuchtlinger Marmor gefertigt; auf den Deckplatten die ruhenden Gestalten des Kaiserpaares, an den Wandungen Reliefs mit Darstellungen aus ihrem Leben. Im Seitenschiff an der Abschlußwand nach Westen steht der aus dunkel braunem Lindenholz geschnitzte *Marienaltar* von 1523, die reife Arbeit des Nürnberger Bildschnitzers Veit Stoß, der mit 70 Jahren dieses großartige Werk schuf. Im nicht zugänglichen Westchor (Peterschor) befindet sich das einzige *Papstgrab* in Deutschland, das Grabmal des zweiten deutschen Papstes Clemens II. († 1047), der unter dem Namen Suitger Bischof von Bamberg war sowie der *Kreuzaltar* von Justus Glesker (1648-53) mit goldgefaßten überlebensgroßen Figuren im Stil des Hochbarock.

In den östlichen Krypten unter dem Georgenchor liegen die Grabmäler von Kaiser Konrad III. († 1152), des Bischofs Gunther († 1065) und des Bischofs Otto II. von Andechs-Meranien († 1196).

Südlich des Domes die *Nagelkapelle* (13. Jh., 1456 spätgotisch erweitert) mit zahlreichen Bronzegrabplatten Bamberger Domherren. Anschließend der *Kreuzgang* von 1399/1457 und das - *Kapitelhaus,* erbaut 1731 durch Balthasar Neumann auf Veranlassung des Fürstbischofs Friedrich Karl von Schönborn, sowie das *Diözesanmuseum* mit dem berühmten Domschatz; darunter die sechs Statuen der Adamspforte, der Sternenmantel Kaiser Heinrichs II. (um 1000, vermutlich bei der Krönung getragen), das Grabtuch des Bischofs Gunther (um 1050) sowie zahlreiche Bronze-, Gold- und Silberschmiedearbeiten früherer Kunstepochen. – Durch eine schmale Gasse vom Dom getrennt die

**Alte Hofhaltung** (Domplatz 7), einstige Kaiser- und Bischofspfalz mit Resten des alten Reichssaales aus dem 11.Jh. Dem Domplatz zugewandt der *Ratsstubenbau,* mit doppelgeschossigem Erker, ein Meisterwerk der Renaissance, errichtet 1569-77 von Erasmus Braun nach Plänen des markgräflichen Baumeisters Carl Vischer. Er birgt das *Historische Museum* der Stadt Bamberg mit kultur- und kunsthistorischen Sammlungen. Daneben das - *Reiche Tor* mit den Allegorien der Flüsse Regnitz und Main auf dem Gesims sowie dem Kaiserpaar Heinrich und Kunigunde, das ein erstaunlich genau gearbeitetes Modell des Domes trägt. Der schöne *Innenhof,* im Sommer Schauplatz der Calderon-Festspiele, wird von spätgotischen Fachwerkbauten des 15. Jh. mit Holz-Obergeschossen und malerischen Lauben bestimmt. Von hier aus läßt sich das westliche Turmpaar des Kaiserdomes gut fotografieren! Gegenüber die imposante

**Neue Residenz** (auch Neue Hofhaltung), ein monumentaler zweiflügeliger Bau in barocker Eleganz, errichtet 1697-1703 von Johann Leonhard Dientzenhofer unter Fürstbischof Franz von Schönborn. Von den reich im Stil des 17./18. Jh. ausgestatteten Räumen sind u.a. zu besichtigen der prächtige Kaisersaal mit Fresken von Melchior Steidl (hier musizieren die Bamberger Symphoniker bei Kerzenlicht), die Kaiserzimmer, das fürstbischöfliche Appartement und die Kurfürstenzimmer. In der Residenz befindet

Das Mittelschiff des
Bamberger Kaiserdoms

Der Bamberger Reiter
im Kaiserdom

sich auch die *Staatliche Gemäldegalerie* mit Gemälden altdeutscher und barocker Meister sowie laufenden Kunstausstellungen; außerdem die *Staatsbibliothek,* berühmt wegen ihrer reichen Altbestände mit 4500 Handschriften (ab 5. Jh.) und 3400 Wiegendrucken sowie 70 000 graphischen Kunstblättern, insgesamt rund 400 000 Druckschriften (Lesesaal mit Ausstellungen). – Im anschließenden Rosengarten blühen sommertags Hunderte von Rosen zwischen barocken Götterstatuen und barock geschnittenen Buchsbaumhecken; der elegante Gartenpavillon (bewirtschaftet) mit schönem Blick auf die Stadt und das Maintal wurde 1757 nach Plänen von Johann Michael Küchel im Rokokostil erbaut. Zwischen alter Hofhaltung und Dom führt eine Gasse zu den mittelalterlichen

**Domherrenhöfen** mit wappengeschmückten Toren, alten Wehrgängen und schmucken Erkern. Ursprünglich nahmen sie fast den ganzen Domberg ein, bis sie teilweise durch die Residenzbauten des Fürstbischofs verdrängt wurden. Hier konzentrierte sich der geistliche Adel (lateinisch Curia = Hof). Später wurden einige Häuser im Barock umgestaltet oder neu errichtet. Aus dem 15. Jh. stammen die *Curia Stae. Elisabethae* (auch Meranierhof genannt) in der Domstr. 7 sowie Torbau und Kapelle der *Curia Stm. Johannis et Pauli* in der Domstr. 9. Die *Curia Sti. Hippolyti* am Domplatz 1 wurde 1734-39 von Justus Heinrich Dientzenhofer unter Mitwirkung von Balthasar Neumann erbaut. - Durch die Obere Karolinenstraße kommen Sie vorbei an dem von Johann Michael Küchel erbauten *Erzbischöflichen Palais* zur

**St. Jakobskirche** des ehem. Domnebenstifts, deren schöne Barockfassade nicht vermuten läßt, daß ihr Langhaus die ursprüngliche Romanik der 1072-1109 errichteten Säulenbasilika in reinster Form bewahrt hat; Chor und Turmoberbau stammen von 1491. Von der spätgotischen Ausstattung sind zwei Bildteppiche (1470/80) und eine Barbarastatue (um 1500) erhalten. – Vorbei an barokken Bürgerhäusern gelangen Sie zu der auf einem Hügel im Nordwesten gelegenen, sich über einer mächtigen Freitreppe präsentierenden

**St. Michaelskirche** mit der ehemaligen Benediktinerabtei. Von der hohen Terrasse hat man eine herrliche Aussicht. Die Abtei wurde von Heinrich II. 1015 gleichzeitig mit dem Dom begründet. Nach einem Erdbeben entstand unter Bischof Otto dem Heiligen 1121 ein Neubau; der Chor wurde erst in der Spätgotik vollendet. Johann Leonhard Dientzenhofer setzte 1693 vor das Turmpaar die Barockfassade, sein Bruder Johann Dientzenhofer erbaute 1723 die breite Freitreppe mit der Balustradenterrasse. Der prächtig im Barockstil geschmückte dreischiffige Kirchenraum läßt noch die romanische Basilika erkennen. Bemerkenswert ist die Gewölbebemalung mit der naturgetreuen Wiedergabe von rund 600 Heilkräutern, die schönen Barockaltäre an den Arkadenpfeilern, die herrliche Kanzel von Georg Adam Reuß (1751) und das schmiedeeiserne Gitter vor dem Chorraum mit seinem schönen Chorgestühl. Unter dem Chor befindet sich die Grabtumba des Hl. Otto († 1189) mit einem Tunnel zum Hindurchkriechen für besonders fromme Verehrer. – Die von den Brüdern Dientzenhofer erbauten Klostergebäude dienen seit der Säkularisation als Altersheim. In den weitläufigen Gartenanlagen mit Aussichtsterrasse liegt ein bewirtschafteter Pavillon. – Bergwärts erhebt sich die im 12. Jh. gegründete Michaelsberger Propstei (heute Nervenklinik)

Der Rosengarten der
Neuen Residenz in Bamberg
mit der St. Michaelskirche
im Hintergrund

**St. Getreu.** Die Barockkirche, entstanden 1670 (Schiff) und 1732 (Chor), besitzt eine reiche Ausstattung mit prächtigem Hochaltar von 1733 und bemerkenswertem Dreifaltigkeitsaltar von Georg Reuß. Die nordöstliche Seitenkapelle mit steinerner Grablegung Christi (um 1500) ist Endstation des von der St. Elisabethkirche im Sand beginnenden spätgotischen Kreuzweges. – Der Treppenweg am Katzberg führt hinunter zur Bürgerstadt, vorbei an dem weit und breit gerühmten historischen *Gasthaus Schlenkerla* (Dominikanerstraße 6) mit Ausschank des speziellen Bamberger Rauchbieres, dessen Malz auf einer Rauchdarre bereitet wird. Gemütlich sitzt man entweder in der Stube mit verräucherter Balkendecke aus dem 15. Jh. oder in der gotisch gewölbten Halle, die zu einem ehem. Dominikanerkloster des 14. Jh. gehörte. – In der Nähe die

**Dominikanerkirche** aus dem 14. Jh., heute Kulturraum der Stadt und Konzertsaal der Bamberger Symphoniker; besichtigt werden kann noch der alte Kreuzgang. – Durch die Herrenstraße kommen Sie über das Pfahlplätzchen zu der am Kaulberg gelegenen

**Oberen Pfarrkirche.** Sie ist das Hauptwerk der Gotik in Bamberg und entstand im 14. Jh. als schlichte dreischiffige Basilika mit hohem, fünfgeschossigem Turm. Bemerkenswert ist die Ehepforte (um 1360) an der Nordseite mit Darstellung der klugen und törichten Jungfrauen, der Himmelfahrt und der Krönung Mariens. Das Innere des Langhauses wurde barockisiert; erhalten blieb der gotische Chorumgang. Überaus reich ausgestattet ist der barocke Hochaltar mit Umgang und Kapellenkranz. Zu den Besonderheiten gehören auch das Gnadenbild „Maria mit dem Kind" von 1320 und der Taufstein mit Holzrelief der sieben Sakramente. – Gegenüber der Oberen Pfarrkirche steht der repräsentative

**Ebracher Hof,** erbaut 1764-66 von Johann Michael Küchel. In der Nähe, im Vorderen Bach 5, das *Haus zum Esel,* der ältere Ebracher Hof (1679-82). – Oberhalb auf der Höhe des Kaulberges das

**Karmeliterkloster.** Es entstand im frühen 12. Jh. aus einem Hospital mit Kapelle St. Theodor, das 1157 in ein Zisterzienserinnenkloster umgewandelt wurde. Nach Auflösung des Nonnenkonvents zogen 1589 Karmeliter ein. Die ursprünglich romanische Kirche mit erhaltenem Westportal wurde von Johann Leonhard Dientzenhofer 1694-1701 barock umgestaltet. Leonhard Gollwitzer und seine Söhne schufen die Fassaden- und Altarplastiken. Sehenswert ist der spätromanische Kreuzgang von 1250-1302, der größte in Deutschland, mit reichem figuralem Kapitellschmuck. – Durch die Judenstraße, in der bis Ende des 15. Jh. Juden lebten, deren Synagoge später in die jetzt profanierte Marienkapelle umgewandelt wurde, kommen Sie zum

Fischersiedlung
„Klein-Venedig“
in Bamberg

**Böttingerhaus.** Es ist das bekannteste barocke Bürgerhaus der Stadt, errichtet 1707-13 für den hochfürstlichen Geheimrat Johann Ignaz Böttinger und beherbergt heute ein stilvolles Restaurant mit gehobener Küche. Maßgerecht fügt sich das Haus in den engen Straßenwinkel ein; mit seinen reichen Ornamenten an Portalen und Fensterrahmen ist es ein wahres Schmuckstück. – In der anschließenden Concordiastraße das

**Schloß Concordia,** ein prächtiger Barockpalast, ebenfalls für den Geheimrat Böttinger erbaut, aber 1716-22 vermutlich von Johann Dientzenhofer. Unter dem Namen der Gesellschaft „Concordia" ist es seit rund hundert Jahren bekannt. Zwei rechtwinklige Flügel öffnen ihre Fronten der Regnitzseite zu, so daß das Schloß vom Mühlenwörth jenseits des Flusses besser sichtbar ist. Heute befindet sich hier ein Staatliches Forschungsinstitut für Geochemie. –In der Nähe vom Böttingerhaus erhebt sich die einst aus einem weiteren Domnebenstift entstandene

**St. Stephanskirche,** seit 1807 evangelische Pfarrkirche. Papst Benedikt III. hatte sie bei seinem Bamberg-Besuch im Jahre 1020 in Anwesenheit Kaiser Heinrichs II. geweiht. Schon 1628 barock umgestaltet, erhielt sie ihr heutiges Aussehen 1677-80 durch Barockbaumeister Antonio Petrini; die Stukkaturen schufen mehrere italienische Künstler. Aus alter Zeit stammt noch der spätromanisch-frühgotische Turm. Bemerkenswert ist die prachtvolle Barockorgel von 1695. Seit der Säkularisation ist St. Stephan die evangelische Hauptkirche Bambergs. – Nun zurück zur Oberen Brücke. Hier steht an der Grenze zwischen geistlicher und bürgerlicher Stadt das einzigartige

**Alte Rathaus** mitten im Fluß mit seinem ursprünglich gotischen Torturm. Schon 1467 auf einem Pfahlrost in der Regnitz errichtet, wurde es 1744-56 von Johann Michael Küchel barock umgestaltet. Über der mächtigen Tordurchfahrt zeigen sich in feinstem mainfränkischem Rokoko das geschweifte Mansardendach mit krönendem Laternentürmchen und die beiden schmucken Balkone auf beiden Seiten; originell das wie angeklebt aussehende Torhaus über der Regnitz mit schönem gotischem Fachwerk, das sogenannte Rottmeisterhaus. Sehenswert auch im 1. Obergeschoß des Rathauses der Sitzungssaal mit Stukkaturen, Gemälden und Holzschnitzereien.

**Obere und Untere Brücke.** Eine erste Holzbrücke ist 1157 bezeugt, dürfte aber schon früher vorhanden gewesen sein. 1452-56 erfolgte eine umfassende Erneuerung. 1945 wurde sie durch Sprengung des östlichen Bogens stark geschädigt, blieb aber nach Wiederherstellung im Mauerkörper unverändert. Auf der *Oberen Brücke* befindet sich am östlichen Brückenpfeiler eine große Kreuzigungsgruppe von Leonhard Gollwitzer (1715); am westlichen

Brückenende der Rathausbrunnen (1730, Kopie 1922) mit meranischem Adler. Von der *Unteren Brücke* mit dem überlebensgroßen Standbild der lächelnden Kaiserin Kunigunde von J. Peter Benkert (1744/45) hat man einen besonders schönen Blick auf die malerische Fischersiedlung *Klein-Venedig* am rechten Regnitzufer. Die Kleinhausbebauung an der Fischerei, darunter das alte Haus der Fischerzunft, geht bis in das 14. Jh. zurück.

**Schloß Geyerswörth** (1585-89), von der Oberen Brücke gut sichtbar, ist ein ehemaliges fürstbischöfliches Wasserschloß auf der gleichnamigen Flußinsel mit schönem Renaissancehof und beherbergt heute das Rathaus II. – Der prächtig ausgemalte Renaissancesaal dient seit seiner Renovierung 1984 als Empfangssaal der Stadt. Vom Turm (Schlüssel auf Anfrage im Schloß erhältlich) hat man einen herrlichen Blick auf die Altstadt. In der Nähe das kleine schmalbrüstige

**E.T.A.-Hoffmann-Haus** (Schillerplatz 26), in dem E.T.A. Hoffmann 1809-13 als Schriftsteller, Zeichner, Komponist und Kapellmeister lebte (Gedenkstätte mit Erinnerungen und Dichterstübchen). Gegenüber (Schillerlatz 7) das nach ihm benannte E.T.A.-Hoffmann-Theater. – Nicht weit das

**Haus am Eck** (Nonnenbrücke 1), das von Justus Heinrich Dientzenhofer 1744 selbsterbaute Wohnhaus.

**Grüner Markt.** Sie erreichen ihn von der Oberen Brücke über den Obstmarkt. Er ist der älteste Platz in der Bürgerstadt zwischen den beiden Flußarmen und wurde früher im Süden von der nach Kriegszerstörung abgetragenen spätgotischen Alten Maut begrenzt. Wahrzeichen ist der barocke Marktbrunnen, von den Bambergern „Gabelmann" genannt, mit originellem Neptun über kurvigem Becken, ein Werk des Bildhauers Johann Kaspar Metzner von 1689. Unter den Barockhäusern (Nr. 22, 31) gefällt besonders das Raulinohaus (Nr. 14) von 1709-11, ein reich gegliederter dreigeschossiger Quaderbau. Ein gut erhaltener, zumeist barokker Straßenzug ist auch die von dem Grünen Markt ausgehende Lange Straße. – Beherrschend jedoch ist die Schaufassade der

**St. Martinskirche.** Sie wurde als ehemalige Jesuitenkirche von Georg und Johann Leonhard Dientzhofer 1685-93 errichtet und gilt als schönste Barockkirche der Stadt. Der mächtige Hochaltar von 1701 und die beiden dazu passenden großen Seitenaltäre bilden zusammen mit der kunstvollen Kanzel eine harmonische Einheit, geschaffen von dem italienischen Stukkator Giov. Batt. Brenno; der rechte Seitenaltar bewahrt eine gotische Pieta aus der Zeit um 1340. Architektonisch eindrucksvoll ist das mit einer Scheinkuppel bemalte Mittelgewölbe von Giov. F. Marchini. – Anschließend das ehem. *Jesuitenkolleg* mit schönem Innenhof, erbaut 1696-1735 von Johann Leonhard Dientzenhofer, heute Teil der

Torturm des
Alten Rathauses
in Bamberg

St. Martinskirche
in Bamberg

Scheinkuppel im Mittelgewölbe der St. Martinskirche

*Universität;* im Gebäudetrakt Fleischstraße 2 das 1706 gegründete *Naturkundemuseum* mit umfangreichen Sammlungen über Zoologie, Botanik, Geologie und Mineralogie. – Nach dem Grünen Markt der

**Maximiliansplatz,** auf dem die Bamberger ihren Gemüse- und Blumenmarkt abhalten, benannt nach dem Bayernkönig, an den der 1880 von Ferdinand Miller geschaffene *Maximiliansbrunnen* mit dem Bronzestandbild König Max Josephs erinnert; Reliefs zeigen Kaiser Heinrich II. und seine Gemahlin Kunigunde, Bischof Otto den Heiligen und König Konrad III. Hier steht das *Neue Rathaus* mit prächtiger Barockfassade, erbaut 1732-37 von Justus Heinrich Dientzenhofer nach Plänen von Balthasar Neumann ursprünglich als Priesterseminar. Gegenüber das ehem. *Katharinenhospital* (1729-37), ebenfalls von J. H. Dientzenhofer und B. Neumann. Früher stand auf dem Maximiliansplatz auch noch die spätgotische Martinskirche, die 1804 abgebrochen wurde. – In der nahen Hauptwachstraße 16 befindet sich in der *Alten Hauptwache,* einem frühklassizistischen Bau von 1774, das *Städtische Fremdenverkehrsamt.* – Jenseits des Rhein-Main-Donau-Kanals, der hier aus dem rechten Regnitzarm gebildet wurde, steht in der Theuerstadt in Bahnhofsnähe (Obere Königstraße/Theuerstraße) die ehemalige Kollegiatsstiftskirche

**St. Gangolf.** Sie wurde ursprünglich im 11. Jh. als romanische Pfeilerbasilika mit zwei Türmen erbaut, im 15. Jh. erweitert und Mitte des 18. Jh. von Johann Georg Mutschele und seinen Söhnen reich im Rokokostil ausgestattet mit prächtigem Baldachin-Hochaltar, schönen Seitenaltären und kunstvollem Chorgestühl. Falls verschlossen empfiehlt sich Kontaktaufnahme mit dem Pfarrbüro im Pfarrhaus. – In der Nähe nordwestlich das

**Gärtner- und Häckermuseum** (Mittelstraße 34). In einem alten eingerichteten Gärtnerhaus mit Hausgarten im Stil der Jahrhundertwende werden Arbeitswelt und Brauchtum der Bamberger Gärtner und Häcker gezeigt. – Durch die Spital- und Klosterstraße kommen Sie zur

**Heiliggrabkirche.** Der einschiffige massive Quaderbau aus dem 14. Jh. mit reichen spätgotischen Netzgewölben gehörte einst zu einem Dominikanerinnenkloster, das nach der Säkularisation zusammen mit der Kirche profaniert wurde; im Jahre 1926 gelangte die Kirche an die Dominikanerinnen zurück. – Vom nahe gelegenen Hauptbahnhof können Sie mit dem Bus zum Maximiliansplatz zurückfahren.

**Weitere Kirchen:** *Elisabethkirche* im Sand aus dem 14. Jh., 1826 profaniert und 1888 wieder eingerichtet; vor der Kirche die erste Station des spätgotischen Kreuzgangs zur Kirche St. Getreu. – *Kirche der Englischen Fräulein* am Holzmarkt aus dem 18. Jh., ein schlichter Rechtecksaal mit eingezogenem Chor. – *Friedhofkapelle* (Gönningerkapelle) im Friedhof an der Siechenstraße, Stiftung des Bürgers J. J. Gönninger von 1767 nach dem Vorbild der Einsiedelner Gnadenkapelle.

**Moderne Kirchen:** *Ottokirche* im Gärtnerviertel an der Hallstadter Straße mit hohem Turm, erbaut von Otto Orlando Kurz 1912-14. – *Heinrichskirche* im Bamberg-Ost von Michael Kurz 1927-29. – *Erlöserkirche* am Kunigundendamm, ein Zehneck mit freistehendem Glockenturm von German Bestelmeyer 1930-34. – *Kunigundenkirche* in der östlichen Gartenvorstadt von Josef Lorenz 1953.

**Auskunft:** Städt. Fremdenverkehrsamt, Hauptwachstr. 16, 8600 Bamberg. Organisation von Stadtführungen.
**Verkehr:** Autobahnanschluß zur A-70 (Schweinfurt/Werneck-Dreieck Bayreuth/Kulmbach), Autobahnanschluß zur A-73 nach Fürth/Nürnberg, Autobahnanschluß zur A-3 (Frankfurt-Nürnberg) bei Höchstadt a.d.A. 20km. Schnittpunkt der B-4 (Forchheim-Coburg), B-22 (Würzburg-Ebrach-Bayreuth). Ausgangspunkt der B-26 nach Schweinfurt, B-173 nach Kronach, 279 Neustadt a.d. Saale. Bahnstation. – Schiffsanlegestelle. – Sportflugplatz. – Bus-Stadtverkehr.
**Parkmöglichkeiten:** Parkplatz oder Tiefgarage Maximiliansplatz, neue Tiefgarage „Altstadt Geyerswörth" (vom ADAC wegen vorbildlicher Gestaltung gelobt).
**Personenschiffahrt:** Auf Regnitz und Main. Tagesfahrten und Hafenrundfahrten. Vorverkauf Bamberger Veranstaltungsdienst, Lange Straße 24 und Personenschifffahrt F. Kropf, Kapuzinerstr. 5.

Altdorf am Südrand der Frankenalb
gehört zu den ältesten Orten der Region

**Hobby und Sport:** Freischwimmbäder im Stadion, Pödeldorfer Straße und im Stadtteil Gaustadt. Hallenschwimmbad am Margarethendamm. – Angeln, Minigolf, Reiten, Segel- und Motorfliegen, Tennis. 4 Waldsportpfade (Hauptsmoorwald, Michelsbergerwald, Bruderwald, Hain). Golfanlage im Hauptsmoorwald.
**Veranstaltungen:** Konzerte der Bamberger Symphoniker, Kammermusikabende im Kaisersaal und im Böttingerhaus. Stadttheater (E.T.A.-Hoffmann-Theater, Schillerplatz 7) mit eigenem Ensemble und Gastspielen. Freilichtaufführungen „Calderon- Festspiele" des E.T.A.-Hoffmann-Theaters im Juni und Juli im Innenhof der Alten Hofhaltung. – Kirchweih im August im Stadtteil Sand mit Illumination der Regnitz. – Kartenvorverkauf Bamberger Veranstaltungsdienst, Lange Straße 24.
**Spezialitäten:** Bamberger Radieschen und Spargel, Bamberger Bratwürstchen mit Kren (Meerrettich), Blaue Wurst (sauer eingelegt), Bamberger Zwiebel (große ausgehöhlte Zwiebel gefüllt mit gewürztem Hackfleisch). Aischgründer Karpfen, Blätterteiggebäck „Hörnla". - In Bamberg gibt es noch zehn eigenständige Privatbrauereien, mit jeweils durchschnittlich drei verschiedenen Biersorten. Am bekanntesten ist das dunkelbraune Rauchbier, dessen Grünmalz im Rauch von Buchenfeuer getrocknet wird. Im Sommer trinkt man das Bier gern draußen in einem der vielen Biergärten, genannt „Bierkeller", weil sie sich über dem Lagerkeller der Brauereien befinden. Nach altem Recht darf der Gast seine Brotzeit in die Brauereigaststätten mitbringen und dort verzehren.

**Restaurants mit historischer Note und Lakalkolorit:**
**Böttingerhaus,** Judenstr. 14. Barockbau von 1713. Feinschmeckerrestaurant.
**Weinhaus Messerschmitt,** Lange Str. 41. Fränkische Küche (u.a. Main-Aal in Salbei)
**St. Nepomuk,** Obere Mühlbrücke 9. Regionale Spezialitäten.
**Brauerei-Ausschank Schlenkerle,** Dominikanerstr. 6. Spezialität: Rauchbier.
**Wilde Rose,** Keßlerstr. 7. Fränkische Küche.
**Würzburger Weinstube,** Zinkenwörth 6. Fränkische Küche.

**Museen und Sammlungen:**
Auskunft über Öffnungszeiten durch das Verkehrsamt

**Diözesanmuseum** mit Domschatz im Kapitelhaus des Kaiserdoms, Domplatz 5.
**Historisches Museum der Stadt Bamberg** mit kultur- und kunstgeschichtlichen Sammlungen, Alte Hofhaltung, Domplatz 7.
**Staatliche Gemäldegalerie** im Gebsattelbau der Neuen Residenz, Domplatz 8, mit Bildern altdeutscher und barocker Meister.
**Staatsbibliothek,** Neue Residenz, Domplatz 8 mit 400 000 Druckwerken, davon 70 000 graph. Kunstblätter, 3400 Wiegendrucke, 4500 Handschriften.
**E.T.A.-Hoffmann-Wohnhaus,** Schillerplatz 26 mit Dichterstübchen und Erinnerungsstücken.
**Naturkundemuseum,** Fleischstr. 2 mit Sammlungen über Zoologie, Botanik, Geologie und Mineralogie.
**Gärtner- und Häckermuseum,** Mittelstr. 34. Lebensweise, Brauchtum und Arbeitswelt der Bamberger Gärtner und Häcker.
**Karl-May-Museum,** Hainstr. 11. Gedächtnisstätte in Verbindung mit dem in Bamberg ansässigen Karl-May-Verlag.

**Fränkisches Brauereimuseum** in der ehemaligen Klosteranlage Michelsberg.
**Feuerwehrmuseum,** Fürstbischöfliches Jagdzeughaus, Siechenstr. 75
**Missionsmuseum Bug,** Schloßstr. 30. Begegnung mit Kultur und Christentum in Indien und Südamerika.
**Stadtarchiv,** Franz-Ludwig-Str. 7 c. Mit historischen Sammlungen und genealogischer Kartei.
**Staatsarchiv,** Hainstr. 39. Mit Archivalien des ehem. Hochstifts Bamberg.
**Dr.-Remeis-Sternwarte,** Astronomisches Institut der Universität Erlangen-Nürnberg, Sternwartestr. 7.

**Naherholungsgebiete:**
**1. Naherholungszentrum Hain** mit altem Baumbestand und Botanischem Garten.
**2.** Grünanlagen und Uferwege am **Rhein-Main-Donau-Kanal** vom Hafen bis zum Hain.
**3. Aussichtshöhen mit Gaststätten** Michaelsberg, Bergschlößchen, Villa Remeis, Stephansberg, Kaulberg, Jakobsberg (die letzten drei mit Bierkellern).

**Wanderungen und Ausflüge:**
**1. Altenburg** (386m) südwestlich dem Domberg. Zu Fuß ½ Std., mit dem Wagen auf der Altenburger Straße steil bergauf. 1109 erstmals bezeugt, vom 13.-15. Jh. fürstbischöfiche Burg, aussichtsreicher, 33m hoher Bergfried, Pallas (Neubau von 1901) mit Gaststätte. Vor der Burg eine Kreuzigungsgruppe von Georg Adam Reuß.

**2. Bug,** ehem. fürstbischöfliches Jagdschlößchen von 1773 mit Gasthaus und Café, zu Fuß ½ Std. südlich durch den Hain über die Regnitz.

**3. Stegaurach,** 6km südwestlich an der B-22. Barockkirche und -kapelle, ehem. Böttinger-Landhaus von Joh. Dientzenhofer (1725), Gasthaus und Karpfenweiher.

**4. Buttenheim,** 12km südöstlich über die B-4 oder Autobahn. Rokokokirche von Johann Michael Küchel (1754-57; in der Turmkapelle Grabstein der Elisabeth von Stibar († 1507) von Tilmann Riemenschneider.– Nordöstlich 4km über **Gunzendorf** (Privatbrauerei-Gasthof) liegt landschaftlich reizvoll die **Senftenberger Kapelle** von 1728 anstelle der 1525 im Bauernkrieg zerstörten Burg Obersenftenberg; daneben der Senftenberger Sommerkeller mit Bierausschank und Bänken unter schattigen Bäumen. – Nördlich 5km über Segendorf und **Friesen** (Privatbrauerei-Gasthof; Wanderparkplatz am Ortsende) die aussichtsreiche **Friesener Warte** (562m); in der Nähe ein Segelflugplatz.

**5. Schloß Seehof,** 5km nordöstlich. Repräsentatives, eindrucksvolles Barockschloß mit 4 Ecktürmen, erbaut als fürstbischöflich-bambergisches Amtsschloß von Antoni Petrini 1684-95 (jüngst restauriert). Der vierflügelige Bau umschließt einen quadratischen Innenhof. Die Orangerie baute Justus Heinrich Dientzenhofer 1738 nach Plänen von Balthasar Neumann. Der anschließende Park war einst ein kunstvoller Garten mit 400 Figuren aus der griechischen Götterwelt. Heute ist das Schloß Sitz des Landesdenkmalschutzamtes. Weiter nach **Memmelsdorf, Burgruine Giech, Scheßlitz** ––→ Route 1 Seite 54.

Die Schloßkirche in Bayreuth
dient heute als katholische Pfarrkirche

Wahrzeichen von Hollfeld
ist die St. Gangolfskirche

# BAYREUTH

*Kreisfreie Stadt und Sitz des Landkreises, 342 m, 73 000 Einw.*

Bayreuth, Regierungsbezirkshauptstadt von Oberfranken, erstreckt sich im weiten Tal des Roten Mains zwischen Fichtelgebirge und Fränkischer Schweiz. Die ehemals markgräfliche Residenz (1603-1769) ist durch die seit 1876 stattfindenden Richard-Wagner-Festspiele weltberühmt geworden. Bayreuth ist wirtschaftliches Zentrum Nordost-Bayerns und verfügt seit 1975 über eine Universität mit Schwerpunkt Naturwissenschaften. Neben den Regierungsbehörden haben hier die Industrie- und Handelskammer für Oberfranken, die Handwerkskammer, die Landesversicherungsanstalt für Ober- und Mittelfranken und mehrere Gerichte ihren Sitz. Bedeutende Wirtschaftszweige sind Textilindustrie, Maschinenbau, Eisengießerei, Zigarettenindustrie, Braugewerbe, Porzellanherstellung, Musikinstrumente, Rundfunk- und Fernsehgeräte, optische Erzeugnisse sowie der Fremdenverkehr mit etwa 300 000 Übernachtungen im Jahr.

**Blick in die Geschichte:**

„Baierrute" (= Rodung der Baiern) wurde erstmals urkundlich 1194 genannt und 1231 als Stadt (civitas) bezeichnet, doch erfolgte die Gründung durch die Grafen von Dießen und Andechs, den späteren Herzögen von Meranien, wahrscheinlich um die Mitte des 12. Jh. Nach dem Tod des letzten Meranier-Herzogs Otto VIII. kam Bayreuth 1248 im Erbgang an die Hohenzollerschen Burggrafen von Nürnberg, den späteren Markgrafen von Brandenburg. Sie verliehen der Stadt 1283 das Zoll- und 1361 das Münzrecht. Mit dem Aussterben der Orlamünder Grafen fiel ihnen 1340 auch noch die Herrschaft Plassenburg mit Kulmbach zu. Im Hussitenkrieg wurde Bayreuth 1430 nahezu vernichtet. 1529 führte Markgraf Georg der Fromme die Reformation ein. Als Markgraf Christian 1603 seine Residenz von Kulmbach nach Bayreuth verlegte, begann der Aufstieg für die Stadt. Rückschläge brachten die Zerstörungen im 30-jährigen Krieg.

Unter der Regierung des Markgrafen Friedrich (1735-1763) und seiner kunstsinnigen Gemahlin Wilhelmine, Schwester Friedrich des Großen, erlebte Bayreuth eine neue kulturelle Blütezeit. Es entstanden viele Barock- und Rokokobauten. Mit dem Erlöschen der Bayreuther Hohenzollerlinie fiel die Markgrafschaft 1769 an Ansbach. 1791 trat der letzte Markgraf Alexander seine beiden Fürstentümer Ansbach und Bayreuth an den preußischen König Friedrich Wilhelm II. ab, dessen Herrschaft mit der napoleonischen Besetzung endete: Durch den Staatsvertrag von Paris kam das ehemalige Markgrafentum 1810 zu Bayern. 1945 wurde die Stadt durch Bombenangriffe stark getroffen. Seit 1949 ist Bayreuth Regierungssitz für den Bezirk Oberfranken.

Dichter und Denker haben sich in Bayreuth stets wohlgefühlt. Seit 1741 befindet sich hier ein geistiges Zentrum deutscher Freimaurer: Die St. Johannis-Loge „Eleusis zur Verschwiegenheit" zählt zu den ältesten Logen Deutschlands. 1806 wurde in Bayreuth der Philosoph und Schriftsteller Johann Caspar Schmidt, genannt Max Stirner, geboren; mit seinem Hauptwerk „Der Einzige und sein Eigentum" wurde er ein Vorläufer Friedrich Nietzsches (er starb 1856 in Berlin). Von 1804 lebte der Dichter Jean Paul bis zu seinem Tode 1825 in dieser Stadt. 1872 erklärte der Dichterkomponist Richard Wagner Bayreuth zu seiner Wahlheimat: Auf dem „Grünen Hügel" errichtete er das Festspielhaus, das am 13. August 1876 mit einer Aufführung des „Rheingold" eröffnet wurde. Nach seinem Tode führten zunächst seine Witwe Cosima (Tochter des Komponisten Franz Liszt), dann sein Sohn Siegfried und dessen Frau Winifred die Tradition fort. Es folgten die Enkel Wieland und Wolfgang; seit Wielands Tod 1966 verwaltet Wolfgang Wagner allein das Erbe des großen Meisters in der dritten Generation.

Schon zur Markgrafenzeit hatte Bayreuth eine Universität. Sie wurde 1741 von Markgraf Friedrich gegründet, aber schon bald nach Erlangen verlegt. Im Dezember 1971 beschloß der Bayerische Landtag, in Bayreuth wieder eine Universität als wissenschaftliche Hochschule mit Forschungs- und Lehrbetrieb zu errichten. Sie nahm als 7. bayerische Landesuniversität 1975 ihren Betrieb auf und ist auf 5000 Studienplätze zugeschnitten. Neben den fünf Fakultäten Mathematik/Physik, Biologie/Chemie/Geowissenschaften, Rechts- und Wirtschaftswissenschaften, Sprach- und Literaturwissenschaften sowie Kulturwissenschaften werden auch spezielle Diplom-, Magister- und Lehramtsstudiergänge angeboten. Die Gebäude liegen, vom Zentrum leicht erreichbar, am südöstlichen Stadtrand in freier Landschaft.

**Stadtbesichtigung:**

Vom Bahnhofsplatz führt nach Norden die Bürgerreuther Straße zum 900 m entfernten „Grünen Hügel" mit dem

**Festspielhaus.** Es wurde 1872-76 nach Ideen Richard Wagners errichtet. Der nüchtern wirkende Backsteinbau zeichnet sich durch eine unvergleichliche Akustik aus. Nach dem Vorbild der Antike steigen die Sitzreihen amphitheatralisch an. Das Orchester ist versenkt und dadurch den Blicken der Zuschauer entzogen. Richard Wagner hatte gefordert, nichts dürfe vom Bühnengeschehen ablenken, auch nicht der „technische Herd der Musik". Die Verwirklichung dieses Gedankens war eine Sensation. Und noch heute ist jeder beeindruckt, der zum ersten Mal die Musik aus dem „mystischen Abgrund" (Wagner) hört. Die Richard-Wagner-Fest-

Das Festspielhaus Bayreuth
besitzt eine hervorragende Akustik

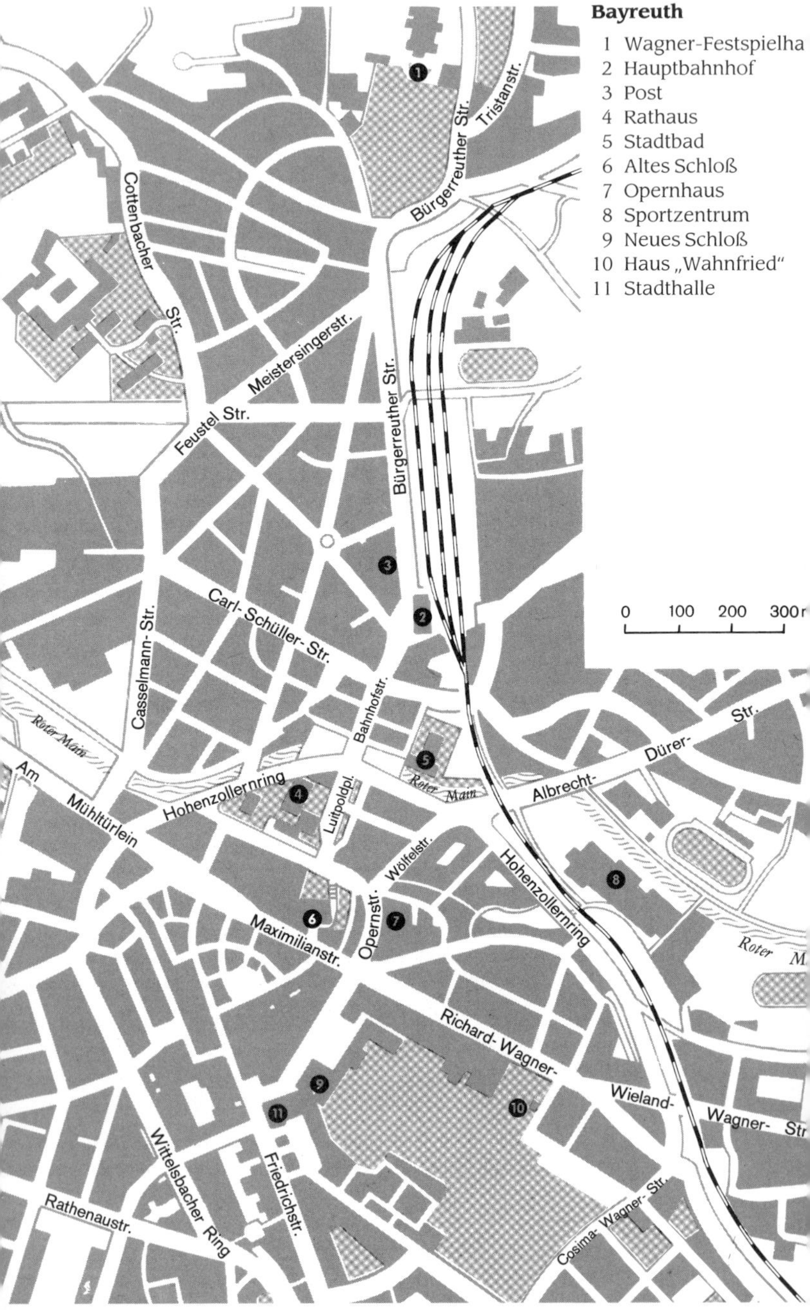
Bayreuth
1 Wagner-Festspielha
2 Hauptbahnhof
3 Post
4 Rathaus
5 Stadtbad
6 Altes Schloß
7 Opernhaus
8 Sportzentrum
9 Neues Schloß
10 Haus „Wahnfried"
11 Stadthalle
0 100 200 300
Bürgerreuther Str.
Tristanstr.
Cottenbacher Str.
Meistersingerstr.
Feustel Str.
Carl-Schüller-Str.
Casselmann-Str.
Bahnhofstr.
Roter Main
Am Mühltürlein
Hohenzollernring
Luitpoldpl.
Albrecht-Dürer-Str.
Wölfelstr.
Opernstr.
Maximilianstr.
Richard-Wagner-
Wieland-Wagner-Str
Wittelsbacher Ring
Friedrichstr.
Rathenaustr.
Cosima-Wagner-Str.

spiele beginnen im letzten Drittel des Juli und dauern bis Ende August. Sie bringen mit wechselndem Spielplan in jeder Saison 30 Aufführungen vor jeweils 1900 Besuchern. Gewöhnlich sind die Karten schon Monate vorher ausverkauft; der Vorverkauf erfolgt ab Mitte November über das Kartenbüro des Festspielhauses. Im Rahmen einer Führung kann das Festspielhaus besichtigt werden (außer montags, in der Festspielzeit eingeschränkt). Zu beiden Seiten der Auffahrt befinden sich gepflegte Parkanlagen. – Oberhalb des Festspielhauses erhebt sich auf einer Anhöhe die *Hohe Warte* (463 m), ein 1871 errichteter Siegesturm mit herrlichem Ausblick auf die Stadt.

Vom Bahnhofsplatz nach Süden kommen Sie über den Roten Main zum Luitpoldplatz. Hier steht als Wahrzeichen des modernen Bayreuth das

**Neue Rathaus.** Das 12-stöckige Gebäude wurde 1972 anstelle des im Krieg zerstörten Palais Reitzenstein errichtet. Täglich erklingt um 10, 12 und 16.00 Uhr das Glockenspiel. Schön ist der Blick von der Dachterrasse, nach Süden sieht man das Alte Schloß mit dem Achteckturm. – Nun durch die Opernstraße zum

**Markgräflichen Opernhaus.** Die zwischen Bürgerhäusern eingefügte dreigeschossige Fassade läßt kaum vermuten, daß sich dahinter eines der schönsten Opernhäuser Europas verbirgt. Es wurde 1745-48 auf Anregung der Markgräfin Wilhelmine von dem Hofbaumeister Joseph St. Pierre errichtet. Die Innenausstattung des Logentheaters mit überwältigendem Prunk im Stil des italienischen Spätbarock schuf der aus Bologna stammende Theaterarchitekt Giuseppe Galli-Bibiena mit seinem Sohn Carlo. Beeindruckend auch die Perspektivbühne mit ihrer gewaltigen Tiefe. Durch dieses Theater ließ sich Richard Wagner anregen, in Bayreuth seine Festspielgedanken zu verwirklichen; anläßlich der Grundsteinlegung zum Festspielhaus dirigierte er hier 1872 Beethovens Neunte Symphonie. Während der „Fränkischen Festwoche" Ende Mai/Anfang Juni gastiert hier die Bayerische Staatsoper München. Täglich außer montags werden Führungen veranstaltet. Die ehemalige Redoute nebenan dient heute als Operncafé. – Gegenüber steht der *Wittelsbacher Brunnen* von 1910; auf dem nahen Sternplatz der *Reiterbrunnen* von 1922 zum Gedächtnis der Gefallenen eines Chevauleger-Regiments. – Rechts an der Maximilianstraße das

**Alte Schloß,** das sich mit seinen Flügeln um einen zur Straße offenen Ehrenhof gruppiert und heute als Finanzamt dient. Schon im 14. Jh. befand sich hier eine Burganlage, die in der Folgezeit mehrfach umgebaut wurde, besonders nach dem Schloßbrand von 1753. Wahrzeichen ist der mächtige Achteckturm, erbaut

aptemintrantlbVs Bene DICta sit SanCta et InDIVIDVa trInItas
1725

oben: Gößweinstein mit
Wallfahrtskirche und Burg

unten: Perspektivisches Torgitter
an der Dreifaltigkeitskapelle

**Das zwölfstöckige Neue Rathaus in Bayreuth**

565/66 von Caspar Vischer. Als Kuriosität führt im Innern eine Wendelbahn empor, so daß man in Notzeiten gleich samt Geschützen bis zur Dachgalerie emporreiten konnte. Originell sind auch die mehr als 60 Kopfmedaillons über den Erdgeschoßfenstern an den Fassaden um den Ehrenhof; sie stammen teils von Elias Räntz (1712). Das Bronzestandbild König Maximilians II. wurde 1864 errichtet. – Zum Komplex des Alten Schloßes gehört auch die

**Schloßkirche.** Nach dem Schloßbrand wurde sie 1753-56 von Joseph St. Pierre errichtet; seit 1812 dient sie als katholische Pfarrkirche. Unter der Orgelempore befindet sich die vermutlich von Philip Gontard um 1760 gestaltete Fürstengruft mit den Marmorsarkophagen des Markgrafenpaares Friedrich und Wilhelmine sowie deren Tochter Elisabeth Friederike. Die heiteren Rokoko-Skulpturen schuf um 1755 Jean Baptiste Pedrozzi. Unmittelbar an die Schloßkirche angebaut das

**Gontard-Haus,** errichtet 1759-61 von dem Hofarchitekten Philip Gontard als eigenes Wohnhaus. Die Innenräume sind mit Stukkaturen von Jean Baptiste Pedrozzi und Deckengemälden von Wilhelm Ernst Wunder ausgeschmückt. Daneben das *Palais d'Adhemar,* 1759 von Gontard erbaut. Zwischen beiden Gebäuden führt eine breite Treppe zum Luitpoldplatz. – Die geräumige

**Maximilianstraße,** von den Bayreuthern „Maxstraße" genannt, weitet sich zu einem typisch altbayerischen langgezogenen Straßenmarkt, in dessen Mitte einst das Rathaus stand. An dem Haus Nr. 31 erinnert eine Gedenktafel an das Geburtshaus des Philosophen *Max Stirner,* das einem Neubau weichen mußte. Daneben, getrennt durch die Brautgasse (reizvoll ist der fotogene Blick durch die Brautgasse auf die Türme der Stadtkirche) das *Alte Rathaus* aus dem 17. Jh. mit eleganten Erkern und dem Bayreuther Stadtwappen über dem Hauptportal. Schräg gegenüber der *Famabrunnen* mit geflügeltem Ruhmesengel (1708 von Elias Räntz) und der *Herkulesbrunnen* (1676 von Georg Wieshack nach einem Entwurf von Elias Gedeler; die Brunnenfigur ist eine Kopie von 1926). Auf der gleichen Seite Ecke Sophienstraße folgt die *Mohrenapotheke* von 1610: Sie hat den schönsten Erker der Stadt, einen zweistöckigen Polygonalerker mit barocker Haube. Bemerkenswert auch das Relief eines geflügelten Greifen mit Mörser, das reiche Blendmaßwerk und der nachgotische Sturzrippenlauf. Gegenüber der *Neptunbrunnen* (1755 von Johann Gabriel Räntz). Den unteren Straßenmarkt schließt harmonisch die evangelische

**Spitalkirche** mit ihrer schönen Fassade und dem kunstvollen Turm ab. Erbaut 1748-50 nach Plänen von Joseph St. Pierre, besitzt sie Stukkaturen von Rudolf Albini, ein bedeutendes Deckengemälde von Johann Benjamin Müller (1750), 30 Gemälde (um 1630) an den Emporbrüstungen nach Motiven von Dürers Kleiner Passion sowie einen schönen Kanzelaltar von Johann Gabriel Räntz.

Von der Spitalkirche führt die Untere Maximilianstraße über die Erlanger Straße zur **Friedhofskirche,** 1779-81 anstelle einer Kapelle des 16. Jh. von Johann Gottlieb Riedel erbaut. Der Orgelprospekt, 1748 von Johann Gabriel Räntz gefertigt, stammt ursprünglich aus der Spitalkirche. Sehenswert sind die Grabdenkmäler an den Innen- und Außenmauern der Kirche. Der stimmungsvolle **Friedhof** mit altem Baumbestand bewahrt die Gräber von Franz Liszt, Jean Paul Friedrich Richter und seinem Sohn Max Emanuel, Siegfried und Wieland Wagner, Houston Stewart Chamberlain (Schwiegersohn Richard Wagners) und das Mausoleum des Herzogs Alexander von Württemberg.

Von der Mohrenapotheke in der Maximilianstraße kommen Sie durch die Sophienstraße und Kanzleistraße in den ältesten Teil der Stadt, zur evangelischen

**Stadtkirche zur Heiligen Dreifaltigkeit,** bis 1619 St. Maria Magdalena. Ihre über 50m hohen Doppeltürme mit den Barockhauben prägen weithin die Silhouette der Stadt. Die dreischiffige Pfeilerbasilika wurde um 1380 errichtet, nach Zerstörungen durch Hussiten 1430 erneuert und nach einem Brand 1611-14 wieder hergestellt. Bemerkenswert das spätgotische Hauptportal und das sogenannte Brauttürchen in zierlicher Renaissance. Der prächtige Hochaltar von 1615 ist eine Stiftung der Markgräfin Maria. Darunter befindet sich die Fürstengruft mit 26 Sarkophagen der markgräflichen Familie. Vor der Stadtkirche der *Obeliskenbrunnen* (1787) von Franz Peter Schuh. – In der nahen Kirchgasse 8 liegt das bekannte *Künstlerlokal „Die Eule",* zur Festspielzeit ein internationaler Treffpunkt. Die Wände des Restaurants sind mit zahlreichen interessanten Künstlerfotos geschmückt. – Verlängerung der Sophienstraße ist die

**Friedrichstraße,** die eigentliche Prachtstraße des markgräflichen Bayreuth. Markgraf Friedrich ließ sie ab 1732 von seinen Hofarchitekten Gontard, Grael, Räntz, Richter und St. Pierre anlegen, und innerhalb von 25 Jahren entstand wie aus einem Guß eine Doppelreihe schöner barocker Adels-Bürgerhäuser. Haus Nr. 5 ist das ehemalige *Jean-Paul-Wohnhaus* (jetzt Jean-Paul-Apotheke; Inschrifttafel), erbaut 1740-50 von St. Pierre. Die Friedrichstraße weitet sich zum Jean-Paul-Platz mit dem *Jean-Paul-Standbild* (1841 von Ludwig Schwanthaler), dem ehemaligen *Waisenhaus* (1732 von David und Gabriel Räntz, heute Verwaltungsgebäude) und der *Stadthalle,* 1747/48 als markgräfliche Reithalle von St. Pierre errichtet, 1935/36 zu einer Festhalle umgebaut, nach Zerstörungen 1945 unter Einbeziehung der erhaltenen Außenmauern und des Portalvorbaues zu einem 1965 eingeweihten Theaterneubau umgewandelt mit Großem Haus, Kleinem Haus und Balkonsaal. Daneben das originelle *Storchenhaus* aus der Zeit um 1740. – Nun durch die Ludwigstraße zum ehemaligen

Neptunbrunnen und Spitalkirche
in Bayreuth

**Ellrodt'schen Palais** links schräg gegenüber dem Neuen Schloß, heute Behördensitz, erbaut 1761/62 von Philip Gontard als repräsentatives Adelshaus. Bemerkenswert der Balkon auf vier toskanischen Säulen. Es folgt das *Regierungsgebäude Oberfranken,* Teil des Komplexes der *ehem. Markgräflichen Kanzlei* von 1621, seitdem mehrfach erweitert und im 19. Jh. sehr verändert; ältester Teil ist das von der Kanzleistraße zugängliche Mittelportal. – Vor dem Neuen Schloß der

**Markgrafenbrunnen** mit dem hochthronenden Reiterstandbild des Türkenbezwingers Markgraf Christian Ernst; darunter versinnbildlichen vier Reitergruppen die vier Erdteile (Australien war damals noch nicht entdeckt) und vier Wasserstrahlen die vier Fichtelgebirgsflüsse Main, Saale, Eger und Naab. Der Brunnen wurde 1700 von Elias Räntz geschaffen und hatte bis 1748 seinen Platz im Ehrenhof des Alten Schlosses. – Das

**Neue Schloß** entstand im Auftrag der Markgräfin Wilhelmine nach dem Brand des Alten Schlosses. Böse Zungen behaupten, Markgraf Friedrich habe selbst das Feuer gelegt, um seiner Gemahlin den Wunsch nach einem neuen Schloß zu erfüllen. Der sparsame Preußenkönig Friedrich II. hatte jedoch seiner Schwester Wilhelmine geraten, sich bei dem Bau von Prunkschlössern etwas mehr Zurückhaltung aufzuerlegen, zumal gerade das Neue Schloß in der Eremitage vollendet war. So wurde der langgestreckte Hauptkomplex 1753-55 von Joseph St. Pierre auf dem Gelände der ehemaligen Reitbahn aus Gründen der Sparsamkeit unter Einbeziehung der bereits von ihm errichteten Bauten Haag'sches Haus, Predigerhaus, Reformierte Kirche und Palais Meyern erbaut. 1757 wurde der Südflügel weitergeführt. Nach dem Tode der Markgräfin Wilhelmine 1758 ließ Markgraf Friedrich für seine zweite Gemahlin, Sophie Caroline von Braunschweig-Wolfenbüttel, 1759 hinter dem Südflügel ein Gartenschlößchen errichten, den „Italienischen Bau", der nach dem Tode des Markgrafen Friedrich durch seinen Nachfolger Markgraf Friedrich Christian 1764 mit dem Südflügel verbunden wurde. Die im Stil des Bayreuther Rokoko geschmückten Räume sind mit Naturmotiven (Palmen, Zedern, Vögel, Drachen, Insekten) ganz nach dem Geschmack der Markgräfin Wilhelmine ausgestattet. Auch die originellen Grottenzimmer und Gartenlauben dokumentieren den Geist jener Zeit. Der

**Hofgarten** hinter dem neuen Schloß, eine grüne Oase inmitten der Stadt, wurde ab 1756 angelegt. Seine zwei Achsen werden von einer schönen Baumallee und einem Kanal gebildet. Zwischen den Grünanlagen stehen zahlreiche Steinfiguren, die überwiegend von den Brüdern Räntz geschaffen wurden. Vom Hofgarten erreicht man das

**Deutsche Freimaurermuseum** (Im Hofgarten 1). Es ist das einzige seiner Art in Deutschland und bewahrt eine historisch-wissenschaftliche Sammlung maurerischer Gegenstände wie Zunftsymbole der Steinmetzen, Originalwerkzeuge aus der Bauhütte, alte Siegel, Familienwappen und Orden sowie eine umfangreiche Fachbibliothek. – Am Rande des Hofgartens das ehem. Wohnhaus Richard Wagners

**Haus Wahnfried** (Richard-Wagner-Str. 48). Es wurde nach Plänen Richard Wagners 1872-74 erbaut und trägt die beziehungsreiche Inschrift „Hier wo mein Wähnen Frieden fand, Wahnfried sei dieses Haus von mir benannt". Im Jahr des hundertsten Geburtstages der Richard-Wagner-Festspiele wurde hier 1976 das „Richard-Wagner-Museum mit Nationalarchiv" eröffnet. Über drei Etagen verteilt werden das Wirken des Meisters und die Geschichte der Festspiele veranschaulicht. Attraktion ist das „Klingende Museum" im Erdgeschoß, dem ehemaligen Wohnzimmer der Famlie Wagner, mit einem reichhaltigen Tonarchiv historischer und neuerer Aufnahmen von prominenten Dirigenten und Solisten. Vor dem Haus die Büste König Ludwigs II., Richard Wagners großem Freund und Gönner. Hinter dem Haus, auch vom Hofgarten aus zugänglich, liegen die Gräber von Richard Wagner († 1883) und seiner Frau Cosima († 1930); die Gruft ist mit einer Marmorplatte ohne Inschrift bedeckt. – Links neben dem Haus Wahnfried befindet sich das

Haus Wahnfried in Bayreuth, in dem sich heute das Richard-Wagner-Museum befindet.

**Jean-Paul-Museum.** Es wurde 1980 eingerichtet und verdeutlicht die innige Bindung des Dichters an Bayreuth. Geboren 1763 in Wunsiedel im Fichtelgebirge, aufgewachsen in Armut, fand er 1805 in Bayreuth seine Heimat und wurde zum meistgelesenen Dichter seiner Zeit. Er blieb hier bis zu seinem Tode († 1825) und fand auf dem Stadtfriedhof die letzte Ruhestätte. – Durch die Fußgängerzone Richard-Wagner-Straße (Nr. 2 die sehenswerte *Hofapotheke,* 1756 von Gontard erbaut) und über den Sternplatz kommen sie wieder zum Ausgangspunkt zurück.

**Außerdem noch sehenswert:**

**St. Georgen,** Vorstadt im Nordosten, eine mustergültige Siedlung des Barock mit jeweils zwölf zweigeschossigen Häusern an einer langen Straße, begründet 1702 durch Markgraf Georg Wilhelm. – Am Anfang das *Gravenreuther Stift,* 1735 laut Testament gestiftet durch Freiherrn Georg Christian Gravenreuth und 1741-42 von Hofbaumeister Johann Georg Weiß erbaut. Aus der Mitte des zweigeschossigen Gebäudes tritt die *Stiftskirche* hervor. Sie besitzt Stukkaturen von Jeronimo Francesco Andrioli (1744) und Deckengemälde von Friedrich Marian Herold (1743-44); die Schnitzarbeiten am Kanzelaltar stammen von Johann Jeremias Martini (1743). – Am Ende der Straße, die sich zum Kirchplatz weitet, erhebt sich die *Sophienkirche* (Ordenskirche). Sie wurde 1705-11 nach Plänen des Berliner Baumeisters Gottfried von Gedeler als Kirche des Ordens de la sincerie (später Roter-Adler-Orden) erbaut; Johann David Räntz fügte 1716-18 den Turm an. Das Gotteshaus gehört mit seiner prachtvollen Ausstattung im Stil des Hochbarock zu den schönsten Markgrafenkirchen. Die Stukkaturen stammen von Bernardo Quadri, die Deckengemälde von Gabriel Schleyer und Johann Martin Wild. Orgelgehäuse und Kanzelaltar von Elias Räntz. Etwas seitlich das *Ordensschloß,* erbaut 1725-27 von Johann David Räntz, heute Justizvollzugsanstalt.

**Rollwenzelei,** ein nach der früheren Besitzerin Dorothea Rollwenzelin benanntes ehemaliges Gasthaus östlich von der Stadtmitte auf halbem Wege zur Eremitage (hier biegt die Königsallee scharf nach Norden), einst Lieblingsaufenthalt des Dichters Jean Paul („Zaunkönigsnest im einsamen Buschwerk"), heute in Privatbesitz. In unverändertem Zustand erhalten ist das „Dichterstübchen", in dem Jean Paul arbeitete und das mit seinen Erinnerungsstücken besichtigt werden kann. Bemerkenswert ist auch die private Sammlung an Fossilien und Mineralien.

**Eremitage,** 4 km östlich von der Stadtmitte (Busverbindung). Die Eremitage entstand zwischen 1715 und 1750 auf dem Gelände eines ehemaligen Tiergartens. Der vom Roten Main umflossene Landschaftspark diente mit seinen Rokoko-Bauten der damaligen

Blick auf das Neue Schloß in der Eremitage in Bayreuth

Hofgesellschaft zu einem Eremitendasein abseits vom Trubel der Residenz. Hier befinden sich nicht nur das Alte und Neue Schloß, sondern auch die künstliche Ruine eines römischen Theaters, zahlreiche Skulpturen, die Drachenhöhle, die Einsiedeleikapelle und in der Nähe davon die aus antiken Fragmenten erstellte Ruine des Grabmals Folichons – des Lieblingshundes der Markgräfin Wilhelmine. Phantastisch ist die untere Grotte mit ihren Wasserspielen um eine von Fabelwesen umgebene Nymphe.

Das *Alte Schloß* ließ Markgraf Georg Wilhelm 1715-18 nach Plänen von Johann David Räntz errichten und mit individuell verschieden gestalteten Räumen ausstatten. Darunter befinden sich ein Marmorsaal, ein Japanisches Kabinett, eine Grotte mit Wasserspielen und ehemalige Eremitenzellen. Markgraf Friedrich vergrößerte die Anlage 1736-44. Schwere Schäden gegen Kriegsende 1945 machten umfangreiche Restaurierungsarbeiten erforderlich.

Das *Neue Schloß* (Orangerie) wurde nach einer Idee der Markgräfin Wilhelmine 1749-53 durch die Hofarchitekten Joseph St. Pierre und Philip Gontard erbaut mit achteckigem Sonnentempel in der Mitte und zwei halbkreisförmig angeordneten arkadengeschmückten Seitenflügeln; Treppen führen hinunter zu dem figurenreichen Fontänenbecken mit seinen 58 Wasserspeiern. 1945 brannte das Schloß bis auf die Außenmauern nieder. Erst 1969 war der Wiederaufbau beendet.

**St. Johannis,** Stadtteil im Osten (in der Nähe der Eremitage). Sehenswert ist die ursprünglich als Wehrkirche angelegte Pfarrkirche, deren Langhaus 1741-45 nach Plänen von Johann David Räntz neu entstand, mit spätgotischen Wandfresken im Untergeschoß des Turmes (14./15. Jh), dem Kanzelaltar (1743 von Johann Gabriel Räntz) und dem Kindergrabstein für Magdalena Barbara Braunschmied.

**Jagdschloß Thiergarten,** 6km südlich im Stadtteil Wolfsbach. Das 1715-20 von Johann David Räntz erbaute ehem. markgräfliche Schloß war ursprünglich als größere Anlage geplant. Sehenswert ist der Kuppelsaal mit Stukkaturen von Andrea Domenico Cadenazzi. Das Schloß dient heute als Hotel und Restaurant.

**Schloß Fantaisie** mit schönem Park, 6km westlich in Donndorf an der B-22. Das 1758 nach Plänen von Rudolf Heinrich Richter begonnene Schloß konnte durch den Tod der Markgräfin Wilhelmine erst 1765 vollendet werden. Umbauten im 19. Jh. haben das Schloß sehr verändert. In unmittelbarer Nähe befindet sich das Naturschutzgebiet Salamandertal.

**Auskunft:** Fremdenverkehrsverein 8580 Bayreuth, Luitpoldplatz 9.
**Verkehr:** Schnittpunkt der Bundesstraßen 2, 22 und 85. Autobahnanschluß Bayreuth-Nord und Bayreuth-Süd zur A-9 (Nürnberg-Berlin) Bahnstation. Regionalflugplatz in Bindlach (Flugverbindungen mit Frankfurt). Stadtbusverkehr. Busverbindungen nach allen Richtungen.
**Veranstaltungen:** Bayreuther Volksfest in der Pfingstwoche. Musica Bayreuth Mitte bis Ende Mai. Fränkische Festwoche Ende Mai/Anfang Juni. Richard-Wagner-Festspiele vom letzten Drittel des Juli bis Ende August. (Vorverkauf ab Mitte November über das Kartenbüro des Festspielhauses, Postfach 2320, 8580 Bayreuth 2 oder an den bekannten Vorverkaufsstellen im In- und Ausland). Theater- und Konzertgastspiele in der Stadthalle.
**Sport:** Hallenbäder Kolpingstr. 7 und am Sportpark (50-m-Bahn), Kreuzstein-Freibad (beheizt) Universitätsstr. 20. Reiten (Gut Fürsetz und Gut Geigenreuth). Angeln (Fischereiverein), Minigolf in St. Georgen (Schießhaus), Tennis, Flugplatz für Motor- und Segelflug, Kunsteisstadion am Sportpark.
**Spezialitäten:** Bayreuther Bier (u.a. Dampfbier), Klöße mit Schweinebraten, Rostbratwürste, Spritzkuchen, Schmalzgebäck „Kiegla". – Ein originelles handwerkliches Erzeugnis ist das „Bayreuther Eichala", ein Bierkrug aus Zinn mit Deckel, der gern an Künstler verliehen wird.
**Führungen:** Festspielhaus, Marktgräfliches Opernhaus, Neues Schloß, Eremitage (Altes Schloß mit Innerer Grotte).
**Nacherholungsgebiete:** Tierpark Röhrensee am südlichen Stadtrand (Pottensteiner Straße), eine Grünanlage mit kleinem See (Bootsverleih), Wildgehegen, Spazierwegen und Ruhebänken.

**Sammlungen:**
**Stadtmuseum,** Kanzleistr. 1
**Richard-Wagner-Museum** im Haus Wahnfried, Richard-Wagner-Str. 48
**Jean-Paul-Museum,** Wahnfriedstr. 1
**Deutsches Freimaurermuseum,** Im Hofgarten 1
**Neues Schloß** mit Filialgalerie der Bayer. Staatsgemäldesammlung, Ludwigstr. 21.

**Museum für bäuerliche Arbeitsgeräte,** Adolf-Wächter-Str. 17
**Museum historischer Schreibmaschinen,** Bernecker Str. 11
**Kleines Plakatmuseum,** Bernecker Str. 21
**Brauerei- und Büttnereimuseum** in der alten Maisel-Brauerei, Kulmbacher Straße 40
**Spielzeugmuseum,** Brandenburger Str. 36
**Stadtbibliothek,** Luitpoldplatz 7
**Iwalewa-Haus,** Münzgasse 9, Kunst aus Afrika und der Dritten Welt.
**Altes Schloß** in der Eremitage

**Wanderungen und Ausflüge:**

**1.** Durch das romantische Bodenmühltal (Roter Main) auf den **Schlehenberg** (524 m), 2 Std. südöstlich. Von dort ¾ Std. südwestlich zum Ort Schlehenberg und zurück mit Bus.

**2.** Über Dörnhof und das Teufelsloch zum **Forsthaus Waldhütte** (Richard Wagners Lieblingsausflug), 2 ½ Std. westlich. Zurück über Unterwaiz.

**3.** Über Gut Geigenreuth und Mistelbach nach **Gesees** mit weithin sichtbarer Kirchenburg in einem befestigten Friedhof, 1 ¼ Std. südwestlich.

**4.** Mit Bahn oder Bus nach **Creußen,** 12 km südlich an der B-2. Ältester Ort des Bayreuther Landes (1003 beurkundet) mit mittelalterlicher Stadtbefestigung, sehenswerter Jakobskirche (ursprünglich gotisch, 1700 barock verändert) und Krügemuseum (Sammlung Creussener Tonkrüge des 17. Jh.) im „Hinteren Tor". Von dort 1 ¾ Std. westlich zur **Rotmainquelle.** Zurück 3 Std. über Spänfleck, Sophienberg und Röhrensee.

**5.** Von der Eremitage über Römerleithen, Höflas, Döhlau und **Untersteinach** im Steinachtal (Bus- und Bahnverbindung nach Bayreuth), 1 ½ Std. östlich. Weiter auf dem Mittelweg in gut 1 Std. nordöstlich zuerst durch das Lützelsteinachtal aufwärts durch den schönen Hochwald zum zentralen Punkt der **Königsheide** (853 m, Naturschutzgebiet, ⟶ Goldstadt-Reiseführer Fichtelgebirge).

**6.** Auf dem Rotmain-Wanderweg nach **Kulmbach*,** 6 Std. nordwestlich (30 km): Der Weg führt von Bayreuth/Wendelhöfen (nahe Nervenkrankenhaus) rechts des Roten Mains nach **Altenplos,** überquert den Fluß und verläuft durch den Neustädtleiner und Limmersdorfer Fort über Weinreichstein und Amoshügel nach **Langenstadt** und **Buch an Sand.** Von hier entweder auf dem Talweg oder über das aussichtsreiche Bergdorf Rottlersdorf nach Partenfeld, Windischenhaig und **Katschenreuth.** Weiter nach **Schloß Steinhausen** am Zusammenfluß von Weißem und Rotem Main und über **Melkendorf** mit Wehrkirche des 15. Jh. (1554 erneuert und 1732 barockisiert) nach Kulmbach.

**7.** Auf dem Burgenweg über den Höhenrücken nach **Kulmbach*,** 6 Std. nordwestlich (26 km): Vom Festspielhaus auf die **Hohe Warte** (463 m) mit Siegesturm und über Pechgraben, Waldau, die Autobahn querend auf den aussichtsreichen **Rauhen Berg** (464 m), Abstieg nach Leuchau und über den **Rehberg** (509 m) nach Kulmbach.

**8.** Auf dem Dr.-Margerie-Weg nach **Himmelkron** mit sehenswerter ehemaliger Klosterkirche aus der Zeit um 1300, 3 Std. nördlich: Vom Versorgungskrankenhaus durch den Wald nach **Crottendorf** und oberhalb der Bahnstation Ramsenthal unmittelbar an der Autobahn entlang zum Autobahndreieck Bayreuth/Kulmbach. Weiter über Cremitz im Tal des Weißen Mains und **Lanzendorf** mit ehem. Schloß der Herren von Wirsberg und alter Kirche aus der Zeit um 1400 nach Himmelkron. Zurück mit dem Bus.

# BETZENSTEIN

*Landkreis Bayreuth, 511 m, 2300 Einwohner*

Das malerische mittelalterliche Kleinstädtchen zwischen Fränkischer Schweiz und Frankenalb am Westrand des Veldensteiner Forstes entwickelte sich am Fuße der schon 1187 genannten Burg der Herren von Pezenstayn. Danach gehörte die jetzt in zwei Anlagen aufgeteilte Burg den Herren von Schlüsselberg, dem Bistum Bamberg, den Landgrafen von Leuchtenberg und ab 1418 dem bayerischen Herzog. Von 1504 bis 1806 war sie Eigentum der Stadt Nürnberg. Nach Zerstörung im Markgrafenkrieg 1553 wurde sie wieder aufgebaut und seitdem mehrfach verändert. Unter den Leuchtenbergern 1359 zum Markt und unter den Nürnbergern 1611 zur Stadt erhoben, ist Betzenstein heute wegen seiner waldreichen Umgebung mit zahlreichen bizarren Dolomitfelsbildungen ein beliebter Ferienort. Lange Zeit war Betzenstein mit kaum 600 Einwohnern die kleinste Stadt Bayerns. Erst seit Eingemeindung der Orte Eckenreuth, Eichenstruth, Hetzendorf, Klausberg, Leupoldstein, Reipertsgesees, Schermshöhe, Spies, Stierberg und Weidensee hat es seine heutige Größe.

**Sehenswert:** In der barocken **Pfarrkirche** von 1732-46 befinden sich noch Patrizierlogen und Epitaphien aus der früheren Stadtkirche. Erhalten sind zwei **Stadttore** aus dem 14. Jh. und Teile der **Wehrmauer;** in einem Fachwerkhäuschen am Oberen Tor befindet sich ein 92 m tiefer **Radziehbrunnen,** der 1543-49 angelegt wurde. Hoch über der Stadt die **Burg,** im 12. Jahrhundert Sitz der Herren von Pezenstayn, nach Zerstörungen mehrfach verändert. Sie besteht aus zwei Anlagen (auf dem Nord- und Südhügel des Schloßberges) und ist öffentlich nicht zugänglich. Am Fuße steht das **Pflegeamtsschloß** von 1590.

**Auskunft:** Verkehrsverein 8571 Betzenstein, Unteres Stadttor.

**Verkehr:** Autobahnanschluß Plech zur A-9 (Nürnberg-Hof) 5 km; B-2 (Nürnberg-Pegnitz), Abzweigung Leupoldstein 4 km. Nächste Bahnstation Pegnitz 18 km; Busverbindung.

**Hobby und Sport:** Beheiztes Freibad, Tennis, Reiten; Wintersport mit Skilaufen (Skilift) und Skilanglauf.

**Sammlungen:** Heimatmuseum mit geologischer Sammlung.

**Wanderungen:**

**1.** Markierter **Rundweg um Betzenstein,** 2 ½ Std. westlich über **Klauskirche** (einem mächtigen Felsdurchbruch im Buchenwald als Überrest einer ehem. Meeresstrandhöhle), Windmühle, Berghäusl, Gerhardsfelsen, Marienwand zum oberen Schmiedberg und zum Aussichtsturm.

**2.** Markierter **Rundweg zum Großen Wasserstein,** 1 ½ Std. nordwestlich über Windmühle, Hexentor, Hexenboden, Kröttenhof und vorbei an der **Buchnershöhle** mit Tropfsteinbildungen zum **Großen Wasserstein,** einem Dolomitfelsen, dessen Höhlenlabyrinth einst vorgeschichtliche Kultstätte und Fundstätte von Resten des kleinsten europäischen Säugetieres „Sorex Minutissimus" war; an der Straße nach Höchstädt befinden sich bronzezeitliche Hügelgräber.

**3.** Über Kröttenhof, Leupoldstein zur aussichtsreichen **Burgruine Leienfels** auf dem Schloßberg (590m), 1 ½ Std. nordwestlich; die im 12. Jh. gegründete Grenzfeste des Nordgaues wurde im 30-jährigen Krieg zerstört. Weiter in ½ Std. südwestlich nach **Obertrubach*** im reizvollen oberen Trubachtal und zurück 1 ¼ Std. über Neudorf und Klauskirche.

**4.** Nach **Stierberg,** ¾ Std. westlich; auf dem **Schloßberg** (596m) die Ruine einer 1525 zerstörten Burg aus dem 12. Jh. Von Stierberg Rundwanderweg 1 Std. um den **Langen Berg** (612m).

**5.** Über Waiganz, Hetzendorf und Reipertsgesees nach **Strahlenfels,** 1 ½ Std. südwestlich; auf dem Schloßberg (587m) die Ruine einer 1615 zerstörten Burg aus dem 13. Jh. Weiter in ½ Std. westlich nach **Wildenfels** mit Ruine einer 1553 zerstörten Burg aus dem 13. Jh. (erhalten noch Reste Berings, Palas und Bergfrieds). Zurück durch den Wildenfelser Wald, das Stuhlberger Holz und Stierberg.

**6.** Über Eckenreuth, Helenenruhe, Reuthof zum Weiler **Eibenthal,** 1 ½ Std. südlich. Von dort Rundweg um den **Eibgrat** mit bizarren Felsbildungen. Zurück über Klausberg, Hetzendorf, Waiganz und Gerhardsfelsen.

**7.** Über Mergners und nach Unterquerung der Autobahn zum **Waldhaus Hufeisen** mit großem **Wildgehege,** 1 ½ Std. östlich.

Pfarrkirche in Betzenstein

# BURGKUNSTADT

*Landkreis Lichtenfels, 278 m, 7000 Einwohner*

Das am rechten Ufer des Oberen Mains auf einem Sandsteinhügel gelegene alte Frankenstädtchen besteht aus einer Unter- und Oberstadt; mit seinen engen Gassen und Winkeln zwischen typischen Fachwerkhäusern macht es einen malerischen Eindruck.

**Geschichte:** Im 11. Jh. gelangte „Chuonstat" aus dem Besitz der Markgrafen von Schweinfurt an das Hochstift Bamberg, das die Burg durch Ministeriale verwalten ließ. Später entstand auf dem Burgberg (heute die Oberstadt) ein fürstbischöfliches Vogteigebäude, das noch heute erhalten ist. Die Burg selbst wurde 1525 im Bauernkrieg zerstört. 1803 kam die Stadt mit dem Hochstift Bamberg an Bayern. In den letzten Jahrzehnten hat sich eine rührige Industrie am Fuß des Hügels angesiedelt. Wegen bedeutender Schuhproduktion wird Burgunstadt als „Fränkisches Pirmasens" bezeichnet; außerdem sind die Keramik- und Metallindustrie sowie ein Großversandhaus heimisch.

**Sehenswert:** Am Marktplatz mit Bürgerhäusern des 17. und 18. Jh. erhebt sich die spätbarock-klassizistische **Pfarrkirche St. Heinrich und Kunigunde** mit schöner Turmfassade. Gegenüber führt eine Gasse mit Fachwerkhäusern zu dem einst von der Burg besetzten Plateau empor. Hier beeindruckt das **Rathaus** von 1689, das zu den schönsten Frankens gehört: Auf einem massiven spätgotischen zweigeschossigen Unterbau ruht ein kunstvolles hochgiebeliges Fachwerkgeschoß, eine Arbeit des Zimmermeisters Jörg Hoffmann aus Zeil bei Bamberg, der auch das Dillingsche Haus in Scheßlitz schuf. Lohnend ist ein Spaziergang zu der auf einem Hügel südwestlich der Stadt im Friedhof stehenden **Fünfwundenkapelle,** die 1719 anstelle einer spätgotischen Vorgängerin errichtet wurde. – In *Altenkunstadt,* 2 km südlich am linken Mainufer, interessiert die gotisch-barocke **Pfarrkirche Maria Geburt** von 1528/1723 mit lebensgroßer Steinmuttergottes des 14. Jh., monumentalen Grabdenkmälern derer von Aufseß, Retwitz, Rosenau und Schaumberg sowie origineller zur Orgel führender Doppelwendeltreppe.

**Auskunft:** Verkehrsamt, 8622 Burgkunstadt, Vogtei 5.
**Verkehr:** B-289 Kulmbach-Lichtenfels (B-173). – Bahnstation.
**Hobby und Sport:** Hallenbad, Freibad, Reiten, Tennis, Angeln, Surfen. Mainwanderweg.
**Sammlungen:** Schustermuseum, Marktplatz 1.

**Wanderungen:**
**1.** Auf den aussichtsreichen **Ebnether Berg** (434 m) mit Felsenlabyrinth, ¾ Std. nördlich.

**2.** Nach **Strössendorf,** ¾ Std. südwestl. Am Steilufer des Mains ein stattliches Renaissance-Schloß, dessen Vierflügelanlage einen noch mittelalterlichen 35m hohen Bergfried umschließt. Die Schloßkapelle wurde 1557 zur Pfarrkirche umgebaut.

**3.** Über Altenkunstadt und Pfaffendorf auf den **Großen Kordigast** (535m) mit Gipfelkreuz, 1 ½ Std. südwestlich. Abstieg nach **Weismain*** und mit dem Bus zurück.

## EBERMANNSTADT

*Landkreis Forchheim, 292m, 3800 Einwohner*

Das alte Frankenstädtchen ist anerkannter Erholungsort inmitten der Fränkischen Schweiz im Tal der Wiesent, das sich hier zur Talaue weitet. Eingemeindet wurden die Orte Breitenbach, Buckenreuth, Burggaillenreuth, Eschlipp, Gasseldorf, Kanndorf, Moggast, Neuses, Niedermirsbach, Poxstall, Rothenbühl, Rüssenbach, Windischgaillenreuth, Wohlmuthshüll und Wolkenstein. Westlich liegt die bekannte Jugendbegegnungsstätte Burg Feuerstein.

**Geschichte:** Ebermannstadt wurde bereits 981 als kaiserliche „Villa Ebermarstad" genannt und gelangte später in den Besitz der Schlüsselberger, denen der Ort 1323 die Erhebung zur Stadt verdankt, die 1390 an das Hochstift Bamberg kam. Nach Zerstörung 1430 durch Hussiten wurde die Stadt nach Wiederaufbau 1452 befestigt; Reste sind noch in Norden und Südosten erhalten. Erneute Verwüstungen gab es jedoch im Markgrafenkrieg 1552, im 30-jährigen Krieg durch Schweden und schließlich 1796 unter durchziehenden Franzosen. Danach entstanden die schönen Fachwerkhäuser, die der Stadt noch heute das besondere Gepräge geben.

Albrecht Dürer weilte 1515 in Ebermannstadt und malte ein Ölgemälde der Stadtansicht. Bekannt wurde der Ebermannstädter Bildhauer Friedrich Theiler (1748-1826), der mit seinen Arbeiten in der ganzen Fränkischen Schweiz vertreten ist.

**Sehenswert:** Altfränkische **Fachwerkhäuser** stehen am Marktplatz mit dem Marienbrunnen und in den beiden Scheunenvierteln; besonders schön ist das **Brauhaus** von 1648 mit seinem reichen Fachwerk. Die **Marienkapelle,** deren Anfänge ins 15. Jh. zurückreichen, wurde im 18. Jh. barock erneuert; der kunstvolle Kanzelschmuck und die bekannte „Madonna im Strahlenglanz" stammen von dem Ebermannstädter Bildhauer Friedrich Theiler. Zu einem Wahrzeichen der Stadt wurde das **Wasserschöpfrad** von 1606 an der Wiesentbrücke.

**Auskunft:** Städt. Verkehrsamt 8553 Ebermannstadt, Bürgerhaus und Tourismus-Zentrale Fränkische Schweiz, 8553 Ebermannstadt, Oberes Tor 1.
**Verkehr:** B-470 (Forchheim-Pegnitz). Autobahnanschluß Forchheim zur A-73 (Nürnberg-Bamberg) 13km. Bahnstation; Ausgangspunkt der privaten „Dampfbahn Fränkische Schweiz" durch das „Muggentaler Gebürg" nach Behringersmühle.

**Hobby und Sport:** Hallenbad, beheiztes Freibad, Angeln, Tennis, Reiten (Birkenreuth, Feuerstein), Stadtpark mit Kneippanlage, Wassersport auf der Wiesent, Höhlenwanderungen, Golfplatz in Kanndorf. Naturlehrpfad „Langer Berg" mit Schautafeln über Geologie, Tiere und Pflanzen. Fränkische Fliegerschule (Segel- und Motorsport, Rundflüge, Ausbildung zum Privatflugzeugführer) am Flugplatz Feuerstein.
**Sammlungen:** Heimatmuseum im Bürgerhaus mit geologischen und kunstgeschichtlichen Sammlungen. – „Bibliothek Fränkische Schweiz" im Bürgerhaus.
**Spezialitäten:** Ebermannstädter Parsifal, ein Blauschimmelkäse mit roquefortähnlichem Geschmack.

**Wanderungen:**
**1.** Über Ochsenwiese und Hasenberg zur **Burg Feuerstein,** ½ Std. westlich. Die Burg entstand 1941 im Auftrag der damaligen Wehrmacht als Laboratorium für Hochfrequenztechnik. 1949 wurde sie von der Diözese Bamberg erworben und als Jugendbegegnungsstätte eingerichtet. 1961 wurde die moderne doppelstöckige Kirche Verklärung Christi von Dombaumeister Hans Schädel erbaut.

**2.** Über Burg Feuerstein auf die **Lange Meile,** 1 ½ Std. westlich. Die Lange Meile erstreckt sich als 6km langer aussichtsreicher Gebirgszug in Höhen um 515m zwischen Eschlipp und Rettern mit nach Westen steil abfallenden Kalkwänden. Sie ist Quellgebiet zahlreicher Bäche. Unterhalb der Mirsberger Höhe liegt der **Flugplatz Feuerstein** mit der Fränkischen Fliegerschule (Segel- und Motorflugsport, Rundflüge). Zurück über Poxstall oder Niedermirsberg.

**3.** Über den **Wallerturm** (513m) mit Aussicht zum **Kreuzberg** (499m) mit Kapelle und Schlüsselstein, ½ Std. östlich. Weiter in 1 Std. südwestlich über die **Kanzel** (503m) und den **Judenberg** (464m; in der Nähe ein Judenfriedhof) nach **Pretzfeld** mit sehenswerter Rokoko-Pfarrkirche. Zurück im Wiesent-Tal.

**4.** Über **Gasseldorf** und im Leinleitertal am linken oder rechten Ufer aufwärts nach **Unterleinleiter** mit Renaissance-Schloß, 1 ½ Std. nordöstlich. Zurück im südöstlichen Bogen über **Rote Marter** und Eschlipper Tal.

**5.** Über Schlüsselberg, Kanndorf, vorbei an der **Moggaster Höhle,** (südöstlich liegt **Moggast** mit spätgotischer Pfarrkirche St. Stephan, am 2. Weihnachtstag Schauplatz des vielhundertjährigen Stephansrittes), Windischgaillenreuth nach **Burggaillenreuth** mit Schloß, Schloßwirtschaft und Burgruine, 2 Std. östlich. Auf dem Schloßberg keltische Ringwälle. Zurück über **Wohlmannsgesees** (in der Nähe der **Druidenhain** mit tonnenschweren, bemoosten Felsblöcken, vermutlich eine keltische Kultstätte aus der Zeit 1000 v. Chr.) und Birkenreuth oder weiter durch das Wiesent-Tal aufwärts über **Gößweinstein*** nach **Behringersmühle** und mit dem Bus zurück.

**6.** Durch das Wiesent-Tal über Rothenbühl, Niederfellendorf, Burgruine Neideck, Haag nach **Muggendorf*,** 1 ¾ Std. nordöstlich. Zurück über **Streitberg*** und Gasseldorf.

**7.** Über Buckenreuth nach **Wolkenstein,** reizvoll auf einem Felsvorsprung gelegen, einst Standort einer Burg (Gasthaus Burgruine), 1 ½ Std. südöstlich. Nun entweder über den **Röthenfels** (575m), Eldorado für Kletterer, nach **Wichsenstein** auf der Albhochfläche mit dem Burgfelsen (587m), 1 Std. südöstlich oder zurück durch das Urspringtal nach **Wannbach** inmitten von Obstgärten im Trubachtal und über **Pretzfeld** nach Ebermannstadt.

# EGLOFFSTEIN

*Landkreis Forchheim, 420m, 1900 Einwohner*

Egloffstein ist anerkannter Luftkurort im mittleren Trubachtal und steigt mit seinen Fachwerkhäusern malerisch am Westhang terrassenförmig zur Burg der Grafen und Freiherren von Egloffstein empor, dem Stammsitz eines der angesehensten Geschlechter der südlichen Fränkischen Schweiz. Mit seinen Ortsteilen Affalterthal, Bieberbach, Egloffsteinerhüll, Hammerbühl, Hammermühle, Hundsboden, Hundshaupten, Schlehenmühle und Schweinthal liegt Egloffstein reizvoll inmitten der Alblandschaft, umgeben von weiten Mischwäldern mit bizarren Felsbildungen.

**Sehenswert:** Eindrucksvoll thront die **Burg Egloffstein** auf steilem Dolomitfels 100m über dem Trubachtal. Urkundlich um 1180 erwähnt, geht sie vermutlich auf eine Anlage des 8. Jh. zurück. Das heutige Schloßgebäude wurde überwiegend im 17. Jh. errichtet und 1834 umgebaut. Die Burg dient jetzt als Evangelische Tagungsstätte und ist öffentlich nicht zugänglich. – Unterhalb anstelle der früheren Schloßkapelle die evangelische **Pfarrkirche** von 1751 mit Kanzelaltar und Epitaphien der Herren von Egloffstein.

**Auskunft:** Verkehrsamt 8551 Egloffstein.
**Verkehr:** B-2 (Nürnberg-Pegnitz), Abzweigung bei Gräfenberg (8km) und Neudorf/Obertrubach (12km). Nächste Bahnstation Nürnberg (25km) und Forchheim (16km), mit beiden Busverbindungen.
**Hobby und Sport:** Beheiztes Freibad, Minigolf, Reiten. – Neue Kneippanlage an der Trubach. – Natur- und Wildpark in Hundshaupten. – Kletterfelsen Erlanger Felsentor, Kapuziner, Nebelsteiner Wand.
**Sammlungen:** Kunstgalerie im denkmalgeschützten Alten Pfarrhaus mit Werken fränkischer Maler und Bildhauer.

**Wanderungen:**

**1.** Rundweg südlich über den **Augustusfelsen** (Felskoloß mit großem Tor), **Kugelspiel** (bizarre Felspartien) und den aussichtsreichen Weiler **Dietersberg** (463m; in der Nähe die Ruine einer ehem. Wehrkirche mit Friedhof), 1 ½ Std.

**2.** Über Egloffsteinerhüll nach **Hundshaupten** mit Renaissance-Schloß der Freiherren von Pölnitz inmitten eines 43 Hektar großen Naturparks mit großem Wildgehege, 1 Std. nordwestlich.

**3.** Über Egloffsteinerhüll zum aussichtsreichen **Burgstein** (503m) und über die spätgotisch-barocke **Moritzkapelle** (433m) nach **Leutenbach,** 1 ½ Std. westlich. Aufstieg in 1 Std. nordwestlich zur **Ehrenbürg** (Walberla) mit Walpurgiskapelle (→ S. 55).

**4.** Über **Thuisbrunn,** einem der schönsten Dörfer im Trubachtal mit vielen Fachwerkhäusern und leider nicht zugänglicher Burgruine sowie guter Einkehr im Gasthaus Seitz, Neusles nach **Kasberg** mit 1000jähriger hohler Riesenlinde (Stammumfang 5m), einst Gerichtsstätte, 1 ¼ Std. südlich. Zurück über Haidhof.

**5.** Durch das romantische **Todsfeldtal** über Hohenschwärz nach **Gräfenberg*,** 2 Std. südlich. Zurück im östlichen Bogen über Höfles.

**6.** Durch das Trubachtal aufwärts bis **Haselstauden,** dann abzweigen über Dörnhof, Kurfürstenfels, Spiesmühle nach **Hilpoltstein,** (→ S. 71) 2 ½ Std. südöstlich.

**7.** Über Hammerbühl und die Felsbildungen **Mönch, Topfstein** nach **Untertrubach** und über **Wolfsberg** mit Burgruine, Reichelsmühle, Ziegelsmühle nach **Obertrubach*,** 2 Std. östlich.

**8.** Am Ostufer der Trubach abwärts über Mostviel nach Äpfelbach, nun nordöstlich nach **Wichsenstein** mit Barockkirche und aussichtsreichem Burgfelsen (587 m), 2 Std. nordöstlich. Zurück entweder durch die Wolfsschlucht nach **Schweinthal** und westlich im Trubachtal durch das Gebiet **Rabenstein** mit bizarren Felsformationen oder im östlichen Bogen über **Bieberbach,** einst Standort einer Burg auf dem heute schwer zugänglichen Schloßfelsen (1812 abgetragen, keine Mauerreste mehr) und Affalterthal.

Luftkurort Egloffstein im Trubachtal

# ERLANGEN

*Kreisfreie Stadt, Sitz des Landkreises, 285 m, 101 000 Einwohner*

Die ehemalige Residenz der Markgrafen von Brandenburg-Bayreuth und markgräfliche Hugenottenstadt an der Mündung der Schwabach in die Regnitz ist Sitz der Friedrich-Alexander-Universität Erlangen-Nürnberg (Schwerpunkt Technik und Medizin) mit zahlreichen Instituten und Kliniken sowie einer Landesanstalt für Bienenzucht. Die Verbindung zur Elektrizität, die der Physiker Georg Ohm (1789-1854) als berühmter Sohn der Stadt mit den Gesetzen des elektrischen Widerstands knüpfte, hat auch in der Gegenwart Bestand: Erlangen gehört heute zu den wichtigsten Zentren für elektromedizinische Geräte und elektrische Anlagen. Von Bedeutung ist außerdem die chemische und pharmazeutische Industrie sowie der Maschinenbau. Das ursprünglich barokke Stadtbild erhielt durch moderne Industrie-Großbauten und den 1971 vollendeten Rathaus-Hochbau mit Stadthalle und Kongreßzentrum neue Akzente.

**Blick in die Geschichte:**

Der vorfränkische Kirchweiler „Erlangon" wurde 1002 erstmals urkundlich genannt und gelangte 1361 aus dem Besitz des Bamberger Domstifts an Kaiser Karl IV., der als böhmischer König südlich der alten Siedlung unter dem Burgberg die heutige Altstadt anlegen und befestigen ließ und ihr 1374 Marktrechte verlieh. König Wenzel bestätigte 1398 die Stadtrechte; 1402 verkaufte er Erlangen an die Nürnberger Burggrafen, die nun – seit 1415 Markgrafen – die Geschicke der Stadt bis zum Erwerb durch Preußen 1792 bestimmten. 1810 kam Erlangen nach kurzer französischer Verwaltung an Bayern. 1528 erfolgte unter den Markgrafen die Einführung der Reformation. 1686 rief Markgraf Christian Ernst französische Hugenottenflüchtlinge nach Erlangen und errichtete südlich der Altstadt auf damals noch größtenteils von Wald bedeckter Fläche die barocke Neustadt „Christian-Erlang" im symmetrischen Plan mit überwiegend zweigeschossigen Häusern. Die angesiedelten Hugenotten ergänzten die alteingesessene Tuchmacherei und Bierbrauerei mit neuen Handwerkszweigen wie Strumpfwirkerei, Hutmacherei, Gerberei, Kattundruck und die Herstellung von Bildteppichen. Die lutherische Altstadt, nach einem Großbrand 1706 im Barockstil wieder aufgebaut, und die hugenottische Neustadt waren jeweils selbständig mit zwei eigenen Verwaltungen, wie sich heute noch an den Rathäusern und Kirchen erkennen läßt. Erst 1812, zwei Jahre nach der Übernahme durch das Königreich Bayern, wurden die beiden Teile vereinigt.

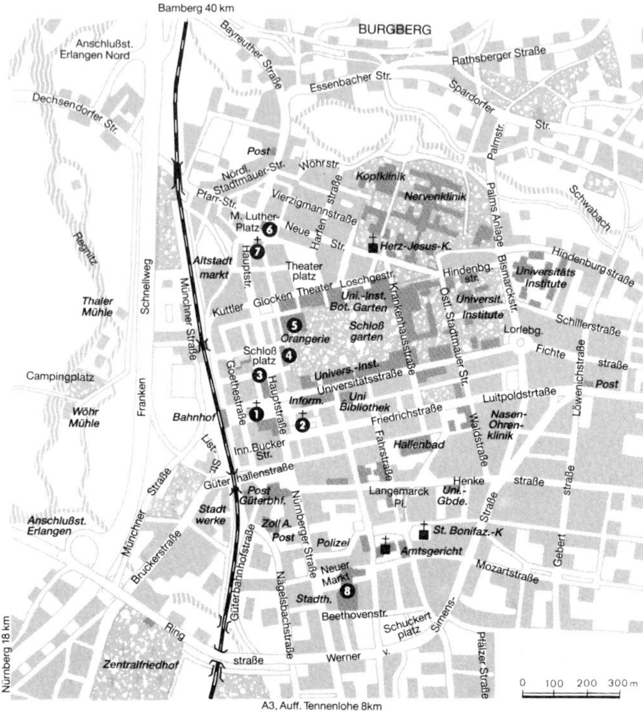


## Erlangen

1 Hugenottenkirche
2 Neustädter Kirche
3 Palais Stutterheim
4 Schloß
5 Markgrafentheater
6 Altstädter Rathaus, Museum
7 Dreifaltigkeitskirche
8 Neues Rathaus, Stadthalle

1743 stiftete Markgraf Friedrich von Brandenburg-Bayreuth die Universität, an der berühmte Professoren lehrten wie Johann Gottlieb Fichte (1805-06), Friedrich Rückert (1826-41) und Ludwig Feuerbach (1828); unter den Studenten war auch Johann Peter Hebel.

Mit dem Anschluß an das Eisenbahnnetz 1844 begann die Industrialisierung. In den letzten Jahrzehnten entstanden neue Industrie-Großbauten – darunter auch die Hauptverwaltung der Siemens AG. – im Süden, Südwesten und Osten der Stadt. Durch die Eröffnung eines Umschlaghafens am Rhein-Main-Donau-Kanal 1970 und den Ausbau des Autobahnnetzes im Ballungszentrum Nürnberg-Fürth-Erlangen wurden die Verkehrswege bedeutend verbessert. Seit 1974 ist Erlangen durch Eingemeindung umliegender Dörfer Großstadt.

**Stadtbesichtigung:**

Am Hugenottenplatz in der Nähe des Hauptbahnhofes mit dem *Bronzestandbild des Markgrafen Friedrich* von Ludwig Schwanthaler erhebt sich die schlichte

**Hugenottenkirche** (evangelisch-reformierte Kirche), 1686-93 erbaut unter Markgraf Christian Ernst für die Hugenotten; der schlanke Turm wurde erst 1736 vollendet. Durch geschickte Anordnung der drei Holzemporen entsteht im Inneren der Eindruck eines Rundbaus. Bemerkenswert die reich geschnitzte Kanzel und die Barockorgel von 1764. – In der Nähe östlich in der Friedrichstraße am Neustädter Kirchplatz die

**Neustädter Stadtpfarr- und Universitätskirche** mit hohem Turm. Errichtet 1737 im Markgrafenstil, zeigt sie im Inneren Stuck und Deckengemälde von Christian Leimberger sowie einen prächtigen Kanzelaltar, der auf einem von Elias Räntz geschaffenen Engel ruht. – In der benachbarten Schuhstraße befindet sich die berühmte *Universitätsbibliothek* mit wertvollen graphischen Sammlungen, darunter Selbstbildnisse von Dürer und Grünewald. – Durch die Universitätsstraße mit dem 1889 erbauten *Kollegienhaus* der Universität kommen Sie über die Hauptstraße zum

**Palais Stutterheim** (Marktplatz 1). Es wurde 1728-30 als Adelspalais errichtet und diente von 1836-1971 als Rathaus. Heute beherbergt es u.a. die Städtische Galerie und Stadtbücherei. – Auf dem Markt- und Schloßplatz steht der *Paulibrunnen* von 1889, gestiftet von einem Erlanger Bürger. An der Ostseite das

**Schloß,** 1700-1704 von dem Italiener Antonio della Porta bis zum Rohbau errichtet und durch den Berliner Gottfried von Gedeler vollendet. Der dreigeschossige Quaderbau ist mit Sandsteinplastiken von Elias Räntz geschmückt. Die ehemals markgräfliche Nebenresidenz dient seit 1825 als Sitz der Universitätsverwaltung. Vor der Fassade steht das *Denkmal des Universitätsgründers Markgraf Friedrich.* Dahinter liegt der Schloßgarten mit dem *Reiterstandbild des Markgrafen Christian Ernst* von 1711 und dem originellen *Hugenottenbrunnen* von Elias Räntz (1706) mit 45 Statuetten französischer Flüchtlinge, die Markgraf Christian Ernst verherrlichen. Anschließend der *Botanische Garten* mit Gewächshäusern und der *Orangerie,* erbaut 1705-06 durch Gottfried von Gedeler. Der halbrund geschwungene Bau dient heute als Ausstellungs- und Konzertgebäude; bemerkenswert ist der Wassersaal mit seiner Stuckdecke. Am Theaterplatz mit einem schönen Rokokohaus von 1760 befindet sich das

**Markgrafentheater,** das älteste noch bespielte Barocktheater Süddeutschlands. Markgraf Friedrich Wilhelm ließ es 1715-18 errichten; Markgräfin Wilhelmine sorgte 1744 für eine Umgestal-

Die Hugenottenkirche
in Erlangen

tung durch den Venezianer Giovanni Paolo Gaspari, der den prachtvollen Innenraum mit reichen Ornamenten schmückte. 1959 wurde das Theater nach historischem Vorbild renoviert. Im Rahmen eines umfassenden Gastspielbetriebs finden hier jährlich rund 130 Vorstellungen statt. – Am Martin-Luther-Platz das

**Altstädter Rathaus** mit hohem Mansardendach. Der 1731-36 errichtete dreigeschossige Barockbau diente bis 1812 als Rathaus der „Altstadt Erlangen". Heute beherbergt es das Stadtmuseum und das Stadtarchiv im Museumshof. Die

**Altstädter Dreifaltigkeitskirche** wurde 1709-21 nach dem großen Stadtbrand im Markgrafenstil erbaut. Eigentümlich ist der mit der Fassade eng verbundene Turm. Der Saalraum mit umlaufenden Emporen wird von einem mächtigen Kanzelaltar beherrscht. Im Stadtteil Alterlangen steht die

**Martinsbühler Kirche.** Als älteste Kirche von Erlangen wurde sie 1288 erstmals erwähnt und 1745 barock umgestaltet. Auf der Orgelempore befindet sich eine Holzplastik „St. Martin auf dem Pferd" aus dem 14. Jh. – Entgegengesetzt im Süden der Stadt, südöstlich vom Hauptbahnhof an der Nürnberger Straße, entstand das neue

**Rathaus,** ein imposanter Hochbau aus modernem Sichtbeton, mit Stadthalle (1500 Sitzplätze), Kongreß-, Kultur- und Einkaufszentrum, errichtet 1970-71 von H. Loebermann. – Südlich erhebt sich im 1924 eingemeindeten Stadtteil Bruck die

**Kirche St. Peter und Paul** aus dem 13. Jh. mit spätgotischem Schnitzaltar und barocken Deckengemälden der Brüder Leimberger.

**Auskunft:** Verkehrsbüro am Rathausplatz 1 und Pavillon am Hugenottenplatz, 8520 Erlangen.
**Verkehr:** Autobahnanschluß zur A-3 (München-Würzburg), A-9 (Nürnberg- Berlin) über das Nürnberger Kreuz, A-73 (Nürnberg-Bamberg). B-4 (Nürnberg-Bamberg). Bahnstation der Strecke Berlin-München. Flugplatz Nürnberg 15km.
**Hobby und Sport:** Hallenbad im Frankenhof. Beheizte Freibäder Gebbertstr. 121 (Röthelheimbad) und Damaschkestr. 129 (Freibad West). Naturfreibad Dechsendorfer Weiher 7km nordwestlich. – Angeln, Rudern (Bootsverleih), Windsurfing, Trimmpark mit Laufpfad, Sommerstock- und Sommerrodelbahn im Erholungsgebiet Dechsendorfer Weiher. – Tennis, Reiten. – Personenschiffahrt auf dem Europa-Kanal.
**Freizeitzentrum Frankenhof:** Südliche Stadtmauerstraße 35 (östlich vom Hauptbahnhof) mit Jugendherberge, Gästehaus, Restaurant, Freizeit- und Bildungsstätte.
**Veranstaltungen:** Im Markgrafentheater Oper- und Schauspielaufführungen von September bis Mai. – Konzerte internationaler Orchester und Solisten sowie Erlanger Musikvereinigungen in der Stadthalle und in der

Orangerie. – Internationale Theaterwoche der Studentenbühnen. – Internationale Kongresse in der neuen Stadthalle. – Bergkirchweih in der Pfingstwoche „in Europas größtem Biergarten" auf den Felsenkellern am Burgberg, ein 12tägiges Volksfest seit 1755 (50 Jahre älter als das Oktoberfest in München): Im Ausschank extra gebrautes Erlanger Kirchweih-Starkbier, rund 100 Schausteller sorgen für Abwechslung.

**Museen und Sammlungen:**

**Universitätsbibliothek,** Schuhstraße. Berühmte Literatur- und Kunstschätze (Handschriften, Selbstbildnisse von Dürer und Grünewald).
**Stadtmuseum** im Altstädter Rathaus, Martin-Luther-Platz. Sammlungen zur Vorgeschichte, Geschichte und Kulturgeschichte der Stadt, Handwerk und Gewerbe (Handschuhmacher, Strumpfwirker, Zünfte), bürgerliche Wohnkultur, Volkskunst sowie Puppen- und Spielzeugschau.
**Museum für Geologie und Paläontologie,** Schloßgarten 5.
**Zoologisches Museum,** Universitätsstraße 19. Sammlungen der heimischen Tierwelt und Evolution der Tiere.

**Wanderungen und Ausflüge:**

**1.** Am nördlichen Stadtrand jenseits der Schwabach der **Burgberg** (332 m). An seinem Fuß an der Äußeren Bayreuther Straße die **Kapelle zum Hl. Grab** aus dem 14. Jh. Auf der westlichen Anhöhe das **Kanalmonument** mit den Statuen der Donau und des Mains, des Handels der Schiffahrt von Ludwig Schwanthaler (1846), die am Ludwig-Donau-Main-Kanal aufgestellt werden sollten, der in der Strecke Nürnberg- Bamberg 1843 eröffnet wurde. Am Burgberg befindet sich auch der 1982 eingerichtete **Skulpturengarten** mit Bronzeskulpturen des Erlanger Bildhauers Heinrich Kirchner. Beim - **Kellerhäuschen** befindet sich der Festplatz für die beliebte Erlanger Bergkirchweih.

**2.** Nördlich vom Burgberg liegen die Erholungsgebiete **Bischofs Meilwald** und **Erlanger Meilwald** mit markierten Wanderwegen. Im näheren Umkreis die Ausflugsorte jeweils mit Schlössern **Rathsberg** (Altenwohnheim, Konzertsaal, Aussichtscafe), **Atzelsberg** (Barockschlößchen, Konzerte), **Adlitz** und **Marloffstein** sowie das Städtchen **Bubenreuth** mit angesiedelten Geigenbauern aus Schönach (Sudentenland).

**3.** Nach **Möhrendorf** zwischen Regnitz und Rhein-Main-Donau-Kanal mit alter Holzbrücke und Wasserschöpfrädern aus dem 18. Jh., 6 km nordwestlich. Nordöstlich das malerische Städtchen **Baiersdorf,** bekannt durch seinen Kren (Meerrettich), der hier verarbeitet wird. Nordwestlich bei **Dechsendorf** (Busverbindung von Erlangen) eine weitläufige Weiherlandschaft mit vielen Freizeiteinrichtungen.

**4.** Nach **Frauenaurach** mit ehem. Dominikanerinnen-Klosterkirche aus dem 13. Jh., jetzt evangelische Pfarrkirche, 4 km westlich. Spaziergänge am Rhein-Main-Donau- Kanal, nordwestlich das **Kosbacher Weihergebiet.**

**5.** Nach **Neunkirchen am Brand*** mit altfränkischem Ortsbild und sehenswerter Pfarrkirche, 11 km nordöstlich. Von dort 6 km zum traditionsreichen Trachtendorf **Effeltrich** (→ S. 63) mit alter Wehrkirche und 1000jähriger Linde.

**6.** Über Buckendorf nach **Kalchreuth** (→ S. 65) am aussichtsreichen Rand eines Höhenrückens inmitten eines Kirschanbaugebietes mit sehenswerter Kirche (auch Wanderweg ab Buckendorf durch den Sebalder Wald).

## FORCHHEIM

*Große Kreisstadt, 265 m, 29 000 Einwohner*

Forchheim ist westliches Eingangstor in die Fränkische Schweiz an der Mündung der Wiesent in die Regnitz, seit 1968 Rhein-Main-Donau-Kanal. Das malerische Stadtbild beeindruckt durch seine altfränkischen Fachwerkbauten, ein noch erhaltenes prächtiges Stadttor und Reste der Festungsbastionen mit schönen Parkanlagen. Als Mittelzentrum zwischen Erlangen und Bamberg ist Forchheim heute eine lebhafte Einkaufs- und Schulstadt. Eingemeindet wurden die Orte Buckenhofen, Burk, Kersbach, Reuth und Serlbach.

**Geschichte:** Forchheim entwickelte sich aus einem karolingischen Königshof; der Name wird vom althochdeutschen „foraha" = Föhre abgeleitet. Bei der ersten urkundlichen Nennung 805 war Forchheim bereits ein wichtiger Handelsplatz an der Nord-Süd-Straße des karolingischen Reiches. Häufig wurden in der Forchheimer Königspfalz Fürsten- und Reichstage abgehalten. Nach dem Übergang an das neu gegründete Bistum Bamberg 1007 machten die Fürstbischöfe Forchheim zu ihrer zweiten Residenz und immer mehr zu einer starken Grenzfestung gegen die hohenzollerschen Markgrafen von Ansbach und Bayreuth. In über 200jähriger Bautätigkeit wurde eine Festung im Bastionärsystem mit gewaltigen Wällen, Mauern, Gräben, Kasematten und Vorwerken geschaffen. Die Anlage widerstand der dreimaligen Belagerung durch die Schweden im 30jährigen Krieg, und auch im Siebenjährigen Krieg hielten die Mauern stand. Mit der Säkularisierung des Fürstbistums Bamberg kam Forchheim 1803 an die Krone Bayerns. Die Stadt verlor 1838 die Festungseigenschaft, behielt aber noch bis 1882 den Status einer Garnison. Seit 1875 wurden die Befestigungswerke teilweise abgetragen und die Reste in die Grünanlagen einbezogen. Schon im frühen 13. Jh. mit Stadtrechten ausgestattet, war Forchheim von 1889 bis 1972 kreisfreie Stadt und ist seitdem Große Kreisstadt. - Nach einer Klosterchronik aus dem 14 Jh. soll Pontius Pilatus in Forchheim geboren sein. Der Name Pilatus wird von der Mutter Pila und dem Vater Ato abgeleitet. In der Festungsmauer befindet sich der eingemeißelte Gedenkspruch „Vorchemii natus est Pontius ille Pilatus / Teutonicae gentis, crucificor omnipotentis:" In Forchheim wurde jener deutschstämmige Pontius Pilatus geboren, der den Allmächtigen Kreuzigen ließ.

**Sehenswert:** Noch heute zeugen die im Westen und Norden erhaltenen Mauerzüge mit ihren Bastionen, Kasemattengewölben und Rondengängen sowie das stattliche Nürnberger Tor von 1698 von der einstigen Festung. Mittelpunkt der Altstadt mit schönen Fachwerkhäusern ist der Marktplatz mit dem fotogenen

Das Rathaus in Forchheim ziert reiches Fachwerk

**Rathaus.** Der ältere Teil mit massivem Untergeschoß, schlichtem Fachwerkgiebel und achteckigem Uhrentürmchen stammt von 1491. Anschließend der sogenannte Magistratsbau von 1535 mit reichem Zierwerk und Balustersäulen, deren Kapitelle geschnitzte Figuren zeigen; Hans Ruhalm schuf dieses Meisterwerk ganz im Reichtum der Renaissance. – Dahinter die

**Pfarrkirche St. Martin** mit hohem Turm und Zwiebelhaube. Sie geht auf eine romanische Anlage zurück, die in Teilen noch sichtbar ist. Der heutige gotische Sandsteinbau stammt aus dem 14. Jh. Bemerkenswert die Ölbergdarstellung am äußeren Chor von 1515. Der dreischiffige Innenraum wurde im 18. Jh. barockisiert. Von der spätgotischen Ausstattung sind noch acht Tafelbilder des alten Hochaltars (um 1490) mit Darstellungen der Passion und der Martinslegende (auf der Rückseite) sowie ein Holzrelief „Abschied Christi von Mariae" (um 1520) erhalten. – In der Nähe die

**Marienkapelle.** Sie entstand in Zusammenhang mit der Pfalz unter Bischof Otto dem Heiligen im 12. Jh. im romanischen Stil mit hochliegenden Rundbogenfenstern, wurde aber im 14. und 18. Jh. völlig verändert. – Benachbart die kaiserliche

**Pfalz.** Ob sich hier auch die ursprüngliche karolingische Pfalz befand, ist nicht gewiß. Bischof Otto der Heilige von Bamberg bezeugte im 12. Jh. ein „steinernes Haus" und die Marienkapelle. Die grabenumgürtete Wasserburg, einst fürstbischöfliche Residenz, entstand um 1380. Der malerische Komplex besteht aus dem mächtigen massiven Palas, der durch einen Fachwerkgang mit einem Giebelhaus des 16. Jh. verbunden ist; der Treppenturm im Hof stammt von 1605 – gute Kulisse für das *Pfalzmuseum,* das im Palas seinen Platz gefunden hat und in drei Geschossen mit spätgotischen und Renaissance-Malereien seine reichhaltigen Sammlungen zeigt. Daneben der spätgotische *Saltorturm,* Forchheims einziger erhaltener mittelalterlicher Stadtturm. An der Bamberger Straße bildet das 1328 gestiftete

**Katharinenspital** mit schönem Fachwerkgiebel und gotisch-barockem Kirchlein eine reizvolle Baugruppe; auf steilem Kirchendach ein barockes Türmchen, im Innern eine gotische Figur des Hl. Antonius. – In der Nähe am rechten Wiesentarm die malerische, vom Volksmund so bezeichnete Siedlung

**Klein-Venedig** mit schönen, direkt an den Fluß grenzenden Häusern aus dem 16. Jh., deren Balkone oft auf Pfählen über dem Wasser errichtet wurden. In der Wiesentstraße 10 steht fotogen die windschiefe *Kammerermühle,* ein Gebäude der Spätrenaissance von 1698 mit guterhaltenem Fachwerk, jetzt zu einem Lokal umgestaltet. In der Nähe, an der Wiesent die *Fischkästen,* bis ins Wasser reichende kleine Holzbuden, in denen Karpfen gehalten werden. Früher wohnten in diesem Viertel die Juden der Stadt. Südlich liegt der

**Paradeplatz** (Tiefgarage) mit alter *Hauptwache* und ehemals fürstbischöflichem *Oberamtshaus* von 1685-1709 (jetzt Landratsamt); gegenüber an der Nürnberger Straße die ehemalige *Kommandantur,* erbaut 1744-47 von J. M. Küchel, heute ein Cafe; im Hinterhof das Braunauer Museum. In der Nähe das mächtige *Nürnberger Tor* von 1698; im Giebel halten Löwen das Wappen Fürstbischof Lothar Franz von Schönborn. – In der Klosterstraße östlich der Wiesent erhebt sich die jetzige

**Redemptoristen-Klosterkirche St.Anton** von 1685-93 mit reichhaltiger Rokokoausstattung. Sie wurde von Franziskanern begründet.

**Auskunft:** Städt. Verkehrsamt 8550 Forchheim, Rathaus.
**Verkehr:** Autobahnanschluß zur A-73 (Nürnberg-Bamberg). Schnittpunkt der B-4 (Nürnberg-Bamberg) und B-470 (Auerbach-Höchstadt). Bahnstation.

**Hobby und Sport:** Hallenbad, beheiztes Freibad, Kneippanlage, Angeln, Minigolf auf der Sportinsel, Bootsverleih, Reiten, Segelfliegen, Tennis. – Ausflugsfahrten mit dem Schiff nach Nürnberg und Bamberg (Anlegestelle an der alten Regnitzbrücke). – Musik- und Theatergastspiele.
**Sammlungen:** Pfalzmuseum im Gebäude der historischen Pfalz mit geologischen, vorgeschichtlichen und heimatkundlichen Sammlungen. – Braunauer Heimatmuseum (der sudetenländischen Patenstadt Braunau) im ehem. fürstbischöflichen Kommandantenhaus von 1747 an der Nürnberger Straße mit heimatkundlichen Sammlungen.
**Veranstaltungen:** Annafest alljährlich seit 1840 um den Annatag (26. Juli) mit 10tägigem Volksfesttreiben im Kellerwald unter Eichen- und Buchenbäumen und (alle 5 Jahre) Festzug. Das Volksfest, eines der größten in Franken, geht auf die Wallfahrt zur Annakapelle im benachbarten Unterweilersbach zurück. – Beliebt ist der „Markt am Sonntag" auf dem Paradeplatz.

**Wanderungen und Ausflüge:**

**1.** Über die **Jägersburg** (ehem. fürstbischöfliches Jagdschloß von 1730, heute Caritasheim) und **Rettern** (Bushaltestelle) zur **Retterner Kanzel** (507 m), 1 ½ Std. nordöstlich. Von dort erstreckt sich nach Norden bis Eschlipp die **Lange Meile** (Ebermannstadt*), ein 6 km langer aussichtsreicher Höhenzug, der durch Wanderwege erschlossen ist. Zurück südöstlich über Mittelweilersbach zur **St.-Anna- Wallfahrtskapelle** und durch den Kellerwald.

**2.** Über Reuth nach **Kirchehrenbach** mit schönem Ortsbild und sehenswerter Pfarrkirche, 1 ½ Std. nordöstlich. Aufstieg in ½ Std. zum **Walberlaberg** (→ S. 55). Abstieg nach **Wiesenthau** mit Renaissance-Schloß und über Reuth zurück.

**3.** Zum traditionsreichen Trachtendorf **Effeltrich** (→ S. 63) mit alter Wehrkirche und 1000jähriger Linde, 8 km südöstlich (Busverbindung). Von dort markierter Wanderweg 1 Std. nördlich nach **Pinzberg** mit befestigter Pfarrkirche und schönen Fachwerkhäusern. Zurück nach Effeltrich über den aussichtsreichen **Köchelberg** (362 m).

**4.** Nach **Kunreuth** mit Wasserschloß des 15. Jh. (→ S. 63), 5 km nordöstl.

**5.** Nach **Buttenheim** mit Pfarrkirche von J.M. Küchel (→ S. 109), 10 km nördlich.

**6.** Zum **Freizeitpark Schloß Thurn** bei Heroldsbach, 8 km südwestlich. Das 1422 bezeugte Schloß wurde 1754-56 von J.M. Küchel barock umgestaltet. Attraktion ist der Freizeitpark mit Westernstadt, Zinnfigurenkabinett, Schwebebahn, Dampfeisenbahn sowie dem zum Restaurant umgestalteten Rittersaal.

# FÜRTH

*Kreisfreie Stadt, 297 m, 100 000 Einwohner*

Fürth liegt am Zusammenfluß von Rednitz und Pegnitz zur Regnitz in unmittelbarer Nachbarschaft zu Nürnberg und ist heute eine bedeutende Industrie- und Handelsstadt mit ausgezeichneten Sport- und Freizeiteinrichtungen.

**Geschichte:** Fürth ist älter als die große Nachbarstadt Nürnberg. Aus einem karolingischen Königshof hervorgegangen, wurde „Furthum" schon 907 urkundlich erwähnt und 1007 mit Markt- und Münzrecht ausgestattet. Dann begann ein chaotischer Zeitabschnitt. Jahrhundertelang stritten sich drei Landesherren, die Bischöfe von Bamberg, die Markgrafen von Ansbach und die Reichsstadt Nürnberg um territoriale Ansprüche in dem bäuerlichen Marktflecken. Dadurch wurde die Entwicklung des Ortes gehemmt, der noch dazu im 30-jährigen Krieg fast völlig zerstört wurde. Erst nach Eingliederung in das Königreich Bayern 1806 und der Erhebung zur Stadt besserten sich auch die wirtschaftlichen Verhältnisse. Am 7. Dezember 1835 verkehrte zwischen Nürnberg und Fürth die erste deutsche Eisenbahn. Damit begann die Entwicklung zur bedeutenden Industrie- und Handelsstadt. Die Entstehung der Stadt nach ihrer Zerstörung im 30-jährigen Krieg ist an den chronologisch gewachsenen Straßenzeilen von Norden nach Süden sichtbar. Erhalten sind Häuser aus allen Stilepochen der letzten drei Jahrhunderte, besonders vom Klassizismus über die Gründerzeit bis zum Jugendstil; beispielhaft ist die Hornschuhpromenade mit ihren reich gegliederten Sandsteinfassaden aus der Gründerzeit. Denkmalpfleger haben in den letzten Jahren viele Häuser restauriert und Teile der historischen Altstadt unter Ensemble-Schutz gestellt.

**Sehenswert:** Die **Kirche St. Michael** stammt aus dem 14./15. Jh. und besitzt ein spätgotisches Sakramentshäuschen (um 1500); sie war Vorbild für die Nürnberger St. Lorenzkirche. Das **Rathaus** wurde 1840-50 nach Plänen von Friedrich Bürklein im Stil der Neurenaissance erbaut; sein 50 m hoher Turm ist dem Palazzo Vecchio in Florenz nachempfunden und Wahrzeichen der Stadt. Benachbart die 1982 eröffnete moderne **Stadthalle** mit Kongreß- und Tagungszentrum. Entlang der Pegnitz erstreckt sich der schöne **Stadtpark** mit altem Baumbestand, Freilichtbühne, Fontänenhof und Gaststätte. In der **Altstadt** im Dreieck zwischen Rednitz und Pegnitz stehen schöne Fachwerkhäuser wie der Stadlershof aus dem 17./18. Jh.

In *Poppenreuth* östlich jenseits der Autobahn A-73 die spätgotische **Kirche St. Peter und Paul** aus dem 15./16. Jh. mit einem Flügelaltar von 1490/1500.

Die Hornschuhpromenade in Fürth
mit Sandsteinfassaden aus der Gründerzeit

In *Burgfarrnbach* 4 km westlich die gotische **Johanniskirche** mit Scharwachttürmchen aus dem 14. Jh. mit barockisiertem Inneren und Grabdenkmälern aus dem 14. bis 17. Jh. Das **Schloß Burgfarrnbach** der Grafen Pückler-Limpurg, ein klassizistischer Bau von 1830-34, dient heute als Kulturzentrum.

**Auskunft:** Verkehrsverein 8510 Fürth, Bahnhofsplatz 8 b.
**Verkehr:** Autobahnanschluß zur A-73 (Nürnberg-Bamberg). B-8 (Nürnberg-Neustadt a.d. Aisch). Bahnstation. U-Bahn nach Nürnberg. Hafen am Rhein-Main-Donau-Kanal.
**Hobby und Sport:** Hallenbäder, beheiztes Freibad am Scherbsgraben, Golf, Reiten, Tennis, Paddeln (Sportbootfahren).
**Veranstaltungen:** Stadttheater mit Opern-, Operetten- und Schauspielaufführungen. Freilichtbühne im Stadtpark. – Kulturelle Veranstaltungen im Schloß Burgfarrnbach. – Michaelis-Kirchweih „Färtha Kärwa" elf Tage lang um Michaeli (29. September) mit fränkischem Erntedankfestzug. – Fürther Weihnachtsmarkt (seit 1820) am Platz „Fürther Freiheit" vor Weihnachten.
**Sammlungen:** Stadtmuseum, Stadtbibliothek und Stadtarchiv im Schloß Burgfarrnbach.

**Wanderungen:**

**1.** Am Rhein-Main-Donau-Kanal entlang nach **Vach,** einem alten Ort im Fürther Land mit schönem Ortsbild, 1 ½ Std. nördlich.

**2.** Durch das **Rednitztal** über Neumühle nach **Stein,** 2 Std. südlich.

**3.** Durch das **Rednitztal** und westlich nach **Zirndorf*,** 1 Std. südwestlich. Zurück über den Höhenzug „Alte Veste" und den **Fürther Stadtwald.**

**4.** Durch den **Fürther Stadtwald** über Forsthaus und Egersdorf nach - **Cadolzburg** mit sehenswerter **Hohenzollern-Burganlage,** 2 ½ Std. westlich. Zurück über Wachendorf, Banderbach und Dambach.

## GÖSSWEINSTEIN

*Landkreis Forchheim, 500 m, 4000 Einwohner mit den Ortsteilen*

Der anerkannte Luftkurort im Herzen der Fränkischen Schweiz liegt in einer geschützten Höhenmulde über dem Wiesent-Tal, überragt von der gleichnamigen Burg und der berühmten Barockbasilika von Balthasar Neumann. Unterhalb der eingemeindete, ebenfalls anerkannte Luftkurort **Behringersmühle** (333 m) am Zusammenfluß von Ailsbach, Püttlach und Wiesent. Anerkannte Luftkurorte sind außerdem die Ortsteile **Hühnerloh** und **Moritz.** Zu Gemeinde gehören auch die Orte Allersdorf, Bösenbirkig, Etzdorf, Hartenreuth, Kleingesee, Kohlstein, Leutzdorf, Morschreuth, Moschendorf, Sachsendorf, Stadelhofen, Türkelstein, Unterailsfeld, Ühleinshof, Wichsenstein und Wölm. In der waldreichen Umgebung befinden sich viele Aussichtspunkte.

**Sehenswert:** Die **Wallfahrtskirche zur Hl. Dreifaltigkeit** wurde durch den Bamberger Fürstbischof Friedrich Karl von Schönborn in Auftrag gegeben und nach nur neunjähriger Bauzeit 1739 nach Plänen von Balthasar Neumann vollendet. Der auf kreuzförmigem Grundriß errichtete prächtige Barockbau aus hellem Sandstein gipfelt über der eindrucksvollen Terrasse J. Michael Küchels in einer machtvollen Zweiturm-Fassade; am Portal das Schönborn-Wappen. Kräftige Wandpfeiler, schwere Tonnengewölbe und wohltuende Weiträumigkeit bestimmen in Harmonie von Farbe und Licht den Raumeindruck. An dem Werk waren bedeutende Künstler beteiligt: Balthasar Neumann lieferte die Pläne; F.J. Vogel schuf die feinen Stukkaturen; Joh.P. Benkert, Joh. Schnegg und Martin Mutschele besorgten die Bildhauerarbeiten und J. Michael Küchel entwarf den imposanten Hochaltar, dessen herrlicher Aufbau das geschnitzte spätgotische Gnadenbild der Marienkrönung umschließt. Die bis ins 15. Jh. zurückgehende Wallfahrt zur Hl. Dreifaltigkeit wird noch heute ausgeübt. – An der Außenwand des Chores ein mächtiges **Grabdenkmal** der freiherrlichen Familie von Mengersdorf/Würzburg aus dem Jahre 1588 als bemerkenswertes Zeugnis der Spätrenaissance. – Neben der Kirche das repräsentative, schloßähnliche **Pfarrhaus,** erbaut 1747-49 von J. Michael Küchel. – In der Nähe das heutige **Franziskanerkloster,** gestiftet 1723 als Kapuzinerkloster durch Fürstbischof Franz von Schönborn, dessen Wappen sich über dem Portal befindet. Daneben die bereits 1630 errichtete **Klosterkirche** – an ihrem Chor die *Dreifaltigkeitskapelle* mit einem kunstvollen perspektiven Torgitter von 1725. Über dem Tal der Wiesent thront 150 m hoch die

**Burg Gößweinstein** auf einem nach drei Seiten abfallenden Felsen. Erbaut im 11. Jh. durch den Grafen Gozwin, war Burg „Gozwinstein" jahrhundertelang Amtssitz der Bamberger Bischöfe. Nach wiederholten Zerstörungen, besonders im Bauernkrieg und im Markgrafenkrieg, wurde sie 1767 erneut aufgebaut und ab 1859 Sitz eines Rentamtes. 1890 wurde sie durch den Freiherrn von Sohlern erworben und gründlich renoviert. Der Überlieferung nach soll sie Richard Wagner als Motiv für seine Gralsburg im Parzifal gedient haben. Weit geht der Blick über die Höhen der Fränkischen Schweiz bis zum Fichtelgebirge und zum Frankenwald. Das Innere der Burg ist in gotischem Stil eingerichtet (Besichtigungen).

**Auskunft:** Verkehrsamt 8556 Gößweinstein, Burgring 67 und Verkehrsamt 8559 Gößweinstein-Behringersmühle.
**Verkehr:** B-470 (Forchheim-Pegnitz). Nächste Bahnstationen Ebermannstadt 15km und Pegnitz 20km (Busverbindungen).
**Hobby und Sport:** Hallenbad, beheiztes Freibad, Kneippanlagen, Angeln, Minigolf, Paddeln, Rudern (Bootsverleih bei der Stempfermühle), Tennis. – Kurpark in Behringersmühle. – Kurse für Bauernmalerei und Hinterglasmalerei in Morschreuth.
**Kurmittel:** Medizinische Bäderabteilung, Schrothkuren.
**Sammlungen:** Heimatmuseum mit Trachten, Hausrat, Stichen, Bildern und Urkunden aus der Fränkischen Schweiz sowie einer geologischen Sammlung (u.a. zwei 150 Millionen Jahre alte Riesenschwämme des Jurameeres). – Scheffel-Zimmer im Scheffel-Gasthof zum Gedächtnis an den Dichter Victor von Scheffel, der 1883 in diesem Hause gewohnt hat; gegenüber dem Gasthof das Scheffel-Denkmal.
**Veranstaltungen:** Patronsfest der Basilika am 1. Sonntag nach Pfingsten. Bürgerfest Mitte August. Höhlenfeste in der Constantingrotte bei Behringersmühle, veranstaltet vom Verkehrsverein. Freilichtbühne (Theaterhöhle) mit Aufführungen von Volksstücken im Dialekt.

**Wanderungen:**

**1.** Zur aussichtsreichen **Wagnerhöhe,** einem Felsen mit Pavillon zur Erinnerung an Richard Wagner, der 1879 in Gößweinstein weilte, ¼ Std. nördlich.

**2.** Zur **Fellner-Doline** am Breitenberg (498m), mit 96m tiefste Ponor-Höhle Deutschlands, ½ Std. südöstlich. Zurück über Bösenbirkig.

**3.** Über Sachsendorf und Weidenloh zur **Teufelshöhle** (→ S. 29), 2 Std. südöstlich. Zurück durch das Weihersbachtal nach **Pottenstein*** und weiter entweder durch das Püttlachtal über das Felsendorf **Tüchersfeld** oder kürzer über **Hühnerloh** (gute Einkehr im Gasthof Bayer) und Bösenbirkig.

**4.** Über die bewirtschaftete **Stempfermühle** (20 Minuten; in der Nähe 3 Quellen) durch das Wiesent-Tal nach **Burggaillenreuth** mit Schloß, Schloßwirtschaft und keltischen Ringwällen, 1 Std. westlich. Zurück im südlichen Bogen über **Leutzdorf** oder weiter neben der Bahnlinie nach **Muggendorf*,** 1 ¼ Std. nordwestlich. Zurück östlich der B-470 über **Oswaldhöhle, Quakenschloß** (kleine Galeriehöhle) nach **Moritz** und entweder über die **Hohe Warte** mit aussichtsreichem August-Sieghardt- Pavillon oder kürzer über Sachsenmühle.

**5.** Über den **Almersberg** (526m) und das Heidekreuz nach **Wichsenstein** mit Barockkirche und aussichtsreichem Burgfelsen (587m), 2 Std. südwestlich.

**6.** Über Ludwigshöhe, Bärenstein, Stadelhofen, Allersdorf zum **Preßknock** (580m) mit Aussichtsturm, 1 ½ Std. südlich. Entweder zurück über die **Rabenleite Förstelstein** (bizarre Felspartien), vorbei am **Frohnberg** (544m) und zum Türkelstein und Etzdorf oder weiter ½ Std. südlich über Kleingesee zur **Burgruine Bärnfels** aus dem 14./15. Jh. und zurück im westlichen Bogen über Leimersberg und Türkelstein.

**7.** Nach **Behringersmühle** am Zusammenfluß von Püttlach, Ailsbach und Wiesent, 20 Minuten nördlich. Weiter durch das Püttlachtal zum Felsendorf **Tüchersfeld,** 1 Std. nordöstlich. Zurück über Schafrangen.

**8.** Über **Behringersmühle** durch das Ailsbachtal zur **Burg Rabenstein** und zur **Sophienhöhle** (→ S. 29), 2 Std. nordöstlich. Zurück entweder im westlichen Bogen über Eichenbirkig, **Weiße Marter** (sehenswerter Rokoko-Bildstock von 1767 mit Marienkrönung), Moschendorf, Schweigelberg oder im Ailsbachtal bis Unterailsfeld und südlich über Hungenberg und **Schloß Kohlstein** von 1486 mit 1711 erbauter Schloßkapelle (Holzschnitzereien) und Kirchenruine zum „Heiligen Bühl".

**9.** Über **Behringersmühle** durch das **Schottertal** der Wiesent aufwärts über **Schottersmühle** (Gasthof), Sieghardtfelsen zum Gasthof **Doos** am Zusammenfluß von Aufseß und Wiesent, 2 Std. nördlich (nach Doos auch Busverbindung). Entweder zurück über Engelhardsberg und Moritz oder weiter durch das **Rabenecker Tal** der Wiesent zur **Burg Rabeneck,** 1 Std. nordöstlich. Nun östlich 1 Std. zur **Burg Rabenstein** und durch das Ailsbachtal in 2 Std. zurück.

## GRÄFENBERG

*Landkreis Forchheim, 435m, 4000 Einwohner*

Das malerische Städtchen ist südliches Eingangstor zur Fränkischen Schweiz und liegt mit seinen Ortsteilen Guttenburg, Lilling, Thuisbrunn und Walkersbrunn im Mittelpunkt eines ausgedehnten Kirschenanbaugebietes.

**Geschichte:** „Gravenberc" wurde erstmals 1172 in einer Urkunde des nahen Klosters Weißenohe genannt und verdankt seine Entstehung der günstigen Lage an der alten „Sächsischen Straße" von Nürnberg über Pegnitz nach Sachsen, die als B-2 heute immer noch eine Bedeutung hat. Die Burg der Ritter von Gravenberc aus dem 12. Jh. befand sich wahrscheinlich in der Ortsmitte. Bedeutender Sproß war der hier um 1170 geborene Minnesänger Wirnt von Gravenberc, ein Zeitgenosse Wolframs von Eschenbach, dessen nicht weniger als 12 000 Verse umfassendes Heldenepos „Wigalois oder der Ritter mit dem Rad" eine Gestalt der Artussage verherrlicht. 1194 als villa und 1308 als oppidum bezeichnet sowie 1333 mit Marktrechten durch Ludwig den Bayern ausgestattet, wurde Gräfenberg 1371 von Kaiser Karl IV. zur Stadt erhoben. Aus dieser Zeit stammen die Befestigungsanlagen mit den noch erhaltenen drei Stadttoren. Von 1504 bis 1806 war Gräfenberg Pflegeamt der Freien Reichsstadt Nürnberg.

**Sehenswert:** Der mittelalterliche Stadtkern bewahrt noch Reste der Befestigungsanlagen des 14. Jh. mit dem **Nürnberger, Egloffsteiner** und **Hilpoltsteiner Tor,** vor dem eine Linde steht, die der Sage nach um 1008 von Kaiserin Kunigunde gepflanzt sein soll. Am langgestreckten, von spitzgiebeligen altfränkischen Bürgerhäusern umsäumten Marktplatz beeindruckt das bunt bemalte **Rathaus** von 1689 mit seinem zwiebelgekrönten hölzernen Erker; eine Inschrift erinnert an den Minnesänger Ritter Wirnt von Gravenberc. Vor dem ehem. **Nürnberger Pflegschloß** steht der **Ritter-Wirnt-Brunnen.** Die **Pfarrkirche** aus dem 15./17. Jh. mit romanischem Turm besitzt Glasmalereien im Renaissancestil sowie ein aus einem Ast geschnitztes Kruzifix; zahlreiche Wappenscheiben und Epitaphien erinnern an Nürnberger Patrizier des 16. bis 18. Jh.

**Auskunft:** Stadtverwaltung 8554 Gräfenberg.
**Verkehr:** B-2 (Nürnberg-Pegnitz). Autobahnanschluß Hermersdorf zur A-9 (Nürnberg-Berlin) 16 km. Bahnstation.
**Hobby und Sport:** Freibad, Hallenbad, Tennis.
**Veranstaltungen:** Kirchweihfest am 1. Sonntag im August.

**Wanderungen:**

**1.** Zum **Eberhardsberg** (553 m) mit dem sagenumworbenen **Teufelstisch** (altgermanische Blutopferstätte) und einem **Obstlehrpfad,** 1 Std. südwestlich. Zurück über Steinbuckel und Guttenburg.

**2.** Über Guttenburg, Walkersbrunn und Pommer über den **Hetzleser Berg** (549 m) zur **Waldschänke** (Wanderparkplatz; nordwestlich keltische Ringwälle, südöstlich Segelflugplatz), 2 ½ Std. westlich. Zurück im nördlichen Bogen über Waldlücke, die aussichtsreiche **Burgruine Regensberg** mit erhaltener Burgkapelle St. Margaretha und bekanntem Berggasthof, Rangen und **Kasberg** mit 1000-jähriger Linde.

**3.** Zur ehem. **Klosterkirche Weißenohe** (1690-1707) mit Fresken von J. Gebhard, ¾ Std. südlich. Von dem ehem. Benediktinerkloster, 1632 von Wolfgang Dientzenhofer erbaut, sind nur noch Reste erhalten. Weiter südöstlich 1 Std. zur **Lillingquelle** und zurück über Sollenberg.

**4.** Über Waldhütte zum Wanderparkplatz unterhalb der **Buchhöhe** (532 m) im Buchwald, ¾ Std. nördlich. Weiter über Hohenschwärz, Saumberg und durch das **Todsfeldtal** vorbei am Augustusfels nach **Egloffstein*,** 1 ¼ Std. nördlich. Zurück über **Thuisbrunn** (Burgruine) und Neusles.

**5.** Über Großenohe und Schossaritz zur **Burgruine Wolfsberg** im Trubachtal, 2 Std. nordöstlich. Zurück im Tal abwärts über **Untertrubach** zur Mühle **Haselstauden** und nun südlich über Dörnhof und Höfles.

**6.** Durch das „Rote Holz" und über Wölfersdorf nach **Hilpoltstein,** 1 ½ Std. nordöstlich. Zurück im nördlichen Bogen.

Das Gräfenberger Rathaus
mit zwiebelgekröntem Erker

## HEILIGENSTADT

*Landkreis Bamberg, 367 m, 3700 Einwohner*

Heiligenstadt liegt südöstlich von Bamberg und ist Hauptort im reizvollen Leinleitertal. Der 1165 als „Haldenstatt" urkundlich genannte Markt erstreckt sich am Osthang des Altenbergs, überragt von dem Schloß Greifenstein. Mit den Ortsteilen Burggrub, Neumühle, Traindorf und Veilbronn ist Heiligenstadt ein beliebtes Erholungsgebiet. Geologisch interessant ist das obere Leinleitertal mit einem für die Karstlandschaft typischen Trockental, in dem „Hungerquellen" nur periodisch Wasser spenden.

**Sehenswert:** Der **Marktplatz** ist von schönen altfränkischen Fachwerkhäusern umsäumt, darunter auch das **Rathaus.** Der ehemalige Örtelshof gegenüber wurde zum **Haus des Gastes** mit Bibliothek, Leseraum und Verkehrsamt umgestaltet. Oberhalb die evangelische **Pfarrkirche St. Veit-Michael** von 1450, verändert 1718 und 1822, mit gotischem Chor und freistehendem barocken Zwiebelturm. Sie besitzt eine reiche Ausstattung mit vielfältigen Decken- und Emporenmalereien; bemerkenswert auch der Taufstein von 1652 und die Grabsteine der Herren von Streitberg. Die Kirche erhebt sich anstelle der einstigen Veitsburg; der separate Kirchenturm geht im Kern auf den früheren Bergfried zurück, während das Langhaus aus dem Unterbau einer mittelalterlichen Zehntscheune entstanden ist. Hoch über dem Ort thront 1 km nördlich das

**Schloß Greifenstein,** zu dem eine herrliche alte Lindenallee emporführt. Die ursprüngliche Burg war im 12. Jh. Eigentum des Schlüsselberger Adelsgeschlechts, gelangte dann an die Herren von Streitberg, die sich 1582 der Reformation anschlossen, und kam 1691 nach deren Aussterben an den Bamberger Fürstbischof Marquard Schenk von Stauffenberg, dessen Familie noch heute hier ansässig ist. Nach Plänen von Joh. Leonhard Dientzenhofer wurde die Burg 1693 zu einem Barockschloß umgebaut; außerdem wurde der große Park angelegt und die Lindenallee gepflanzt. Das Schloß besitzt sehenswerte Innenräume mit barokken Stuckdecken und geschnitzten Türumrahmungen, darunter der Ahnensaal mit prächtigem Intarsienfußboden und kostbaren Möbeln, sowie eine umfangreiche Waffen- und Geweihsammlung (Besichtigung möglich). Schön ist der Blick von dem im Jahr 1850 aufgestockten Bergfried.

**Auskunft:** Verkehrsamt 8551 Heiligenstadt, Haus des Gastes.
**Verkehr:** B-470 (Forchheim-Pegnitz), Abzweigung bei Gasseldorf (10 km). Nächste Bahnstation Ebermannstadt 12 km (Busverbindung).
**Hobby und Sport:** Hallenbad mit medizinischer Bäderabteilung, Haus des Gastes am Marktplatz mit Bibliothek, Leseraum und heimatkundlicher Abteilung; Tennis.

Der freistehende Zwiebelturm der
Pfarrkirche von Heiligenstadt,
im Hintergrund Schloß Greifenstein

**Lehrpfade im oberen Leinleitertal:**

**Geologischer Lehrpfad** (7,2 km) mit Hinweis- und Erläuterungstafeln (u.a. Fossilienfundstelle, Basaltvorkommen) auf der nordwestlichen Strecke Eichenberg, Kreuzstein, Heroldstein und Heroldsmühle.
**Landwirtschaftlicher Lehrpfad** (1,2 km) beim Informations-Schutzhäuschen zwischen Zoggendorf und Burggrub am Hang des Altenberges mit dem Dolomitblock „Rotenstein".
**Wanderparkplätze** in Zoggendorf, beim Eichenberg und bei der Heroldsmühle (Gasthaus).

**Wanderungen:**

**1.** Über **Neumühle** (Gasthaus) zum **Schloß Greifenstein,** ½ Std. nördlich. Weiter auf dem Main-Donau-Weg in 1 ¼ Std. nordöstlich über die waldreiche Albhochfläche nach **Aufseß** (→ S. 57) mit Schloß Unteraufseß (Besichtigung) im Aufseßtal. Zurück entweder über Oberaufseß und den Hugo-Turm oder ¼ Std. im Aufseßtal abwärts und westlich über Neudorf.

**2.** Im Leinleitertal aufwärts über **Zoggendorf** (alte Hufschmiede), **Burggrub** (Barockkirche, Fachwerkhäuser), **Oberleinleiter** (Brauereigasthof) zur **Heroldsmühle,** heute Gasthaus, 1 ½ Std. nordwestlich. Bemerkenswert das riesige Wasserrad von 7 m Durchmesser, interessant der geologische Lehrpfad. Oberhalb 500 m die **Leinleiterquelle** und Beginn eines typischen **Trockentales** mit Tummlern oder Hungerquellen, die nur nach starken Regenfällen Wasser führen; dabei kann das Wasser explosionsartig so stark mehrere Meter emporsprudeln, daß Steine aus dem Untergrund mitgeführt werden. Zurück über die Schwedenschanze und den **Eichelberg** (525 m).

**3.** Im Leinleitertal abwärts über Traindorf nach **Veilbronn** an der Einmündung des Leidingshofer Tales mit Naturfreundehaus, 1 Std. südöstlich. Weiter talabwärts über **Unterleinleiter** mit Renaissance-Schloß bis zur Mündung bei **Gasseldorf** am Fuß des Hummersteins (472 m), 2 Std. südlich (nach Heiligenstadt Busverbindung). Zurück von Veilbronn entweder am Ostufer oder im östlichen Bogen über die Wernquelle.

## HERSBRUCK

*Landkreis Nürnberger Land, 340 m, 11 300 Einwohner*

Hersbruck ist anerkannter Erholungsort an der Pegnitz, Hauptort der Frankenalb und Mittelpunkt der reizvollen Juralandschaft „Hersbrucker Schweiz". Reste der Befestigungsanlagen mit drei Tortürmen, enge Gassen, malerische Winkel und schöne Fachwerkhäuser geben dem 1000-jährigen Städtchen ein mittelalterliches Gepräge. Mit den eingemeindeten Orten Altensittenbach, Ellenbach, Großviehberg, Kühnhofen und Weiher liegt Hersbruck in einem traditionsreichen Hopfenanbaugebiet.

Das Schloß von Hersbruck

**Geschichte:** Hersbruck entwickelte sich aus einem Königshof an der alten Handelsstraße von Forchheim nach Regensburg, die hier über die Pegnitz führte. Haderihesprucga, die Brücke des Haderich, wurde der Ort 1011 genannt, als Kaiser Heinrich II. ihn seinem neu gegründeten Bistum Bamberg schenkte und 1057 das Markt-, Zoll- und Münzrecht verlieh. Durch die Vögte des Bistums, seit 1188 Staufer, verlor Bamberg seinen Hersbrucker Besitz, der aus dem Staufererbe 1269 an die bayerischen Wittelsbacher und 1353 vorübergehend an das Neuböhmen Kaiser Karls IV. fiel, der die Stadtrechte verlieh, Hersbruck aber 1373 wieder an die Wittelsbacher zurückgab. Im Bayerischen Erbfolgekrieg gelang es 1504 den Nürnbergern, Hersbruck zu besetzen. Bis 1806 gehörte es nun zum Territorium der Reichsstadt, deren bestes Pflegamt Hersbruck und seine Umgebung wurde.

**Sehenswert:** Der mittelalterliche Stadtkern wird im Süden und Osten von der Pegnitz begrenzt. Erhalten sind Reste der im Hussitenkrieg begonnenen und 1444 fertiggestellten **Stadtmauer** mit Wehrgang und Graben sowie drei Tortürme: Das **Nürnberger Tor** von 1444, das **Spitaltor** aus der ersten Hälfte des 15. Jh. und als schönstes das **Wassertor,** 1602 neu errichtet, mit dem dazu gehörigen Zollhaus von 1690. Schöne alte Bürgerhäuser mit gotischen Treppengiebeln und Fachwerk säumen die Straßen und Gassen; häufig liegen unter den hohen Giebeldächern Hopfentrockenböden mit Aufzugsgaupen. – Durch das Nürnberger Tor kommt man zum weiten, langgestreckten Marktplatz. In der Mitte das

**Rathaus,** freistehend nach bayerischer Art, mit hohem Uhrenturm. Es geht im Kern in das 13. Jh. zurück, mußte aber nach drei Bränden zuletzt 1964 erneuert werden. Davor der Hirschbrunnen von 1693/1762, der an das Hersbrucker Wappentier erinnert. – Über den Unteren Markt kommen Sie zum Nikolaus-Selnecker-Platz, bis 1533 Friedhof der Stadt, und zur evangelischen

**Stadtkirche St. Maria.** Sie geht auf eine Stiftung des Klosters Bergen bei Neuburg an der Donau um 976 zurück, das hier zahlreiche Besitzungen hatte. Ihr heutiges Aussehen erhielt sie im 15. und 18. Jh. im Inneren der berühmten Kirchenväter-Altar, ein spätgotischer Flügelaltar um 1480 mit Szenen aus dem Marienleben des noch unbekannten „Hersbrucker Meisters"; der Altar war lange Zeit in das Germanische Museum nach Nürnberg ausgelagert. In den Chorfenstern sind einige bemalte Scheiben aus dem 15.-17. Jh. erhalten. Die Deckengemälde schuf der heimische Künstler J.Chr. Reich. – In der Nähe am Schloßplatz das

**Schloß.** Es steht auf dem Platz der vor dem Jahr 1000 zum Schutz der Pegnitzbrücke erbauten Haderichsburg, die 1517 für die Pfleger der Reichsstadt Nürnberg neu errichtet und 1616-21 im

Renaissancestil umgestaltet und durch Seitenflügel und Türme erweitert wurde. Die Innenräume haben schöne Stuckdecken aus dem 16.-19. Jh. Seit 1806 dient es als Sitz verschiedener Behörden. Daneben befindet sich die Fronveste (Gefängnis) von 1839. – Nördlich gelangen Sie entlang des Wehrganges vorbei am Wassertor zur

**Spitalkirche St. Elisabeth** von 1423. Sie gehört zu dem um 1400 gestifteten Bürgerspital, das mit seinen Außenfronten in die Stadtbefestigung einbezogen ist. Unter der reichen Ausstattung befindet sich ein spätgotischer Kreuzigungsaltar mit St. Elisabeth und St. Martin aus der Veit-Stoß-Schule um 1500, der herrliche Zwölfboten-Altar um 1480 aus der Wolgemut-Schule sowie der barocke Hochaltar von 1688; bemerkenswert auch die Kanzel von 1688 mit der Sanduhr. – Durch den Mauerweg, dem besterhaltenen Teil der Stadtbefestigung, erreicht man das

**Deutsche Hirtenmuseum** (Eisenhüttlein 7), das in einem Fachwerkhaus von 1524 seinen Platz gefunden hat. Es enthält die Bereiche Heimatmuseum mit einer Sammlung von zwanzigtausend Zinnsoldaten, eine Handwerkerabteilung sowie die einzigartige Hirtenabteilung mit Hirtenbrauchtum und Hirtengerätschaften aus allen Ländern, darunter eine Schellenschmiede und rund 400 bunt bemalte hölzerne Schellenbögen, die Rinder mit den Schellen am Hals trugen. Jeweils am 6. Januar (Dreikönigstag) findet in Hersbruck in Zusammenhang mit dem Hirtenmuseum ein großes Hirtentreffen statt.

**Auskunft:** Verkehrsamt 8562 Hersbruck, Lohweg 29.
**Verkehr:** Autobahnanschluß Lauf-Nord zur A-9 (Nürnberg-Berlin) 9 km. B-14 (Nürnberg-Waidhaus). Bahnstation.
**Hobby und Sport:** Hallenbad, beheiztes Freibad (Strudelbad), Angeln, Paddeln, Tennis, Segelfliegen; Wassersport auf dem Happurger Stausee.
**Veranstaltungen:** Altstadtfest Anfang August.
**Sammlungen:** Deutsches Hirtenmuseum mit Heimat- und Handwerksmuseum, Eisenhüttlein 7.
**Spezialitäten:** Karpfen vorwiegend gebacken, aber auch blau (von September bis April); Hopfensalat im zeitigen Frühjahr; Hersbrucker Hopfentropf.

**Wanderungen:**

**1.** Über den Sittenbach und Hirtenbühl zum **Großen Hansgörgelberg** (601 m), 1 ½ Std. nordwestlich. Zurück im nordöstlichen Bogen über den **Kleinen Hansgörgelberg** (533 m) und Kühnhofen.

**2.** Über Kühnhofen, **Burgstein** (531 m), Siegersdorf zur **Ruine Rothenberg,** einer ehem. Festung hoch über dem Schnaittachtal, 2 ½ Std. nordwestlich. Zurück über Kersbach, Weißenbach, vorbei am Großen Hansgörgelberg und über Hirtenbühl.

**3.** Über Schwarzholz, Erzgrube, Kleedorf und Stöppach nach **Hohenstein** mit eindrucksvoller Burgruine (→ S. 72), dem höchsten Punkt der Frankenalb (633 m), 2 ½ Std. nördlich. Zurück evtl. mit dem Bus ab Algersdorf im Sittenbachtal.

Das Hirtenmuseum in Hersbruck

**4.** Über Großviehberg, Alfalter im Pegnitztal, Düsselbach nach **Vorra** (→ S. 79), 2 Std. nordöstlich. Zurück am östlichen Pegnitzufer über Eschenbach.

**5.** Über Ellenbach zum **Arzberg** (612 m) mit Aussichtsturm, 1 Std. südlich.

**6.** Über **Happurg** zum **Happurger Stausee** (Förrenbach-Stausee), 1 Std. südöstlich. Östlich die **Houbirg** (617 m) mit keltischer Wallanlage und dem Hohlen Fels, einer vorgeschichtlichen Wohnhöhle.

**7.** Über **Altensittenbach** mit evangelischer Kirche des 15./18. Jh., - **Henfenfeld** mit Renaissance-Schloß und romanisch-gotischer Kirche nach **Engelthal** mit ehem. Klosterkirche, jetzt Pfarrkirche (→ S. 75), 2 Std. südwestlich. Zurück am Reschenberg entlang und über Weiher.

# HOLLFELD

*Landkreis Bayreuth, 402m, 5500 Einwohner*

Hollfeld ist mit 21 Ortsteilen Mittelpunkt der nördlichen Fränkischen Schweiz. Der anerkannte Erholungsort liegt terrassenförmig aufgebaut am Oberlauf der Wiesent, in die hier die Kainach mündet. Das bereits 1017 im Besitz des Bistums Bamberg befindliche „Holevelt" entstand um die Burg auf dem Bergsporn im Dreieck der beiden Flüsse; 1329 wurde es schon als Stadt mit einer Befestigung bezeichnet. Noch heute hat Hollfeld sein mittelalterliches Gepräge mit Resten der Stadtmauer sowie dem Bergschustertor und Oberen Tor weitgehend erhalten. Das ehemals fürstbischöfliche Amtshaus von 1743 dient heute als Amtsgericht.

**Sehenswert:** Durch das Obere Tor kommt man zum Marienplatz mit alten Bürgerhäusern, dem **Alten Rathaus** von 1744 und dem anschließenden Wittauerhaus in schönem Fachwerk dem Brunnenhäuschen, der Marienstatue und der heute profanierten **St. Gangolfkirche,** die sich anstelle der ursprünglichen Burg erhebt; ihr markanter Turm aus dem 16. Jh. mit Aussichtsplattform ist das Wahrzeichen der Stadt. Westlich am Kirchplatz mit 40m tiefem Ziehbrunnen die katholische **Stadtpfarrkirche Mariae Himmelfahrt,** ein Spätbarockbau von 1778-82, dessen schöne Rokokoausstattung aus der 1804 profanierten Bamberger Dominikanerkirche stammt. Der Untere Markt führt zum Spitalplatz mit dem **Bartholomäusspital** von 1664 und der **Barockkapelle.** Im Südosten liegt die barocke **Wallfahrtskirche St. Salvator;** sie wurde 1704 von J. Leonhard Dientzenhofer errichtet. An der Kainach steht die **Fischmühle,** ein schönes Fachwerkhaus von 1715.

**Auskunft:** Verkehrsamt 8601 Hollfeld, Rathaus.
**Verkehr:** B-22 (Bamberg-Bayreuth). Nächste Bahnstationen Bayreuth (23km) und Bamberg (38km).
**Hobby und Sport:** Ozon-Hallenbad, Freibad, Minigolf, Tennis. Haus des Gastes im restaurierten Wittauerhaus neben dem Alten Rathaus am Marienplatz.
**Veranstaltungen:** Altstadtfest im Mai, Schützen- und Volksfest im Juli.

**Wanderungen:**

**1.** Zum **Henrici-Aussichtsturm,** ¾ Std. östlich. Zurück auf dem parallelen Weg oder weiter östlich ½ Std. über Pilgerndorf nach **Schönfeld;** Ausgangspunkt markierter Wanderweg nach allen Richtungen.

**2.** Durch das Tal der Kainach über **Kainach** an der Einmündung des Kaiserbaches und zwischen beiden Flüssen über **Wonsees** mit Pfarrkirche von 1729 und Kneippanlage an der Kainach nach **Sanspareil** mit der **Burg Zwernitz,** im 12. Jh. Stammsitz der edelfreien Walpoten, und dem berühmten **markgräflichen Felsengarten** mit Ruinen, Grotten und Naturtheater (→ S. 53), 2 Std. nördlich. Von dort verschiedene Rundwanderwege. Zurück im östlichen Bogen.

**3.** Über **Kainach** durch das Kaiserbachtal zum Felsendorf **Krögelstein** mit bizarr geformten Felsgebilden (Alter Fritz, Löwenfels) und 1 ½ Std. nordwestlich. Neben der Burgruine inmitten eines kleinen Friedhofs die evangelische Pfarrkirche von 1604 mit Bronze- und Sandsteinepitaph derer von Giech 1607 und 1617. In der Umgebung Hügelgräber und Felswohnhöhlen aus prähistorischer Zeit. Zurück über **Freienfels** mit gleichnamiger Burg über dem Wiesent-Tal und auf dem Burgenweg südlich der B-22 über Schafhof und Weiher.

**4.** Über **Weiher** mit einem kleinen Aufseßschen Schlößchen und die **Burgruine Neidenstein** auf der Lindenallee nach **Freienfels** und im nördlichen Bogen nach **Wiesentfels** mit dem hochgelegenen Schloß der Herren von Giech, 2 Std. nordwestlich. Zurück südlich der B-22.

**5.** Über Tiefenlesau nach **Aufseß** im Aufseßtal mit Schloß Unteraufseß (→ S. 57), 2 ½ Std. südwestlich. Zurück talaufwärts über Oberaufseß (Schloß), Neuhauser Mühle, Neuhaus und Sachsendorf.

**6.** Über Treppendorf und Welkendorf nach **Plankenfels** am Zusammenfluß von Wiesent und Truppach mit Schloß des 16./17. Jh., einst Stammsitz der Herren von Plankenfels, 2 Std. südlich. Zurück durch das Lochautal, überragt von der aussichtsreichen **Ruine Plankenstein** (475m), über Wohnsdorf, Pilgerndorf und westlich über den Henrici-Aussichtsturm.

Die St. Gangolfskirche in Hollfeld
erhebt sich anstelle einer Burg

## KÖNIGSTEIN

*Landkreis Amberg-Rosenberg, 500m, 1700 Einwohner*

Königstein ist Markt und anerkannter Erholungsort im Randgebiet der Oberpfälzer und Fränkischen Alb. Es liegt in einem geschützten Talkessel; rund herum eine ausgeprägte Juralandschaft mit bizarren Felsbildungen, imposanten Karsthöhlen und zahlreichen Dolinen. Bemerkenswert ist die zu beobachtende artenreiche Blütenpracht der Karstflora.

**Sehenswert:** Die **evangelische Pfarrkirche St. Georg** mit Zwiebelhaube und Tambour wurde 1783-86 im Barockstil erbaut. Das Untergeschoß des Turmes aus dem 15. Jh., der einstige Chor mit schwerem Kreuzratgewölbe, dient nun als Sakristei. Lange Zeit war St. Georg eine Simultankirche, bis 1965 die neue **katholische Pfarrkirche St. Michael** fertiggestellt war; sie besitzt eine spätgotische Marienfigur und Epitaphe der Burgherren. Die nur in Teilen erhaltene **Burg** der 1130 genannten Ritter von Chungestein ist jetzt in Privatbesitz. Auf dem Breitenstein erhebt sich das einzige völlig erhaltene romanische Bauwerk der Region, die doppelgeschossige **Marienkapelle,** die zu einer abgegangenen Burg gehörte. Auf dem Kühberg im Südosten steht die gotische **Johanniskapelle,** heute Gefallenengedächtnisstätte.

**Auskunft:** Verkehrsverein 8459 Königstein.

**Verkehr:** B-85 (Auerbach-Amberg), Abzweigung bei Gaißach. Nächste Bahnstation Neuhaus a.d. Pegnitz 9km; Busverbindung.

**Hobby und Sport:** Beheiztes Freibad, botanische (Lehrpfad) und geologische Exkursionen (Höhlenwanderungen).

**Wanderungen:**

**1.** Auf den **Ossinger** (651 m) mit Aussichtsturm und bewirtschafteter Berghütte, ¾ Std. südwestlich.

**2.** Auf den **Breitenstein** (612m) mit Burgstall und doppelgeschossiger romanischer Marienkapelle des 12. Jh. (1974 restauriert), 1 Std. südöstlich.

**3.** In das **Felsgebiet des Steinbergs** (606m) mit bizarren Felsbildungen und dem Kühloch (eine als prähistorische Wohnstätte gedeutete Höhle), 1 Std. östlich.

**4.** Über Wildenhof und Riglashof auf den **Zantberg** (622m) mit Aussichtsturm, 1 ½ Std. südlich. Zurück über Eschenfelden und Ossinger oder von Riglashof über Puppach und Ossinger.

**5.** Über die **Hohe Würze** (595m) zur **Maximiliansgrotte,** 1 ½ Std. nordwestlich. Von dort markierte Rundwege in das östliche Felsengebiet mit Zinnberg, Vogelherdgrotte, Holleder Berg und Felsbrunn.

**6.** Über den **Rehberg** (591m), **Brändelberg** (587m), Schelmbachsteinhöhle mit Sonnenuhr, Rinnenbrunn (ehem. Forsthaus) und Distlergrotte nach **Neuhaus a.d. Pegnitz*,** 2 Std. nordwestlich.

**7.** Über den **Brändelberg** (587m), Schelmbachsteinhöhle, Bismarckgrotte zur Waldgaststätte **Forsthaus Sackdilling,** 2 Std. nördlich. Im Sackdillinger Forst gibt es zahlreiche Karsterscheinungen wie Karstquellen, Hungerbrunnen, Dolinen, Wasserschlinger und Halbhöhlen.

**8.** Nach **Kürmreuth** (alte Kirche mit Befestigung), **Schmalnohe** (frühmittelalterl. Kirche) und **Niederärndt** (ehem. Burgkapelle), 1 ½ Std. östlich.

# KULMBACH

*Große Kreisstadt, 306 m, 30 000 Einwohner*

Die ehemalige Markgrafenresidenz und Braustätte weltbekannter Biere liegt am Fuß des Reh- und Buchberges im Tal des Weißen Mains, der sich auf Stadtgebiet mit dem Roten Main vereinigt, überragt von der mächtigen Plassenburg.

**Blick in die Geschichte:**

„Culminaha" wurde 1035 in der heute im Staatsarchiv Bamberg befindlichen Alkuinbibel genannt und fiel 1057 aus dem Besitz der Grafen von Schweinfurt durch Erbschaft an die Grafen von Dießen-Andechs, den späteren Herzögen von Meranien. Sie erbauten die Plassenburg, die 1135 erstmals urkundlich erwähnt wurde. Um 1230 erhielt Kulmbach die Stadtrechte. Mit dem Aussterben der Meranier kam Kulmbach mit der Plassenburg 1248 durch Heirat an die thüringischen Grafen von Orlamünde, die ihren Besitz 1138 an den Nürnberger Burggrafen Johann II. zunächst verpfändeten und 1340 endgültig verkauften. Burggraf Johann III. erklärte 1398 Kulmbach zur Haupt- und Residenzstadt. Sie blieb es bis zur Verlegung nach Bayreuth 1603.

Zwar ließen die Nürnberger Burggrafen die Plassenburg ausbauen und befestigen, doch als sich der machthungrige Markgraf Albrecht Alcibiades mit dem Kaiser und den Reichsständen anlegte, ging im Markgrafenkrieg 1553 nicht nur Kulmbach, sondern 1554 auch die „weyt beruembte" Festung Plassenburg in Flammen auf. Unter der Regierung des Markgrafen Georg Friedrich erfolgte der Wiederaufbau von Stadt und Burg.

Noch heute ist das Bild der Altstadt von Gebäuden der Jahre 1557-1567 geprägt, und ab 1559 entstand die neue Plassenburg größer und glänzender als zuvor. Durch die Verlegung der Residenz nach Bayreuth 1603 verlor Kulmbach seine bevorzugte Stellung. 1791 fiel die Stadt mit der Markgrafenschaft an Preußen, 1806 unter französische Verwaltung und 1810 an das Königreich Bayern. 1890 wurde Kulmbach kreisunmittelbare Stadt und 1972 Große Kreisstadt.

Berühmter Sohn der Stadt war der Maler und Graphiker Hans Sueß, genannt Hans von Kulmbach (um 1480-1522), ein Schüler von Albrecht Dürer.

Zu literarischen Ehren kam die Plassenburg: Held des Romanes von Ludwig Bechstein „Grunbach" von 1839 ist ein Burghauptmann auf der Plassenburg, und Jakob Wassermann widmete der Burg 1911 seine Novelle „Die Gefangenen auf der Plassenburg".

Das Rathaus von Kulmbach beeindruckt
durch seine Rokoko-Fassade

Hoch über Kulmbach
thront die Plassenburg

**Stadtbesichtigung:**
Vom Bahnhof kommen Sie südlich zum Holzmarkt mit dem *Zinsfelderbrunnen* von 1660, dessen Brunnenfigur die Marktfreiheit symbolisiert (Stadtfahne im Arm). Der Name geht auf den Stadtknecht zurück, der auf dem Markt Zoll und Zins erhob. Früher stand der Brunnen vor dem Rathaus. Die Langgasse (Fußgängerzone) führt zum *Marktplatz,* einer fränkischen Rechteckanlage, mit dem

**Rathaus.** Nachdem das alte Rathaus von 1566 wegen Baufälligkeit abgebrochen werden mußte, wurde 1752 das jetzige Gebäude von Stadtbaumeister Johann Georg Hoffmann unter Mitwirkung von J. H. Gräf errichtet. Die schöne Rokokofassade schuf der Bayreuther Hofbaumeister Joseph Saint-Pierre. Die Figuren am Turm symobolisieren Weisheit (Buch) und Gerechtigkeit (Waage). Neben dem Rathaus das frühere *Kornhaus,* heute Vereinshaus mit Konzert- und Versammlungssaal. – Durch die Oberhacken- und Bauergasse geht es vorbei am *Heilingsturm,* einem Schalenturm der Stadtbefestigung, zur katholischen

**Stadtpfarrkirche,** einem neugotischen Bau von 1892-94. Von ihrer Treppe hat man einen schönen Blick über die Altstadt hinauf zur Plassenburg. Nun östlich am Schießgraben entlang zum

**Künzbergschlößchen,** ehemaliges Burggut der Herren von Künzberg und zeitweiliger Sitz des Stadtvogts, 1751 im Renaissancestil erbaut von Caspar Vischer. Am Ende des Schießgrabens fällt der Blick auf die barocke Treppenanlage zur Petrikirche, eines der schönsten Fotomotive Alt-Kulmbachs. Die evangelische

**Pfarrkirche St. Petri,** eine dreischiffige spätgotische Hallenkirche, entstand ab 1439 als Nachfolgerin einer romanischen Kirchenburg aus dem 12. Jh., die im Hussitenkrieg unterging. Nach Brandschäden 1553 im Markgrafenkrieg erneuert, konnte der Turm erst 1568 vollendet werden. Bemerkenswert ist der dreigeschossige, 15m hohe Choraltar von 1652 mit figurenreicher Darstellung der Kreuznahme Christi. Außerdem interessieren die zahlreichen Epitaphien des 17. Jh., darunter das Grabmal für Georg Wolf von Laineck und seine Gattin (1644). Der reliefgeschmückte Taufstein stammt von 1647. – Links unterhalb des barocken Pfarrhauses von 1720 die ehem.

**Markgräfliche Kanzlei** mit Renaissancegiebel und Wappen, einst Regierungssitz des Fürstentums Kulmbach, heute Landratsamt, 1562 erbaut von Caspar Vischer, dem Baumeister der Plassenburg. Gegenüber das *Prinzessenhaus* von 1729 mit Arkaden und brandenburgischem Adler über dem Portal, früher Wohnhaus der Prinzessin Christiane Sophie Wilhelmine. – Die von alten Bürgerhäusern flankierte

**Obere Stadt** ist die früheste Marktanlage Kulmbachs, ein typisch bayerischer Straßenmarkt mit den repräsentativen Bauten der weltlichen und geistlichen Herrschaft am oberen und dem bürgerschaftlichen Zentrum im Rathaus und Kornhaus am unteren Ende. Beim Brunnen führt das Rentamtsgäßchen über eine Treppenanlage zum *Roten Turm,* einst Wohnung des Feuerwächters. Links der ehemalige

**Langheimer Amtshof,** ein dreigeschossiger Quaderbau mit barocker Fassade, errichtet 1691-94 von Leonhard Dientzenhofer als Außenstelle des damals bedeutenden Zisterzienserklosters Langheim bei Lichtenfels, heute Forschungsstätte der Universitäten Bamberg und Bayreuth. Der linke Anbau diente als Zehntstadel, die Rückwand des Amtshofes ist zugleich Stadtmauer. Ein schöner Fußweg führt aufwärts zur Plassenburg. Links geht es innerhalb der Stadtmauer weiter zum *Weißen Turm,* einst Wehrturm der Stadtbefestigung, und von dort durch die Spitalgasse zur evangelischen

**Spitalkirche.** Hier befand sich anstelle des jetzigen Bürgerspitals das Elisabethenhospital mit spätgotischer Kapelle. Die heutige Kirche wurde 1738-39 von Johann Georg Hoffmann im typisch oberfränkischen Markgrafenstil mit Kanzelaltar und doppelten Holzemporen errichtet. Der laternengekrönte Kuppelturm kam 1749 dazu. Nach wenigen Schritten sind Sie wieder auf dem *Marktplatz.* – 116 m hoch über der Stadt thront die mächtige

**Plassenburg** (426m), zu Fuß in 20 Minuten zu erreichen, mit dem Wagen auf einer Zufahrt mit 22% Steigung (Parkplatz im Kasernenhof). Die aus dem 12. Jh. stammende Plassenburg war von 1398 bis 1603 Hohenzollernresidenz des fränkischen Fürstentums „auf dem Gebirg". Nach ihrer Zerstörung im Markgrafenkrieg wurde sie 1559-1569 wieder errichtet, und zwar zunächst von dem Amberger Baumeister Georg Beck, ab 1561 von Caspar Vischer, dem Miterbauer des Heidelberger Schlosses. Die Plassenburg gilt als eine der bedeutendsten Schöpfungen der Renaissance. Durch das Tor im Kommandantenhaus gelangt man in den unteren Burghof, genannt Kasernenhof, mit Kasernen, die der letzte Markgraf 1782/84 errichten ließ. Bemerkenswert das frühbarocke *Christiansportal* mit dem Reiterstandbild des Markgrafen Christian von 1606/07, ein Werk des Nürnberger Bildhauers Hans Werner. Ein kurzer Anstieg führt zum *Westrondell* mit schönem Blick auf Stadt und Umgebung und zum *Schönen Hof,* dem inneren Turnierhof der Hauptburg, der mit den herrliche Steinmetzarbeiten von Daniel Engelhardt (1563), dem späteren Bamberger Baumeister, als Meisterwerk deutscher Renaissance gilt. Das unregelmäßige Viereck des Hofes mit Türmen in den Ecken ist an drei Seiten von Doppelarkaden mit spätgotischen Kreuzrippen umgeben, deren Brüstungen die Portraits der Markgrafen und ihrer Gemahlinnen zeigen. Pfeiler und Bogenfelder sind mit formenreichen Ornamenten ausgeschmückt. – Vom 19. Jh. bis zum Jahre 1928 war die Burg zu einem Zuchthaus degradiert. Heute beherbergt sie u.a. das Deutsche Zinnfiguren-Museum.

**Auskunft:** Städt. Verkehrsamt 8650 Kulmbach, Sutte 2 (Stadthalle).
**Verkehr:** Schnittpunkt der B-85 (Bayreuth-Kronach) und 289 (München-Lichtenfels). Autobahnanschluß Kulmbach/Bayreuth 9 km. Bahnstation. Flugplatz in Neufang 3 km nordöstlich.
**Veranstaltungen:** Serenadenkonzerte und Sommertheater im Schönen Hof der Plassenburg im Sommerhalbjahr. Zinnfiguren-Hobby-Wochen mit Eigenfertigung von Zinnfiguren mehrmals jährlich. Deutsche Zinnfigurenbörse alle 2 Jahre (ungerade Zahl) im Sommer. Gregorius-Fest der Stadtjugend und Altstadtfest im Juli. Kulmbacher Bierfest mit Großzelt vom letzten Julisamstag neun Tage lang.
**Sport:** Beheiztes Freibad mit Kunsteislaufbahn, Am Schwimmbad 26. Chlorfreies Ozon-Hallenbad, Hardenbergstr. 43. Tennis, Hofer Straße. Minigolfanlage am Pörbitscher Platz. Golfplatz mit 18-Loch-Anlage in Thurnau. Reitsportanlage Plassenburg mit Reithalle und Reitkursen. Rundflüge an Wochenenden vom Flugplatz Neufang. Trimm-dich-Pfad im Spitalwald.
**Spezialitäten:** Kulmbacher Bier (der „Kulminator" gilt mit 28 Prozent Stammwürze entsprechend 8 Prozent Alkoholgehalt als stärkstes Bier der Welt). Kulmbacher Bratwürste, die man in Wurstbuden als „Eingezwickte" in einer Semmel und in Gaststätten gebraten oder blaugesotten erhält. Kulmbacher Gliis (Klöße).
**Sammlungen:** Auf der Plassenburg Deutsches Zinnfiguren-Museum mit über 300 000 bemalten Figuren, die neben wertvollen Einzelexemplaren in großen Dioramen zu gestalteten Szenen historischer Begebenheiten zusammengefaßt sind. Filialgalerie der Bayerischen Staatsgemäldesammlung. Kunstausstellung des Bundes Fränkischer Künstler Mai-September. Landschaftsmuseum Obermain in Planung.
**Führungen:** Durch die Plassenburg (montags geschlossen).

**Markierte Rundwanderwege:**

**1.** Von „Drei Steine“ im Südosten zum **Rehbergturm** (493 m), Signalturm des 14. Jh.; zurück über Herrenweiher, Kessel und auf der Reuthgasse, 2 Std.

**2.** Auf dem Philosophenweg zur Plassenburg und über Hirschenbrünnlein nach **Buchhaus;** zurück über Untere Bachgasse, Freibad und Grünwehr, 1 ½ Std.

**3.** Von Priemershof nordwestlich über Metzdorf, Metzdorfer Gründlein, Hofstätten zum **Patersberg** (528 m) mit Aussichtsturm „Schau-dich-um“; zurück über **Veitlahm** (ursprünglich gotische Pfarrkirche), **Wernstein** (Renaissance-Schloß von Caspar Vischer), Schwarzholz und Burghaig, 3 Std.

**4.** Von Blaich nordöstlich nach Aichig und nördlich am Mühlberg vorbei nach **Untersteinach** mit Wehrkirche des 12. Jh. und zurück, 3 Std.

**5.** Von Blaich nördlich über Krankenhaus, Blockhütte, Dreibrunnen zum **Martersberg;** zurück über Ziegelhütten, 1 ½ Std.

**6.** Vom Pörbitscher Platz im Norden über Hetzenleite zum **Pörbitscher Hang** und über Frühlingshöhe nach Blaich, 1 Std.

**7.** Von Priemershof im Norden der Stadt westlich nach Petzmannsberg zum **Heidenknock** (370 m, Fernsehumsetzer); zurück über Lindig, Burghaig und Petzmannsberg, 1 ½ Std.

**8.** Ab Galgenberg im Südwesten über **Melkendorf** (Urkirche) zum Schloß Steinenhausen am **Zusammenfluß des Weißen und Roten Mains** und vorbei am Frankenberg dem Main folgend nach **Mainleus,** 2 ½ Std. Nördlich von Mainleus 2 km die **Burg Wernstein,** ein schöner Renaissance-Bau von Caspar Vischer. Zurück mit der Bahn.

**9.** Von Grünwehr über Untere Buchgasse nach Buchhaus und **Fölschnitz,** am Weißen Main entlang (Kneipp-Wanderweg); kurz vor Ebersbach nach Westen, Aufstieg zum Buchwald und über die Plassenburg zurück, 2 Std.

**Wanderungen und Ausflüge:**

**1.** Über Galgenberg, Untersettlitz (über den Roten Main) und **Hutschdorf** (Markgrafenkirche) nach **Thurnau** mit großer Schloßanlage, 3 Std. südwestlich.

**2.** Über „Drei Steine“, Rehberg, Herrenweiher, Schwarzen See vorbei an Leuchau zum **Rauhen Berg** (464 m), 2 ¼ Std. südöstlich.

**3.** Über Plassenburg, Buchwald, Leithen, Tierheim nach **Trebgast** am Zusammenfluß von Weißem Main und Trebgast mit sehenswerter Markgrafenkirche, 3 Std. südöstlich (⟶ Goldstadt-Reiseführer Fichtelgebirge). Zurück über **Spitzeichen** (529 m) mit Aussichtsturm und den Rehberg.

**4.** Auf dem Rotmain-Wanderweg nach **Bayreuth*,** 6 Std. südöstlich. Zurück mit dem Bus.

**5.** Über Fölschnitz und Dorfsee nach **Wirsberg,** Luftkurort am Zusammenfluß von Kosser und Schorgast, 3 Std. östlich. Zurück über **Neuenmarkt** (Dampflokomotiv-Museum), Reuthlashof, Ködnitz und Ebersbach.

**6.** Über Oberndorf, Gumpersdorf nach **Stadtsteinach** am Südrand des Frankenwaldes und Ausgang des romantischen Steinachtales, 2 ½ Std. nordöstlich.

Der Schöne Hof der Plassenburg
ist auf drei Seiten
von Doppelarkaden umschlossen

In Simmelsdorf steht das Stammschloß
der Nürnberger Freiherren von Tucher

# LAUF AN DER PEGNITZ

*Landkreis Nürnberger Land, 311 m, 22 500 Einwohner*

Lauf ist eine bedeutende Industriestadt mit gut erhaltenem mittelalterlichen Stadtkern im unteren Pegnitztal und Verwaltungsmittelpunkt des Großlandkreises Nürnberger Land.

**Geschichte:** Eine Stromschnelle (althochdeutsch = loufe) war Ausgangspunkt für die Gründung und Namensgebung des Ortes. Auf der Pegnitzinsel befand sich die im 12. Jh. bezeugte Burg der staufischen Reichsministerialen „de Loufe". Schon früh nutzte man die Wasserkraft, um Getreidemühlen, später auch Sägewerke und Metallhämmer anzutreiben. Dazu kam die günstige Lage an der Handelsstraße von Nürnberg nach Prag, so daß sich im Schutze der Burg die Siedlung nördlich der Pegnitz gut entwickelte und noch vor Mitte des 13. Jh. Marktrechte erhielt. Als Kaiser Karl IV. von der pfälzischen Wittelsbacher-Linie große Teile des Pegnitzgebietes erwarb, gab er 1355 dem strategisch wichtigen Ort nicht nur Stadt-, sondern auch Münzrecht. Anstelle der zur Ruine gewordenen Burg auf der Pegnitzinsel ließ er 1356-60 das bis heute weitgehend unveränderte sogenannte Wenzelschloß errichten. Sein „Neuböhmen" reichte nun bis vor die Tore der Reichsstadt Nürnberg, hatte jedoch keinen langen Bestand, denn Lauf kam 1373 an Pfalz-Bayern zurück, das es 1504 an die Reichsstadt Nürnberg verlor, bei der es nun über dreihundert Jahre lang bis 1806 als Pflegamt verblieb. Dann kam es an die Krone Bayerns.

**Lauf an der Pegnitz mit Glockengießerspital**

Die Hammerwerke an der Pegnitz wurden Keimzelle für eine blühende Industrie, die jedoch den alten Ortskern nördlich der Pegnitz mit seinen malerischen Winkeln und alten Bürgerhäusern unberührt ließ. Erhalten sind noch Teile der mittelalterlichen Befestigung mit zwei Stadttoren (von den drei ursprünglich vorhandenen wurde das Wassertor im 19. Jh. abgebrochen) und der Eckbastion Juden- oder Batterieturm um 1460.

**Sehenswert:** Zwei Stadttore, das **Hersbrucker Tor** von 1476 und das **Nürnberger Tor** von 1504 vermitteln den Zugang zum typisch bayerischen **Marktplatz,** der von alten steilgiebeligen Bürgerhäusern umsäumt ist; beherrschend das freistehende **Rathaus,** das bis ins 16. Jh. zurückgeht. Die evangelische **Stadtpfarrkirche** aus dem 16./17. Jh. mit von zwei Kuppeln bekröntem Turm, spätgotischem Chor und Barockausstattung erhebt sich anstelle der schon 1275 bezeugten Johanniskapelle; bemerkenswert der Kruzifix von 1498 über dem Chorbogen. Die ursprüngliche Pfarrkirche **St. Leonhard** ist seit dem Markgrafenkrieg 1553 Ruine; erhalten sind der Turm und die spätgotischen Mauern des Schiffes. Das angrenzende **Glockengießerspital,** ein schöner Fachwerkbau über massivem Erdgeschoß mit Treppenturm zum Hof, wurde 1374 gestiftet und im 16., 17. und 18. Jh. erneuert.

Eine besondere Sehenswürdigkeit ist das **Wenzelschloß** auf der Pegnitzinsel, 1356-60 als Kaiserburg Karls IV. errichtet und 1526 für den Reichsdienstmann teilweise erneuert, ein hoch aufragender Wehrbau, der einen kleinen Hof umschließt. Attraktion ist der gotische, von Kreuzgewölben gedeckte Wappensaal mit 116 in Stein gehauenen und bemalten Wappen von böhmischen Adeligen, die zur Hausmacht Kaiser Karls IV. gehörten (Besichtigung nach Anmeldung beim Stadtarchiv in der Nähe, Spitalstr. 5). Die Wappen wurden 1934 freigelegt und aufgefrischt. Der zweite große Saal, der Kaisersaal im Erdgeschoß, besitzt eine barocke Stuckdecke um 1700. Heute ist das 1991 renovierte Schloß Sitz der Akademie der Bildenden Künste Nürnberg.

**Auskunft:** Stadtverwaltung 8560 Lauf an der Pegnitz, Urlasstr. 22 und Tourist Information Frankenalb, Waldluststr. 1 (Landratsamt)

**Verkehr:** Autobahnanschluß Lauf-Nord und Süd zur A-9 (Nürnberg-Berlin). B- 14 (Nürnberg-Waidhaus). Zwei Bahnstationen links und rechts der Pegnitz.

**Hobby und Sport:** Hallenbad im Gymnasium, Hardstraße; Freibad, Schützenstraße. Angeln, Minigolf, Segelfliegen, Tennishalle, Reiten.

**Sammlungen:** Gewerbe- und Frühindustriemuseum, Sichartstr. 5. – Stadtarchiv mit Städt. Sammlungen, Spitalstr. 5.

**Veranstaltungen:** Kunigundenfest (Kunalaskärwa) seit 1871 am 1. Sonntag und Montag im Juli mit Umzug der Kinder zum Festplatz am Kunigundenberg mit Kirchweihbetrieb. – Bergkirchweih um den 24. August herum auf dem Moritzberg.

oben: Ländliche Idylle in Hühnerloh
unten: Brotbacken nach althergebrachter Art

Lauf an der Pegnitz:
Rathaus und Stadtpfarrkirche
prägen das Bild der Altstadt

Das Wenzelschloß auf der Pegnitzinsel in Lauf

**Wanderungen:**

**1.** Über den **Kunigundenberg** (¼ Std.) mit Kunigundenkapelle von 1911 (anstelle einer Wallfahrtskapelle des 16. Jh.) und Egelsee nach **Simonshofen,** 1 Std. nördlich. Zurück im westlichen Bogen über Ziegelhütten.

**2.** Vom Parkplatz beim Freibad zum **Waldhaus Buchenbrunn** im Sebalder Reichswald mit dichtem Netz markierter Wanderwege, 1 ½ Std. westlich.

**3.** Über Rudolphshof durch die romantische **Bitterbachschlucht** und über Nuschelberg nach **Neunhof** mit Renaissance-Schloß und kleiner alter Wehrkirche, 1 ¼ Std. nordwestlich. Zurück im südwestlichen Bogen über Tauchersreuth, Oedenberg, Günthersbühl und Rudolphshof.

**4.** Über die **Ludwigshöhe** (407 m) durch schönen Mischwald nach **Rükkersdorf,** Pfarrdorf mit alten Fachwerkhäusern, 1 Std. südwestlich.

**5.** Im Pegnitztal abwärts zunächst am südlichen Ufer über Wetzendorf nach **Röthenbach** und dann am nördlichen Ufer nach **Behringersdorf** mit zwei Tucherschlößchen, 1 ½ Std. südwestlich.

**6.** Im Pegnitztal aufwärts am südlichen Ufer über Ottenmoos nach - **Reichenschwand** am jenseitigen Ufer inmitten eines Hopfenanbaugebietes, 1 Std. östlich. Von dort Aufstieg nördlich ¾ Std. zum **Großen Hansgörgelberg** (601 m; auch Auffahrt), über den einst die alte Handelsstraße von Forchheim nach Regensburg verlief. Um den Berg herum markierte Rundwege. Zurück über Leuzenberg, Speikern, **Neunkirchen am Sand** (ehem. Kirchenburg), unter der Autobahn hindurch, Heuchlinger Berg und Kunigundenberg.

**7.** Über **Schönberg** (ehem. Wehrkirche) und durch die geologisch interessante **Hüttenbachschlucht** (Rhätsandstein- und Schwarzjuraschichten, Wasserfall) vorbei an der **Hüttenbachquelle** über Haimendorf auf den **Moritzberg** (600 m), einem isoliert aufragenden Inselberg mit Moritzkapelle, Aussichtsturm und Berggasthof, 1 ½ Std. südlich (→ S. 75). Anfahrt mit dem Wagen bis Haimendorf am Westfuß möglich.

# LICHTENFELS

*Kreisstadt, 272m, 21 000 Einwohner*

Lichtenfels liegt reizvoll in der fruchtbaren Keuperlandschaft am Obermain und ist Zentrum des Korbwarenhandels mit Deutschlands einziger Fachschule für Korbflechterei. Eingemeindet wurden die Orte Buch am Forst, Degendorf, Eichig, Isling, **Klosterlangheim,** Kösten, Köttel, Lahm, Mistelfeld, Mönchkröttendorf, Oberlangheim, Reundorf, Roth, Rothmannsthal, **Schney** (Barockschloß), Schönsreuth, Seehof, Seubelsdorf, Stetten, Tiefenroth, Trieb und Weingarten.

**Geschichte:** Das Obermaintal war schon in vorgeschichtlicher zeit ein bevorzugtes Siedlungsgebiet. Auch in der unmittelbaren Umgebung von Lichtenfels wurden steinzeitliche Siedlungen und Gräberfunde aus der Keltenzeit entdeckt. Der Name des Ortes geht auf eine Veste zurück, die sich um das Jahr 1000 im Besitz der Markgrafen von Schweinfurt befand. 1130 gelangte die Veste Lichtenfels an den Grafen Reginboto von Wertheim-Giech, der sie bald seiner Tochter Chuniza zu ihrer Einheirat in das Haus Andechs-Meranien überließ. Nach ihrer Scheidung vermachte sie 1142 ihre Güter mit der Veste Lichtenfels dem Hochstift Bamberg. Diese Schenkung stieß auf den erbitterten Widerstand des Hauses Andechs-Meranien, das eine Machtposition gefährdet sah und am Fuß der Veste in der zweiten Hälfte des 12. Jh. auf eigenem Grund und Boden die Siedlung Lichtenfels gründete, die um 1208 als Marktort befestigt und 1221 zur Stadt erhoben wurde. Erst mit dem Tod des letzten Meraniers Otto II. 1248 gelangte auch diese Siedlung an das Fürstbistum Bamberg. Im 14. Jh. wurden die Befestigungsanlagen durch eine Ringmauer mit vier Toren verstärkt. Lichtenfels war nun verwaltungsmäßiger Mittelpunkt des Obermaingebietes. Durch die Kriege der folgenden Jahrhunderte wurde die Stadt trotz ihrer Befestigung besonders schwer getroffen. Mit der Säkularisation des Fürstbistums Bamberg kam Lichtenfels 1803 an den neu gegründeten Staat Bayern. Der Anschluß an die Eisenbahn 1846 förderte die wirtschaftliche Entwicklung und öffnete der traditionsreichen Korbmacherei neue Absatzmärkte. Heute ist Lichtenfels Mittelpunkt der deutschen Korbindustrie; weitere Wirtschaftszweige sind Textil-, Leder-, Knopf- und Polstermöbelindustrie.

**Sehenswert:** Von der Stadtbefestigung sind noch das **Bamberger Tor** aus dem 14. Jh., der **Obere Torturm** (Kronacher Tor; im 16. Jh. erneuert, Torhaus 1813 abgebrochen) sowie der **Rote Turm** mit Wehrgang und Mauer erhalten. Am breiten, ansteigenden Marktplatz freistehend das imposante, barocke **Rathaus** mit prächtigem Hoheitswappen des Fürstbischofs Friedrich Karl von

oben: Fränkische Trachten werden besonders in Effeltrich getragen

unten: Zwischen Ebermannstadt und Behringersmühle verkehrt die Museumsbahn

Typisch sind Häuser
mit fränkischem Fachwerk

Schönborn über dem Portal, 1742-43 als Amtshaus nach Plänen von Justus Heinrich Dientzenhofer errichtet. Den Altstadtkern überragt die katholische **Stadtpfarrkirche** mit ihrem Fünfspitzturm, erbaut im frühen 15. Jh. vermutlich anstelle einer alten Meranierkirche. Sie besitzt einen prachtvollen stuckmarmorierten Hochaltar sowie zwei kostbare Bronzeepitaphien der Ritter von Schaumberg (1529) aus der Werkstatt des Nürnberger Bronzegießers Peter Vischer; außerdem ein Epitaph des letzten Abtes vom Kloster Langheim. Oberhalb des Marktplatzes steht beherrschend das **Knopsbergschloß** im Renaissancestil mit zwei Erkern, erbaut 1555-56 für den Grafen Caspar von Sternberg, heute Privatbesitz. Von hier hat man einen schönen Blick auf die Stadt.

**Außerhalb:** In **Klosterlangheim** sind noch einige barocke Bauten des einst bedeutenden Zisterzienserklosters Langheim erhalten. – In **Nassanger** (nahe der B-173 Richtung Burgkunstadt) befindet sich ein ehemaliger Gutshof des Klosters, ein origineller Rundbau mit ovalem Grundriß, erbaut 1693 von Johann Leonhard Dientzenhofer.

**Auskunft:** Städt. Verkehrsamt 8620 Lichtenfels, Rathaus. – Tourist Information Oberes Maintal, Kronacher Str.30
**Verkehr:** B-173 (Bamberg-Kronach). B-289 nach Kulmbach. – Bahnstation.
**Hobby und Sport:** Ozon-Hallenbad, Flußbad, Angeln, Minigolf, Reiten, Tennis, Segeln, Surfen, Paddeln, Segelfliegen. – Ski-Langlaufloipen und Schlepplift im Stadtteil Lahm.
**Veranstaltungen:** Korbmarkt am 3. Sonntag im September.
**Sammlungen:** Heimatmuseum im Stadtteil Kösten, Deutsches Korbmuseum in Michelau, Museum in Klosterlangheim (ehemalige Schule).

**Wanderungen:**

**1.** Rundweg nördlich auf der alten Coburger Straße zur **Jugendherberge** und zum **Herberg** (397 m) mit Aussichtsturm. Zurück über Trachtenvereinshütte, Schönreuther Mühle und Kösten (Heimatmuseum; Fundstätte steinzeitlicher Werkzeuge am Roten Hügel).

**2.** Über Friedenslinde, Degendorfer Steig und Forsthütte zum **Gretchenbrunnen** am Krappenberg, 1 Std. nordöstlich. Zurück über Alte Reichsstadt und Kronacher Straße.

**3.** Über Moritzkapelle und Hohe Eller zur **Wallfahrtskirche Vierzehnheiligen,** 1 ½ Std. südlich (→ S. 233). Entweder auf dem Pilgerweg zurück oder weiter hinter der Basilika zur Jurahöhe und auf dem Höhenweg in 1 Std. südwestlich zum aussichtsreichen **Staffelberg** (539 m; → S. 234). Zurück über Romansthal, Wolfsdorf und Grundfeld.

**4.** Über Reundorf, die Mainbrücke und Hausen zur ehem. **Benediktinerabtei Banz,** 1 ¾ Std. südwestlich (→ S. 230). Zurück über Weingarten und Kösten.

**5.** Über Friedenslinde und Rastplatz Eiserne Hand nach **Klosterlangheim** im Leuchsenbachtal, 2 Std. südöstlich. Das 1132 gegründete ehem. Zisterzienserkloster, einst eine bedeutende Kulturstätte, wurde 1803 säkularisiert; sein in Weismain geborener Abt Mauritius Knauer (1613-64) war

Das Konventgebäude in Klosterlangheim
kündet noch von der vergangenen Pracht
des ehemaligen Zisterzienserklosters

Beliebt sind Radtouren entlang
dem stillgelegten Ludwig-Donau-Main-Kanal

**Das Lichtenfelser Rathaus, im Hintergrund das Bamberger Tor**

Astronom und Verfasser des bekannten Hundertjährigen Kalenders. Erhalten sind nur noch wenige Gebäude. An der Klostermauer am Ortseingang (aus Richtung Lichtenfels) die heute profanierte Begräbniskapelle der Herrschaften Streitberg und Schaumberg; in der St. Michaelskapelle eine spätgotische Madonna aus dem 15. Jh. Im sehenswerten Klostermuseum zeigt ein Modell die frühere Ausdehnung des Klosters. Ein gutes Bier gibt es in der Klosterschänke. Zurück über Mistelfeld und Stein.

**6.** Über Krappenroth zur **Karolinenhöhe,** ehem. Hofmeisterei des Klosters Langheim, 1 ¾ Std. südöstlich. Zurück über Bahnhof Michelau und Oberwallenstadt.

# MUGGENDORF

*Landkreis Forchheim, Gemeinde Wiesenttal, 320m, 700 Einw.*

Muggendorf, anerkannter Luftkurort im Herzen der Fränkischen Schweiz, ist heute Teil der Großgemeinde Wiesenttal (3000 Einw.), zu der noch die Orte Albertshof, Birkenreuth, Engelhardsberg, Oberfellendorf, **Streitberg*,** Wohlmannsgesees und Wüstenstein gehören. Das im schönsten Teil des Wiesent-Tales gelegene felsumrahmte Muggendorf ist seit dem 18. Jh. ältester Kurort der Fränkischen Schweiz, die früher als „Muggendorfer Gebürg" bezeichnet wurde. Waren es einst die zahlreichen Höhlen der Umgebung, denen das besondere Interesse galt, so wurden mit der Romantik auch die vielfältigen Reize der Landschaft „über Tage" entdeckt.

**Sehenswert:** Die ursprünglich gotische evangelische **Pfarrkirche St. Laurentius** wurde im 18. Jh. erweitert; bemerkenswert der barocke Hochaltar und die schön geschnitzte Kanzel von 1785.

**Auskunft:** Verkehrsamt Muggendorf, 8551 Wiesenttal, Marktplatz 1.
**Verkehr:** B-470 (Forchheim-Pottenstein). Autobahnanschluß Forchheim zur A-73 (Nürnberg-Bamberg) 20km und Pegnitz/Grafenwöhr zur A-9 (Nürnberg-Berlin) 25km. Nächste Bahnstation Ebermannstadt (Busverbindung).
**Hobby und Sport:** Freibad, Angeln, Paddeln (Wildwasserstrecke Doos-Muggendorf), Rudern (Bootsverleih), Minigolf, Tennis, Reiten (Gasthof zur Linde in Birkenreuth), Kneippanlage, Golfplatz in Kanndorf. – Höhlenführungen durch das Verkehrsamt. Langlaufloipen, Skilift.
**Veranstaltungen:** Kürbisfest Ende September mit abendlichem Umzug der Kinder, die ausgehöhlte und beleuchtete Kürbisse mit sich führen.

**Wanderungen:**

1. **Rundweg** nordwestlich über **11-Uhr-Loch, Schönsteinhöhle,** Neudorf und **Rosenmüllerhöhle,** 2 ½ Std.

2. Auf dem Heinrich-Uhl-Weg durch den Streitberger Wald nach **Streitberg*,** 1 ¼ Std. nordwestlich. Zurück am südlichen Ufer der Wiesent über **Burgruine Neideck** (in der Nähe die Neideckgrotte) und Haag.

3. Über Trainmeusel, Birkenreuth und Wallerturm nach **Ebermannstadt*,** 1 ¾ Std südwestlich. Zurück über Gasseldorf und Streitberg.

4. Am südlichen Ufer der Wiesent aufwärts über **Burggaillenreuth** (Schloß, Schloßwirtschaft, Burgruine, keltische Wallanlagen) und Leutzdorf nach **Gößweinstein*,** 2 ½ Std. südöstlich. Zurück über **Stempfermühle,** Sachsenmühle, Moritz, **Adlerstein** (mächtiger Aussichtsfelsen, 530m), **Quakenschloß** (kleine Galeriehöhle) und **Oswaldhöhle.**

5. Südöstlich über **Oswaldhöhle** (60m lange Stollenhöhle; in der Nähe Wundershöhle und Witzenhöhle), **Aussichtspunkt Hohes Kreuz** (523m) nach **Engelhardsberg** und nördlich über die **Riesenburg** (eine Versturzhöhle von gewaltigem Ausmaß mit Dolomitwänden und Felsenbögen) nach

Die Burgruine Hohenstein ist die
höchste Erhebung der Frankenalb

**Doos** am Zusammenfluß von Wiesent und *Aufseß* (Gasthof), 1 ¼ Std. Weiter durch das idyllische Aufseßtal aufwärts bis zur **Kuchenmühle** und westlich über Albertshof zurück.

**6.** Über **Doos** am östllichen Ufer der Wiesent aufwärts durch das Rabenecker Tal zur **Burg Rabeneck,** 1 ½ Std. nordöstlich. Weiter am Ostufer entlang in ¾ Std. nach **Waischenfeld*.** Zurück mit dem Bus.

**7.** Über **Doos** am östlichen Ufer der Wiesent abwärts über den **Sieghardfelsen** durch das Schottertal über die **Schottersmühle** (Spezialität Riesenpfannkuchen) nach **Behringersmühle,** 2 ½ Std. südöstlich. Zurück mit dem Bus oder 2 Std. nordwestlich über Moritz und Engelhardsberg.

Von besonderem Reiz sind die vielen stillen Flußtäler

## NEUHAUS AN DER PEGNITZ

*Landkreis Nürnberger Land, 390 m, 3000 Einwohner*

Der Markt Neuhaus liegt reizvoll im oberen Pegnitztal, überragt von der mächtigen Burg Veldenstein. Markierte Wanderwege führen sowohl in den ausgedehnten Veldensteiner Forst mit großem Wildgehege als auch in die bizarre Felswelt der Frankenalb. Eingemeindet wurden die Orte Bärnhof, Finstermühle, Hammerschrott, Höfen, Krottensee, Mosenberg und Rothenbruck.

**Sehenswert:** Die katholische **Pfarrkirche St. Peter und Paul** wurde 1765 im Stil des Spätbarock anstelle einer gotischen Vorgängerin errichtet. Sie besitzt eine schöne Rokoko-Ausstattung mit prächtigem Hochaltar, kunstvoller Kanzel und bemalten Zunftstangen der Handwerker. Bemerkenswert die spätgotische Madonna im Rosenkranz im Chorbogen sowie die spätgotische Marienfigur im Glaskasten unter dem Chorbogen, die bis 1810 ihren Platz in der evangelischen Pfarrkirche von Velden hatte. – 56 m hoch über dem Pegnitztal thront

**Burg Veldenstein.** Errichtet Anfang des 13. Jh. als bambergische Amtsburg und erweitert im 15./16. Jh., überstand sie den Hussiten-, Bauern- und Markgrafenkrieg; im 30-jährigen Krieg wurde sie 1632 von den Schweden eingenommen, blieb aber fast unversehrt. Erst ein Blitzschlag brachte 1708 das in der Burg lagernde Pulver zur Explosion und vernichtete dadurch einen großen Teil der Anlage. Nach Verfall und zeitweiser Nutzung als Steinbruch wurde die Burg Anfang des 20. Jh. wieder aufgebaut und im Dritten Reich von Hermann Göring erworben, dessen bombensicherer Bunker nach Kriegsende 1945 vergebliches Ziel vieler Schatzsucher wurde. Heutiger Eigentümer ist der Freistaat Bayern, Pächter eine Brauerei, die ein Hotel mit Burgschänke und Biergarten sowie einem Tiergehege einrichtete. Mit doppelter Ringmauer, zahlreichen Mauertürmen, aussichtsreichem Bergfried, Getreidekasten, Amtmannswohnung und zum Teil erhaltenem Palas gehört sie zu den größten Burganlagen der Region. – Eine besondere Attraktion ist die

**Maximiliansgrotte.** Sie liegt 3 km östlich beim Ortsteil Krottensee und erstreckt sich 1200 m lang über mehrere Etagen mit mächtigen Tropfsteinbildungen (→ S. 27). Bei der Höhle befindet sich die Waldschänke sowie das Gasthaus Grottenhof. In der Umgebung der Höhle eindrucksvolle Felspartien sowie zahlreiche Dolinen und Karsthöhlen.

**Auskunft:** Verkehrsamt 8574 Neuhaus an der Pegnitz.

**Verkehr:** Autobahnanschluß Plech zur A-9 (Nürnberg-Berlin) 9 km. B-14 (Nürnberg-Waidhaus), Abzweigung bei Hersbruck/Hohenstadt. B-85 (Auerbach-Amberg), Abzweigung bei Gaißach. Bahnstation.

**Hobby und Sport:** Hallenbad in Velden 4 km, Angeln, Paddeln, Rudern, Tennis.

Winterliches Artelshofen
im oberen Pegnitztal

oben: Restaurant Heilig-Geist-Spital
über der Pegnitz in Nürnberg

unten: Hans-Sachs-Brunnen in Nürnberg

**Wanderungen:**

**1. Karstkundlicher Wanderpfad,** 13km langer Rundweg ab Neuhaus-Bahnhof über Distlergrotte, Mysteriengrotte, **Maximiliansgrotte,** Weißlingkuppe (532m), Hohle Gasse, Felsenlabyrinth Steinerne Stadt, **Vogelherdgrotte** (Hallenhöhle), Krottensee, Neuhaus.

**2. Exkursionspfad nach Sackdilling** über Maximiliansgrotte, Weißingkuppe, Hollederberg (561m), Mannsberg (498m), Brentenfels (536m) zum bewirtschafteten **Forsthaus Sackdilling,** 3. Std. östlich. In der Nähe Felsenlabyrinth und zahlreiche Karsterscheinungen wie Karstquellen, Hungerbrunnen, Dolinen, Höhlen und Halbhöhlen.

**3.** Durch den Veldensteiner Forst zum **Waldhaus Hufeisen** und zum **Wildgehege,** 2 Std. nordwestlich (mehrere markierte Wege).

**4.** Über Finstermühle, Bärnhof und Katzenlöcher nach **Hartenstein** mit gleichnamiger Burg, 1 ½ Std. südwestlich. Zurück im nordwestlichen Bogen über **Velden*,** Schindersberg, Karlskapelle und Einsiedelfels.

**5.** Über Distlergrotte, Rinnenbrunn (ehem. Forsthaus), Schelmbachsteinhöhle mit Sonnenuhr (514m), Brändelberg (587m), Rehberg (591m) nach **Königstein*,** 2 Std. südöstlich. Zurück über den **Ossinger** (650m) mit Aussichtsturm und Bismarckgrotte.

Burg Veldenstein
über dem Pegnitztal

# NEUNKIRCHEN AM BRAND

*Landkreis Forchheim, 317 m, 6300 Einwohner*

Der altfränkische Markt liegt am Südwestrand der Fränkischen Schweiz zwischen Erlangen und Gräfenberg am Fuß des 548 m hohen Hetzleser Berges und entwickelte sich um einen Konvent von Augustinerchorherren.

**Sehenswert:** Von der alten Befestigung sind Teile des Mauerringes und drei malerische Torhäuser (das vierte Gräfenberger Tor mußte 1945 abgebrochen werden) erhalten: **Erlanger Tor** (1479), **Erleinhofer Tor** (mit Wappenrelief 1502) und **Forchheimer Tor** (mit Wappen 1503 und 1582). – Die katholische gotische

**Pfarrkirche St. Michael** mit hohem Turm entstand im 14./15. Jh. als Chorherrenstiftskirche durch das Bamberger Domkapitel. Das 1313 gegründete Stift wurde während der Reformation aufgelöst. Von den Klosterbauten ist nur noch der spätgotische Kapitelsaal neben der Sakristei erhalten. Die Kirche beeindruckt durch ihre reiche Ausstattung mit spätgotischen Freskenmalereien, bedeutenden Steinbildwerken des 14./15. Jh. (Anbetungs- und Verkündigungsgruppe) sowie barocken Altären und schöner Kanzel von Bamberger Meistern aus dem 18. Jh. Bemerkenswert sind auch die Grabsteine und Epitaphien, darunter der des Stifters L. von Hirschberg († 1328). – An der Straße nach Ermreuth steht die **Heiliggrabkapelle,** 1625-28 erbaut von Giovanni Bonalino.

**Auskunft:** Gemeindeverwaltung 8524 Neunkirchen am Brand.

**Verkehr:** Autobahnanschluß Erlangen Nord zur A-73 (Nürnberg-Bamberg) und Nürnberg Nord zur A-3 (München-Würzburg). B-2 (Nürnberg-Gräfenberg), Abzweigung bei Großgeschwaidt. Nächste Bahnstation Erlangen 10 km (Busverbindung).

**Hobby und Sport:** Hallenbad, Freibad, Minigolf Tennis, Segelfliegen (Flugplatz am Hetzleser Berg).

**Wanderungen:**

**1.** Über Baad durch den Harbachwald und vorbei am Segelflugplatz zur **Waldschänke** (Wanderparkplatz) am **Hetzleser Berg** (548 m), 1 ½ Std. nordöstlich. Weiter entweder 1 ½ Std. nordwestlich vorbei an keltischen Ringwällen zum Trachtendorf **Effeltrich** mit alter Kirchenburg (Rückfahrt nach Neunkirchen 6 km mit dem Bus) oder Abstieg ¾ Std. zum Kirschendorf **Hetzles** mit ehem. Wehrkirche und schönen Fachwerkhäusern (darunter der Gasthof Schwarzer Adler). Zurück mit dem Bus oder 2,5 km auf der Straße (kein Wanderweg).

**2.** Über Vogelhof, den **Lindelberg** (545 m) und durch das Reutholz nach **Igensdorf** im Schwabachtal mit Barockpfarrkirche, 1 ½ Std. östlich. Zurück im nördlichen Bogen über Obstlehrpfad, Teufelstisch, **Eberhardsberg** (533 m), **Ermreuth** (Schloß des 14. Jh., Dorfsynagoge von 1822, Judenfriedhof) Rödlas und durch den Harbachwald.

**3. Burgruine Schellenberg** (14. Jh.), ¾ Std. südöstlich.

**4.** Nach **Dormitz,** ½ Std. südlich. Sehenswert ist die gotisch-barocke katholische Pfarrkirche mit bedeutenden spätgotischen Bildwerken, darunter der „Beter von Dormitz" aus dem 16. Jh. Zurück im westlichen Bogen über Mittel-Rosenbach.

## NÜRNBERG

*Kreisfreie Stadt, 340 m, 495 000 Einwohner*

Nürnberg, zweitgrößte Stadt Bayerns und Metropole Frankens, erstreckt sich beiderseits der Pegnitz im waldreichen mittelfränkischen Becken. Jahrhundertelang als des „Deutschen Reiches Schatzkästlein" gerühmt, erfolgte nach fast totaler Zerstörung bei Kriegsende beispielgebend der Wiederaufbau im alten Stil auf annähernd historischem Grundriß, so daß das überlieferte Stadtbild des 15. bis 17. Jh. mit Mauern, Türmen und Toren weitgehend wiederhergestellt werden konnte. Längst ist Nürnberg über die alten Grenzen hinaus in den die Stadt auf drei Seiten umgebenden Reichswald hineingewachsen, doch gerade die hier gelungene Synthese zwischen moderner Großstadt und überschaubarer historischer Altstadt ist von besonderem Reiz. Tradition und Fortschritt sind miteinander gewachsen und verbunden.

Nürnberg ist Sitz der Wirtschafts- und Sozialwissenschaftlichen sowie der Erziehungswissenschaftlichen Fakultät der Universität Erlangen-Nürnberg, der Akademie für bildende Künste, der Bundesanstalt für Arbeit und eines Oberlandesgerichts. Berühmte Museen ergänzen das vielfältige kulturelle Angebot. Hochentwickelte Industriezweige, von der Elektrotechnik über Büromaschinen bis zu Spielwaren, bestimmen das wirtschaftliche Bild. Im Messezentrum der Trabantenstadt Langwasser, durch die U-Bahn mit der City verbunden, finden nicht nur internationale Fachausstellungen statt wie die weltbekannte Spielwarenmesse, sondern auch zahlreiche Tagungen und Kongresse. Die neue Frankenhalle faßt 8000 Personen.

**Blick in die Geschichte:**

Norimberc, so die erste urkundliche Bezeichnung, wurde um 1050 durch Kaiser Heinrich III. gegründet. Der Ort lag günstig zwischen den Territorien der Bischöfe von Eichstätt und Bamberg. Auf dem strategisch wichtigen, aus dem flachen Pegnitzland aufsteigenden Felskopf entsand die Königsburg. Als Burggrafen amtierten seit 1192 die Hohenzollern. Bald ließen sich unterhalb der Burg Handwerker und Kaufleute nieder, und zwar zuerst in der Sebalder Stadt nördlich der Pegnitz. Im 12. Jh. bildete sich südlich der Pegnitz eine zweite Siedlung um die Lorenzkirche. Als beide Ansiedlungen später eine gemeinsame Mauer bekamen, wuchsen sie zusammen.

Der „Freiheitsbrief" Kaiser Friedrichs II. sicherte der Kaufmannsgilde bedeutende Rechte zu; Nürnberg wurde Reichsstadt mit einem starken, vorwiegend aus Patriziern bestehenden Rat, der in steter Konfrontation zu den Zollernschen Burg- und späteren Markgrafen stand, aber auch keine Zünfte duldete, um die sich die Handwerker bei ihrem Aufstand 1348 vergeblich bemühten.

**Die zwischen dem 11. und 15. Jahrhundert entstandene Burganlage mit Kaiserburg, Burggrafenburg und Kaiserstallung**

Karl IV. bestimmte 1356 in seiner „Goldenen Bulle", daß jeder neu gewählte Kaiser seinen ersten Reichstag in Nürnberg abzuhalten habe. Das waren gute Voraussetzungen für die Entwicklung der Stadt, die außerdem noch von der günstigen Lage im Schnittpunkt der nordsüdlichen und ostwestlichen Handelsstraße profitierte. Neben Frankfurt und Aachen war Nürnberg nun zu einer Hauptstadt des Reiches geworden, deren Bedeutung Kaiser Sigismund noch hervorhob, als er 1424 die deutschen Kroninsignien „für ewige Zeiten" von Böhmen (Karlstein) nach Nürnberg schaffen ließ, bis sie 1796 vor den Franzosen nach Wien in Sicherheit gebracht werden mußten. 1427 verkaufte Friedrich VI. die Burggrafschaft an die Reichsstadt.

Um 1500 erreichte Nürnberg den wirtschaftlichen, politischen und kulturellen Höhepunkt. Berühmte Künstler wie Veit Stoß, Adam Kraft, Peter Vischer, Albrecht Dürer und Hans Sachs lebten in der Stadt, und Peter Henlein konstruierte die erste Taschenuhr (Nürnberger Ei). Der Bayerische Erbfolgekrieg ermöglichte 1505 die Schaffung eines reichsstädtischen Territoriums für die wirtschaftliche Sicherung der häufig durch markgräfliche Blockaden bedrohten Stadt.

Mit Einführung der Reformation 1524 durch den Rat wurde Nürnberg Zentrum der evangelischen Lehre in Franken. 1532 schloß Kaiser Karl V. den Nürnberger Religionsfrieden. Im Geist des Humanismus entstand eine eigene Akademie in Altdorf, die 1622 in eine Universität umgewandelt wurden.

Durch den 30-jährigen Krieg und die Verlagerung der Handelsstraßen verlor Nürnberg an Bedeutung. Mit Auflösung des alten Reiches kam die Stadt 1806 an das Königreich Bayern.

Mit Beginn der Industrialisierung begann im 19. Jh. ein neuer Aufschwung. Viele Orte der Umgebung wurden eingemeindet. Am 7. Dezember 1835 fuhr Deutschlands erste Eisenbahn von Nürnberg nach Fürth. Während des Dritten Reiches war Nürnberg von 1933 bis 1938 Schauplatz der nationalsozialistischen Reichsparteitage. Der Zweite Weltkrieg endete mit der fast völligen Zerstörung der Stadt. In den Trümmern der Nachkriegszeit fanden von 1945 bis 1949 die Nürnberger Kriegsverbrecherprozesse statt.

Nach der Währungsreform 1948 siedelten sich auch in den benachbarten Städten zahlreiche neue Betriebe an, so daß zwischen Nürnberg, Fürth und Erlangen ein wirtschaftlicher Ballungsraum mit hochentwickelter Industrie entstand. Ein dichtes Autobahnnetz sorgt für hervorragende Verkehrsverbindungen. 1972 wurde der Binnenschiffahrtshafen eröffnet, der seit der Fertigstellung des Rhein-Main-Donau-Kanals von besonderer Bedeutung ist.

**Das Bild der Stadt:**

Die Altstadt wird durch die Pegnitz in die nördliche, gegen die Burg ansteigende Sebalder Stadt und in die südliche, erst im 12. Jh. entstandene Lorenzer Stadt geteilt. In diesen beiden Stadtteilen, die zu einem Kern zusammengewachsen sind, befinden sich die Hauptsehenswürdigkeiten. Durch die in den letzten Jahren geschaffene Fußgängerzone hat die Altstadt noch mehr an Attraktivität gewonnen. Dazu trägt auch die U-Bahn-Linie U 1 bei, die in Ost-West-Richtung mit den City-Stationen Hauptbahnhof, Lorenzkirche, Weißer Turm und Am Plärrer verläuft.

Nürnberg war bis 1944 eine der best erhaltenen Städte deutscher Vergangenheit. Es hatte das unverfälschte Bild einer mittelalterlichen Stadt, das sich auch nach dem 30-jährigen Krieg kaum verändert hatte, zumal der Barock hier nur wenige Spuren hinterließ. Behutsam erfolgte der Wiederaufbau auf historischem Grundriß. Heute strahlt die Stadt wieder in neuem Glanz. Viele Bürgerhäuser wurden wieder im alten Stil errichtet oder restauriert.

Das typische Nürnberger Bürgerhaus ist aus Sandstein mit hohem Giebeldach und schlichter Fassade, häufig mit einem Erker geschmückt, dem sogenannten Chörlein. In dem kleinen Chor befand sich früher die Hauskapelle. Seit dem 16. Jh. wurden rechteckige Chörlein als Aussichtspunkte an Fenster im ersten Stock eingefügt, zunächst aus Stein, dann aus Holz. Vom 18. Jh. an hatte fast jedes Haus sein Chörlein, eine Bezeichnung, die nur in Nürnberg gebräuchlich ist. Heute sind an restaurierten Häusern diese schmucken Chörlein wieder häufiger zu beobachten.

Die drei- bis viergeschossigen Häuser fügen sich zu regelmäßigen, geschlossenen Fronten zusammen und lockern sich erst in der Dachregion mit reich gegeliederten Giebeln auf. Nur die beliebte Ecklage ermöglichte eine individuelle Gestaltung, so daß diese Häuser meist prominenten Bürgern gehörten (z.B. Fembohaus, Burgstr. 15, heute Stadtmuseum). Eine früh auf Ordnung bedachte Baupolizei trug mit dazu bei, daß das Stadtbild weniger „altfränkisch“ war als andernorts. Malerische Partien gab es immer dort, wo die örtlichen Begebenheiten keine feste Ordnung zuließen wie an den Hängen des Burgfelsens oder an den Ufern der Pegnitz. Im Spätmittelalter war das Fachwerk immer noch vorherrschend wie beim berühmten Dürerhaus am Tiergärtnertor, das als typisches Fachwerkhaus Nürnberger Spätgotik gilt.

Die etwa fünf Kilometer lange Stadtumwallung besteht aus einem 20m breiten Graben mit zahlreichen Türmen und vier Haupttoren an den wichtigen Drehpunkten: Königs- oder Frauentor gegenüber dem Hauptbahnhof, Laufer Torturm im Nordosten, Neutor im Nordwesten und Spittler Torturm am Plärrer. Sie entstanden ursprünglich im 14. Jh. als quadratische Türme und wurden im 16. Jh. aus strategischen Gründen mit den für das Stadtbild charakteristischen wuchtigen Rundmänteln umgeben. Nur das Tiergärtnertor, das mit Laufer Schlagturm und Weißem Turm zur Befestigung des 13. Jh. gehört, blieb in seiner alten Form erhalten. Nach 1320 wurden Sebalder und Lorenzer Stadt durch einen Mauerring vereinigt; Reste befinden sich noch am Henkersteg, am Weißen Turm in der Ludwigstraße, am Schuldturm auf der Insel Schütt und am Laufer Schlagturm in der inneren Laufer Gasse.

**Stadtbesichtigung:**

Vom *Hauptbahnhof* gelangen Sie stadteinwärts durch das gegenüber liegende *Königstor* zum

**Handwerkerhof Nürnberg** im Waffenhof mit Willkommensstube des Verkehrsvereins. In dieser kleinen Stadt mit einladenden Fachwerkhäuschen und gepflasterten Gassen haben seit dem Dürerjahr 1971 traditionsreiche Handwerker wie Glasmaler, Glasschleifer, Töpfer, Puppenmacher, Täschner, Korbflechter, Holzschneider, Zinngießer, Münzpräger und Lebkuchenbäcker ihre Werkstätten eingerichtet; Sie können Nürnberger Bratwürste und andere fränkische Spezialitäten bei Nürnberger Bier oder Frankenwein probieren (geöffnet von Ende März bis 23. Dezember). – In der Königstraße rechts die evangelische

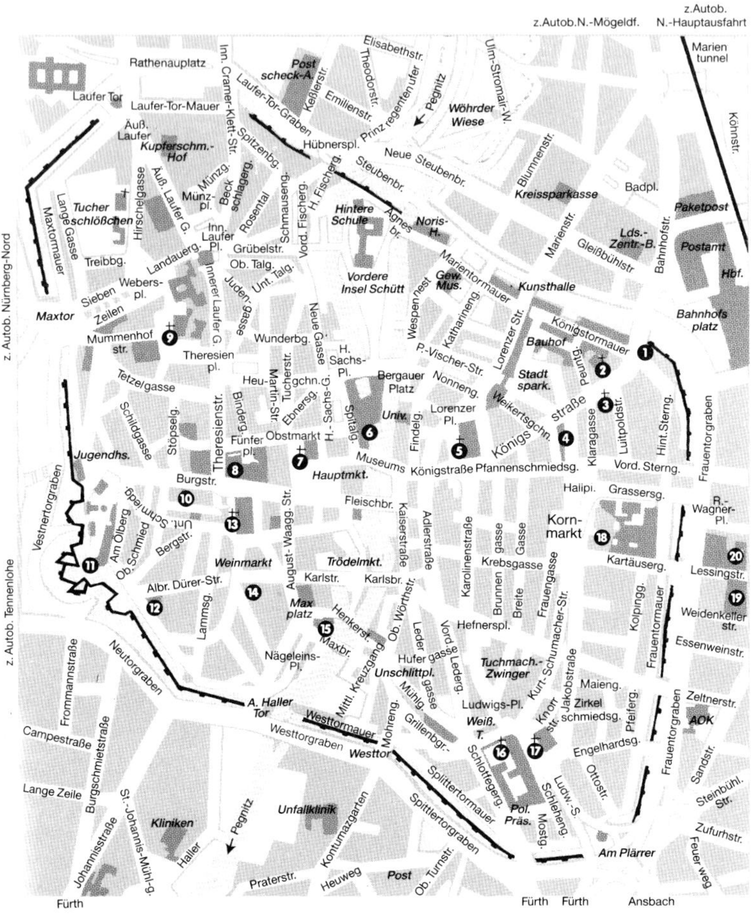

## Nürnberg

1 Königstor, Handwerkerhof
2 St. Marthakirche
3 St. Klarakirche
4 Mauthalle
5 St. Lorenzkirche
6 Heilig-Geist-Spital
7 Frauenkirche, Schöner Brunnen
8 Rathaus, Lochgefängnisse
9 Egidienkirche, Pellerahus
10 Fembohaus, Stadtmuseum
11 Daiserburg
12 Albrecht-Dürer-Haus
13 St. Sebaldurskirche
14 Spielzeugmuseum
15 Weinstadel, Henkersteg
16 St. Elisabethkirche
17 St. Jakobskirche
18 Germanisches Nationalmuseum
19 Verkehrsmuseum
20 Städt. Bühnen

**St. Marthakirche,** eine dreischiffige Hallenkirche mit gewölbtem Polygonchor. Errichtet im 13. Jh. für ein Pilgerhospiz und 1526 profaniert, diente sie von 1578 bis 1620 den Singschulen der Meistersinger. Seit 1808 ist sie evangelisch-reformierte Pfarrkirche. Bemerkenswert sind die kostbaren gemalten Glasscheiben des 14./15. Jh. – Schräg gegenüber die katholische

**St. Klarakirche.** Die einstige Klosterkirche der Klarissen aus dem 13./14. Jh. mit romanisch-gotischem Chor wurde 1806 profaniert und 1854 als katholische Pfarrkirche eingerichtet. Nach Zerstörung im Zweiten Weltkrieg erfolgte 1948-51 der Wiederaufbau. Erhalten sind die schönen Kreuzrippengewölbe im Chor und der Altar von 1360. – Auf der gleichen Straßenseite die

**Mauthalle.** Sie wurde 1498-1502 von Stadtbaumeister Hans Beheim als Kornhaus errichtet und diente seit 1572 als Zollamt („Maut"). Unter dem mächtigen Steilgiebel befinden sich große Lagerböden; an der Ostseite ein Spitzbogentor mit einem Wappenrelief von Adam Kraft. Das wuchtige Bauwerk wurde nach schwerer Kriegszerstörung 1951-53 wieder errichtet. In den Kellergewölben empfiehlt sich die historische Gaststätte Mautkeller. – In der Pfannenschmiedsgasse das

**Zeughaus.** Der zweigeschossige Quaderbau mit von Halbrundtürmen flankiertem Portal wurde 1588 erbaut und nach Kriegszerstörung 1954-55 wieder errichtet. – Am Lorenzer Platz die evangelische

**St. Lorenzkirche.** Sie wurde 1260-1370 nach dem Vorbild der älteren St. Sebalduskirche als gotische dreischiffige Basilika für den neu entstandenen Stadtteil errichtet. Um 1400 waren die beiden hoch aufragenden, sechsgeschossigen Türme vollendet, zwischen denen die prächtige Hauptfassade mit reichem Figurenportal, riesiger Maßwerkrosette und durchbrochenem Giebel emporsteigt. Nach Abriß des alten Ostchores entstand 1477 der von einem Kapellenkranz umgebene mächtige Hallenchor, dessen weiter Raum durch ein Sterngewölbe abgeschlossen ist. Die Kirche besitzt eine Fülle von kostbaren Altären, Kreuzen, Totenschilden, Leuchtern und Glasmalereien. Viele Teile der wertvollen Einrichtung wurden von reichen Patrizierfamilien gestiftet. Im Hallenchor schwebt frei hängend der berühmte *Engelsgruß* (1518) von Veit Stoß; das 3,70m hohe Lindenholzkunstwerk zeigt die Verkündung Gabriels an Maria in einem Rosenkranz, dessen sieben Medaillons die Freuden Mariae darstellen. Vom gleichen Meister stammen der *Kruzifix* (um 1500) auf dem Hochaltar und der *Paulus* (1513) am Chorpfeiler. Berühmt auch das *Sakramentshaus* (1495) von Adam Kraft; die 18m hohe Turmpyramide aus Kalkstein stellt mit 100 Figuren die Leidensgeschichte Christi dar, und als lebensgroße Sockelfigur hat sich Adam Kraft, der noch mit einigen anderen Werken in St. Lorenz vertreten ist, selbst dargestellt. Alle Kriege überstanden haben die herrlichen *Chorfenster* aus dem 15. Jh. in ihrer alten Verglasung und Farbigkeit. – An der Nordseite der Kirche der

**Tugendbrunnen,** ein Werk des Rotgießers Benedikt Wurzelbauer von 1589. Allegorische Bronzefiguren symbolisieren die sieben Haupttugenden Liebe, Glaube, Hoffnung, Großmut, Mäßigkeit, Geduld und als Krönung die Gerechtigkeit. – Gegenüber der Hauptfassade Ecke Königs- und Karolinenstraße ein mittelalterlicher Patrizierbau, das

**Nassauer Haus,** heute ein beliebter Weinkeller. Das wehrhafte, kraftvolle Turmhaus reicht in seinen Untergeschossen noch ins 13. Jh. zurück. Die Obergeschosse mit dem für Nürnberg typischen Chörlein und den vier Ecktürmen wurden im 15. Jh. aufgesetzt. Daneben ist hinter den Sandsteinfassaden aus neuerer Zeit das größte Kaufhaus der Stadt entstanden. Über die Museumsbrücke erreichen Sie die Sebalder Stadt. Rechts ein schöner Blick auf das

**Heilig-Geist-Spital,** dessen Wasserdurchlässe eine fotogene „Stadtbrille" bilden. Der Patrizier Konrad Groß stiftete 1331 das Spital, das in mächtigen Steinbrückenbögen über der Pegnitz erbaut und 1511-27 von Hans Beheim d.Ä. erneuert wurde. Die 1945 zerstörte Heilig-Geist-Kirche war von 1424-1796 Verwahrungsort der Reichskleinodien. Das Spital wurde in äußerlich alter Form wieder aufgebaut und ist heute ein bekanntes Weinrestaurant. Im Innenhof eine *Kreuzigungsgruppe* von Adam Kraft und der *Hanselbrunnen* aus dem 14. Jh. – Jenseits der Museumsbrücke am Hans-Sachs-Platz das

**Hans-Sachs-Denkmal** von 1874 zur Erinnerung an den dichtenden Nürnberger Schuhmachermeister (1494-1576), der durch sein umfangreiches Werk mit 17 000 Schwänken, 4000 Meisterliedern und 200 Bühnenspielen berühmt wurde. Benachbart der

**Hauptmarkt.** Als schönster Platz der Stadt wird er von den Nürnberger Marktfrauen mit ihren bunten Obst- und Gemüseständen beherrscht. Im Dezember findet hier der traditionsreiche Christkindlesmarkt statt. An der Westseite des Hauptmarktes stehen noch mittelalterliche Bürgerhäuser, an der Südseite dagegen moderne Neubauten mit einer Aussichtsterrasse. An der Ostseite die katholische

**Frauenkirche** anstelle einer alten Synagoge, die im 14. Jh. zusammen mit dem Judenviertel zerstört wurde. Sie ist eine Stiftung Kaiser Karls IV. von 1349, der das Gotteshaus nach dem Vorbild böhmischer Kirchen errichten ließ und 1355 zu seiner Hofkirche ernannte. Bombenzerstörungen ließen 1945 nur die Umfassungs-

Die Nürnberger St. Lorenzkirche beeindruckt
durch ihre prächtige Hauptfassade

Die Nürnberger Burg ist
ein beliebtes Ausflugsziel

mauern des Langhauses und die Fassade stehen; der Wiederaufbau im alten Stil war 1954 beendet. Zur Marktseite besitzt der dreischiffige, quadratische Hallenbau eine prachtvolle Fassade mit einem Balkon, von dem einst der Kaiser den Bürgern die sogenannten Heiltümer (Reliquien) und Kleinodien des Reiches zeigte. Adam Kraft schuf 1506-08 das Michaels-Chörlein mit Filigrangiebel auf dem Balkon. Täglich um 12.00 Uhr mittags kündigt das Glockenspiel das berühmte *Männleinlaufen* an, gesteuert von einem kunstvollen, 1506 eingebauten Uhrspielwerk: Die sieben Kurfüsten umlaufen in ihren roten Mänteln dreimal den thronenden Kaiser Karl IV. und bezeugen ihre Referenz. Bemerkenswert ist das Hauptportal mit seinem reichen Figurenschmuck. Der schlichte Innenraum bewahrt zwei *Steinepitaphe* von Adam Kraft um 1500, das Pergenstorffersche mit Schutzmantelmadonna und das von Hans Rebeck mit Marienkrönung. Von Bedeutung auch der *Tucheraltar* um 1400, ein Triptychon mit Kreuzigung, Verkündigung und Auferstehung. – Vor der Frauenkirche auf dem Hauptmarkt der

**Schöne Brunnen,** errichtet 1385-96 von Heinrich Beheim, einem Meister Prager Schulung. Aus dem achteckigen Wasserbecken erhebt sich eine 19m hohe Sandsteinpyramide mit Darstellung der sieben Kurfürsten sowie heidnischer, jüdischer und christlicher Helden; ganz oben Moses und die sieben Propheten, am Brunnenrand Kirchenväter und Evangelisten. Die heutigen Figuren sind Kopien; die Fragmente der Originale befinden sich im Germanischen Nationalmuseum. In dem einschließenden schmiedeeisernen Gitter von 1587 befindet sich der geheimnisvolle, nahtlos eingelassene Handwerksburschenring aus Messing, bei dessen Berührung ein Wunsch in Erfüllung gehen soll. – An der Nordseite des Hauptmarktes das

**Rathaus,** ein umfangreicher Gebäudekomplex mit Stilelementen verschiedener Epochen. Ältester Teil ist der Saalbau von 1332-40 mit Staffelgiebel. Hans Beheim d.Ä. errichtete 1514-15 den spätgotischen Ratsstubenbau am kleinen Rathaushof. Kunsthistorisch bedeutend ist der mächtige *Hochrenaissancebau* an der Westfront von 1616-22 mit den drei reich gegliederten Portalen. Der große *Rathaussaal,* 1520-21 unter Leitung Albrecht Dürers ausgemalt und restauriert, wurde nach fast völliger Zerstörung 1945 im Rahmen eines Studentenwettbewerbs 1984 in seiner gotischen Form restauriert. – Unter dem Saalbau können die *Lochgefängnisse* besichtigt werden, mittelalterliche Untersuchungsgefängnisse mit Folterkammern. – Im Innenhof steht der *Puttenbrunnen,* gegossen 1549-57 von Pankraz Labenwolf. – In der Rathausgasse der volkstümliche *Gänsemännchen-Brunnen,* ebenfalls ein Werk von Pankraz Labenwolf aus der Zeit um 1550; auf der Brunnensäule die erzgegossene Figur eines Bauern aus der Nürnberger Umgebung mit zwei Gänsen unter den Armen.

Ein **Abstecher** führt östlich durch die Theresienstraße zum Egidienplatz mit der doppeltürmigen evangelischen

**Egidienkirche.** Sie ist die einzige Barockkirche von Nürnberg. Ursprünglich im 12. Jh. als romanische dreischiffige Pfeilerbasilika für die aus Regensburg berufenen Schottenmönche erbaut, wurde sie nach einem Brand 1711-19 unter Einbeziehung alter Bauteile neu errichtet und auch nach Kriegszerstörung 1945 wieder erneuert. Sehenswert ist die im Kern romanische *Wolfgangskapelle* mit spätgotischer Grablegungsgruppe von 1446, die wahrscheinlich auf den ersten Kirchenau von 1140 zurückgehende *Euchariuskapelle* mit Kreuzgewölbe und die *Tetzelkapelle* von 1345 mit dem Landauerschen Epitaph von Adam Kraft (Krönung Mariae, 1503). – Gegenüber am Egidienplatz 23 das

**Pellerhaus,** glänzendes Beispiel eines Renaissance-Baus des Nürnberger Patriziats, errichtet 1602-05 nach Plänen des Ratsbaumeisters Jakob Wolf d.Ä. Seit 1929 befindet sich das Haus im Besitz der Stadt. Nach Zerstörung 1945 wurden Erdgeschoß und Arkadenhof restauriert und in den modernen Neubau mit Stadtbibliothek und Stadtarchiv eingezogen; im Hof ein Brunnen mit bogenschießendem Apoll von 1532. – An der Inneren Laufer Gasse das *Martin-Behaim-Denkmal* und das *Melanchton-Denkmal;* am Inneren Laufer Platz die

**Allerheiligenkapelle,** 1507 von Hans Behaim d.Ä. erbaut und nach Kriegszerstörung 1956 wieder erneuert, eine dreischiffige Halle mit Sterngewölbe. – Vorbei am *Laufer Schlagturm* aus dem 13. Jh. zum

**Tucherschlößchen,** Hirschgasse 9. Das schöne Patrizierhaus aus der Renaissance des 16. Jh. war ehemals Sommersitz der Familie Tucher. Sehenswert ist das prächtige Inventar mit Renaissance- und Barockmöbeln, Glasmalereien sowie Gemälden namhafter Künstler (Führungen). – Über den Egidienplatz und durch die Theresienstraße kommen Sie wieder zum Rathaus zurück.

Nach dem Rathaus folgt in der Burgstraße 15 das

**Fembohaus** mit dem *Stadtmuseum.* Der 1591-1605 entstandene Spätrenaissance-Eckbau mit prächtigem Stufengiebel und steinernem Chörlein gehört zu den wenigen im Krieg unzerstörten Patrizierhäusern. Das Museum zeigt Alt-Nürnberger Entwicklungsgeschichte und Wohnkultur. – Nördlich erhebt sich 60 m hoch über der Stadt auf einem Sandsteinfelsen die in drei Abschnitten zwischen der ersten Hälfte des 11. Jh. und dem Ende des 15. Jh. entstandene *Burg,* in der 32 Kaiser und Könige residierten: Im Westen die staufische *Kaiserburg,* in der Mitte die *Hohenzollern-Burggrafenburg* und im Osten die sogenannte *Kaiserstallung* der Freien Reichsstadt. – Zwischen den Fachwerkbauten der Himmelsstallung und Hasenburg gelangen Sie zur

**Kaiserburg.** Zuerst sehen Sie den *Heidenturm* und die *Margarethenkapelle,* aus gemeißelten Quadern gefügt, beide spätstaufisch aus dem 12. Jh. Die doppelgeschossige Kapelle, jeweils neunjochig mit Kreuzgewölben, ist in der Mitte durch eine quadratische Öffnung verbunden. Im oberen Raum hatte der Kaiser seinen Platz, der untere Raum war für das Gefolge bestimmt. Vorbei an Turm und Kapelle kommen Sie durch das Burgtor in den inneren Burghof zur *Kemenate* und zum *Palas* mit Ritter- und Kaisersaal. Im Hof der Vorburg mit dem aussichtsreichen runden *Sinwellturm* der *tiefe Brunnen* aus dem 12. Jh. – Nun durch die Freiung zur

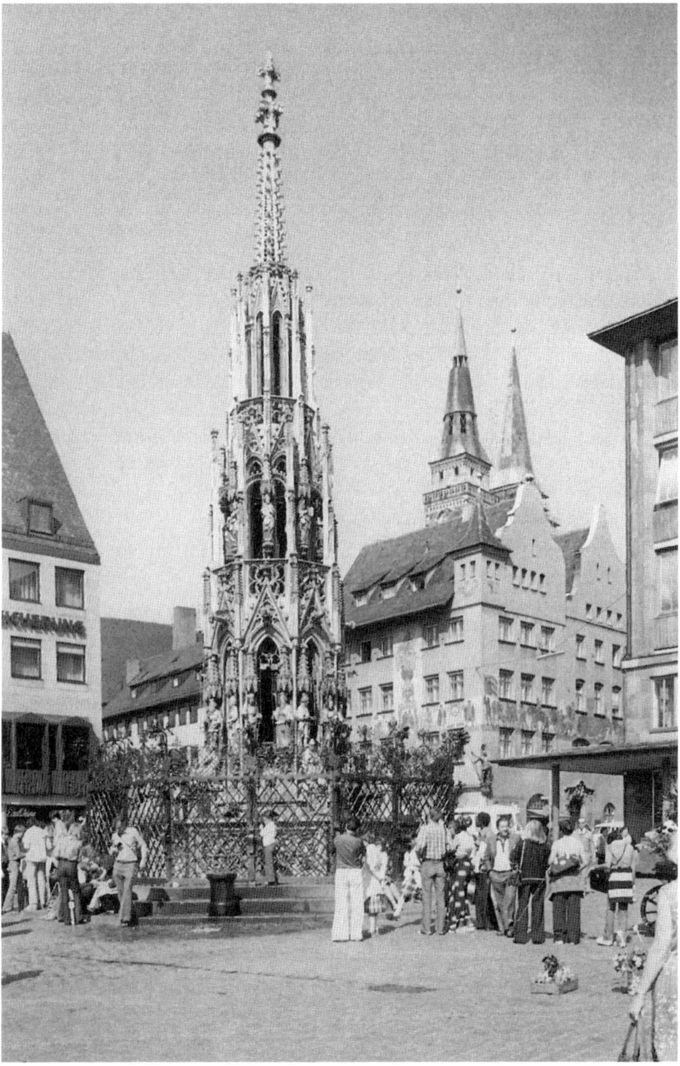

Der 19 m hohe schöne Brunnen auf dem
Hauptmarkt in Nürnberg
mit St. Sebaldus im Hintergrund

Blick auf Nürnberg mit
dem Albrecht-Dürer-Haus
von der Kaiserburg aus

**Burggrafenburg,** die 1420 teilweise durch Brand zerstört wurde. Ältester Teil, und zwar der gesamten Burganlage überhaupt, ist der *Fünfeckturm Altnürnberg* aus der Mitte des 11. Jh.; sein geziegeltes Obergeschoß ist spätgotisch. Die im 13. Jh. erstmals bezeugte *Walpurgiskapelle* wurde nach Zerstörung 1420 und 1945 unter Verwendung erhaltener Teile rekonstruiert. Im Schwedenhof, hinter der Burgamtmannswohnung, werden im Sommer Konzerte und Serenaden veranstaltet. – Anschließend die

**Kaiserstallung,** ursprünglich als Getreidespeicher von Stadtbaumeister Hans Beheim 1494-95 errichtet mit steilem Satteldach, nach teilweiser Zerstörung 1945 umgebaut, heute *Jugendherberge*. Wieder neu aufgebaut wurde auch der Turm *Luginsland* und durch einen Fachwerkkopf verschönt; mit dem 1377 erbauten Vorgänger wollten die Nürnberger dem Burggrafen in seine Burg sehen. – Am Tiergärtnertor das

**Albrecht-Dürer-Haus,** Musterbeispiel eines typischen Fachwerkhauses der Nürnberger Spätgotik. Albrecht Dürer erwarb das 1450-60 erbaute Haus 1509 und bewohnte es bis zu seinem Tode 1528. Nach Kriegszerstörung 1945 wurde das mehrstöckige Eckhaus wieder völlig im alten Stil errichtet und zu einem Museum gestaltet. Es zeigt u.a. eine zeitgenössische Druckerpresse sowie Druckgraphik und Kopien einiger Dürer-Gemälde. – In der nahen Bergstraße das *Albrecht-Dürer-Denkmal* von 1840. – Schräg gegenüber dem Dürerhaus, Obere Schmiedgasse 64-66, das

**Pilatushaus,** ein hochgiebeliges Fachwerkhaus von 1489, das dem berühmten Plattner Hans Grünwald gehörte. Auf der Eckkonsole das Standbild des geharnischten Ritters St. Georg, vermutlich von Hans Grünwald (Original im Germanischen Nationalmuseum). – Unterhalb befindet sich in der Bergstraße 15-21 der Eingang zum

**Nürnberger Altstadthof** mit Museumsbrauerei und unterirdischen Felsengängen, die der Öffentlichkeit zugänglich gemacht wurden. Auf vier Ebenen erstrecken sich bis zu 15 Meter Tiefe rund 40 000 Quadratmeter Felsenkeller. Die unterirdischen Gänge dienten schon im 15. Jh. sowohl der städtischen Wassergewinnung als auch der vorschriftsmäßigen Bierlagerung. Nach einem Ratsbeschluß von 1380 durften nur jene Bierbrauer ihren Gerstensaft lagern, denen auch ein Keller in der Mindestgröße von 10 auf 16 Schuh (= 3 x 4,80 m) zur Verfügung stand. So wurden noch bis Anfang des 19. Jh. mit Spitzhacke und Meisel riesige Keller aus dem dolomitischen Sandsteinfels geschlagen (Führungen).

Vom Tiergärtnertor führt ein Weg mit Kreuzwegstationen von Adam Kraft nordwestlich durch Burgschmied- und Johannisstraße zum

**St. Johannis-Friedhof** mit **St. Johanniskirche.** Für die Sebalder Stadt wurde 1508 ein bereits bestehender Friedhof erweitert und bis 1896 laufend vergrößert. In dem schön gestalteten mittelalterlichen Friedhof sind viele kunstvolle Grabmäler bedeutender Nürnberger Bürger erhalten. Die letzte Ruhe fanden hier Albrecht Dürer, Hans Behaim, Veit Stoß, Peter Vischer, Hans Sachs, Veit Hirsvogel und Anselm Feuerbach. Die *St. Johanniskirche* aus dem 14. Jh. besitzt eine reiche Ausstattung, darunter der Hauptaltar (1516) mit Schnitzwerk und Gemälde des Dürer-Schülers Wolf Traut sowie Glasmalereien des 16./17. Jh. – Die *Holzschuhkapelle,* Begräbniskapelle der Familie Holzschuh, ist ein spätgotischer Rundbau des 16. Jh.; mit der Grablegung Christi (1508) bildet sie die letzte Kreuzwegstation von Adam Kraft. – Unweit nordöstlich des Friedhofes am Palmplatz die moderne

**Friedenskirche** von 1925-29 mit spätgotischem Flügelaltar der zerstörten Hl.-Kreuz-Kirche; die Flügel wurden 1486-88 von Michael Wohlgemut bemalt.

Am südlichen Fuß des Burgberges erhebt sich die nach Kriegszerstörung 1945 wieder hergestellte evangelische

**St. Sebalduskirche.** Die doppelchörige Kirche befindet sich an der Stelle einer St. Peterskapelle, die der spätere Volksheilige Sebaldus Mitte des 11. Jh. gegründet hatte. 1255 war der Sebalduschor im Osten vollendet, 1274 der Peterschor im Westen zugleich mit dem Turmpaar, das 1490 zu jetziger Höhe aufgestockt wurde. Mit dem Wachsen der Reichsstadt wurde der Ostchor 1361-79 durch einen mächtigen Hallenchor ersetzt. Dieser Gegensatz zwischen romanischer und hochgotischer Stilepoche schafft einen großartigen Raumeindruck. Außerordentlich reich ist die Ausstattung an Bild- und Kunstwerken. Beeindruckend die *Schöne Madonna im Strahlenglanz* eines Nürnberger Meisters um 1430 am ersten nördlichen Pfeiler des Ostchores. Im Hallenchor das berühmte *Sebaldusgrab,* ein gotischer Reliquienschrein des Goldschmiedes Fritz Habeltzheimer von 1397, den der Bronzegießer *Peter Vischer* mit seinen Söhnen 1519 in ein kunstvolles Bronzegehäuse mit 4,71 m hohem baldachinartigem Aufbau gestellt hat, ein beispielhaftes Werk der Renaissance. Am Sockel Reliefdarstellungen der Sebalduslegende, in den Nischen der Schmalseiten die Statuetten des Heiligen und des Meisters Peter Vischer mit Schurz und Kappe, an den hochstrebenden Pfeilern die Figuren der 12 Apostel, und als Abschluß eine reich gegliederte Kuppelpyramide. Von dem Bildhauer *Veit Stoß* stammen die Kreuzigungsgruppe mit

Maria und Johannes (1508, Kruzifix 1520) über dem Hauptaltar sowie im Chorumgang die dreiteilige Volckamersche Passion (1491), die Holzfigurengruppe Christus und Maria und der mächtige Andreas. Bemerkenswert sind die erhaltenen Fenster des Ostchores mit Glasmalereien des 14. Jh. Der Bildhauer *Adam Kraft* schuf 1506 die Kreuztragung am zweiten Pfeiler der Südseite des Mittelchores sowie am äußeren Ostchor in einem Wandfeld das Schreyer-Landauersche Epitaph, ein Sandsteinrelief mit Darstellungen aus der Passion von 1492. An den Außenfassaden befinden sich noch zahlreiche weitere Kunstdenkmale. – Am Albrecht-Dürer-Platz der

**Sebalder Pfarrhof,** ein gotisches Haus mit Innenhof, berühmt wegen seines reichen steinernen Chörleins aus dem 14. Jh. (Kopie von 1898, Original im Germanischen Nationalmuseum). – In der Karlstraße 13 das

**Spielzeugmuseum.** Das alte Patrizierhaus mit Stufengiebel und Chörlein zeigt eine umfangreiche Spielzeugsammlung aus aller Welt und allen Epochen. – Am nahen Maxplatz der *Tritonbrunnen* von 1687 und der *Albrecht-Dürer-Brunnen* von 1821. – An der Karlsbrücke der

**Weinstadel,** ursprüngliches Sondersiechenhaus von 1148 und späterer Weinstadel für den benachbarten Weinmarkt. Der schöne große Bau mit zwei Fachwerkgeschossen über massivem Erdgeschoß dient heute als Studentenwohnheim; mit dem -*Wasserturm* von 1325 und dem Brückenbogen *Henkersteg* bildet er eine malerische Gruppe. Gegenüber am südlichen Pegnitzufer das

**Unschlitthaus,** ein massives Sandsteingebäude, 1491 von Stadtbaumeister Hans Beheim d.Ä. errichtet. Unschlitt ist die Nürnberger Bezeichnung für Talg. – Am Hefnersplatz zwischen Karolinenstraße und Ludwigsplatz der

**Peter-Henlein-Brunnen** zur Erinnerung an den Nürnberger Uhrmacher (1485-1542), der die erste Taschenuhr, erfand, das „Nürnberger Ei“. –An der Dr.-Kurt-Schumacher-Straße der

**Weiße Turm,** ein Torturm aus dem 13. Jh. (U-Bahnstation). Hier befindet sich der neue vieldiskutierte, auch mit etwas Humor zu betrachtende

**Hans-Sachs-Brunnen** des Künstlers Prof. Jürgen Weber von 1984. Der auch unter dem Namen „Ehekarussell“ bekannte Brunnen besteht aus einem Karussell von sechs Wagen, die nach dem Hans-Sachs-Gedicht „Das bittersüße ehlich Leben“ abwechselnd negative und positive Szenen der Ehe darstellen. – Am nahen Ludwigsplatz die katholische

Im Handwerkerhof
in Nürnberg

**St. Elisabethkirche.** Sie wurde 1785-1806 anstelle einer dem Deutschen Orden gehörenden Kirche aus dem 13. Jh. erbaut, die als katholische Enklave die Reformation überdauerte. Der runde, von einer Kuppel überwölbte Kirchenraum wurde nach Kriegszerstörung 1947-50 wieder erneuert. Benachbart am Jakobsplatz die evangelische

**St. Jakobskirche.** Der gotische Bau des 14.-16. Jh. wurde 1945 durch Bomben bis auf die Umfassungsmauern zerstört; Chor und Turm entstanden wieder neu. Der Hochaltar aus dem 14. Jh. trägt auf den Flügeln Frühzeugnisse Nürnberger Tafelmalereien. Bemerkenswert die lange Reihe der Totenschilde.

Durch das Ludwigs- oder **Spittlertor** kommen Sie über den *Plärrer*, einem belebten Verkehrsknotenpunkt mit dem **Planetarium** am Plärrer-Hochhaus, und die Rothenburger Straße zum

**Rochusfriedhof.** Der außerhalb der Innenstadt im 1453 eingemeindeten Stadtteil Gostenhof gelegene Friedhof wurde 1518 für die Lorenzer Pfarrgemeinde angelegt und bewahrt viele alte Grabsteine. Die *Friedhofskapelle St. Rochus*, erbaut 1520 durch Paul Beheim, besitzt einen spätgotischen Altar mit reichem Schnitzwerk und einem Gemälde von Wolf Traut sowie bedeutende Glasmalereien von Veit Hirsvogel (1520) nach Vorlagen von Albrecht Dürer.

Vom Weißen Turm gelangen Sie durch die Dr.-Kurt-Schumacher-Straße zum Kornmarkt. Hier liegt das berühmte

**Germanische Nationalmuseum** im ehemaligen Kartäuserkloster und in modernen Neubauten. Seine reichen Schätze gehen auf die Stiftung des Freiherrn Hans von und zu Aufseß aus dem Jahre 1852 zurück. Das Museum entwickelte sich mit Gemäldegalerie, Kupferstichkabinett, Glasgemäldesammlung, Skulpturen, Kunsthandwerk, Musikinstrumenten, Münzkabinett, volkskundlicher Abteilung sowie einer Kunstbibliothek mit rund 480 000 Bänden (Lesesaal) zur größten kunst- und kulturhistorischen Ausstellung Deutschlands. Sonn- und feiertags sowie am Donnerstag Abend ist der Eintritt frei. – Nun entweder über den Hallplatz und durch die Königstraße zum Hauptbahnhof oder südlich durch die Kartäusergasse und nach Überquerung des Frauentorgrabens zum

**Verkehrsmuseum,** Lessingstraße 6. Der Eisenbahn und Post gewidmet, zeigt es Originalfahrzeuge (u.a. den ersten deutschen Eisenbahnzug) und Modelle sowie Modellbahnanlagen und eine Briefmarkensammlung. – Vorbei an den *Städtischen Bühnen* (Oper, Theater) kommen Sie zum Hauptbahnhof zurück.

**Außerdem interessant:**

**Fernmeldeturm der Bundespost** im Südwesten der Altstadt, Hansastraße/Schweinauer Hauptstraße. Der 1980 errichtete 282 m hohe Turm (mit Antennenspitze) ist das höchste Gebäude Nordbayerns. Der Turm schwankt aus der Mittelachse bis zu 1,50 m – trotz des Gewichts von 23 000 Tonnen in der Turmspitze. Ein Schnellaufzug befördert maximal 40 Personen in einer halben Minute zur Aussichtsplattform in 185 m Höhe oder zum Drehrestaurant mit Cafeteria in 189 m Höhe.

**Tiergarten** im Osten der Altstadt am Schmausenbuck (Straßenbahnlinie 3). Die 63 Hektar große Waldparkanlage mit Wiesen und Weihern sowie alten Steinbrüchen wurde 1939 als Neuer Tiergarten eröffnet, nachdem schon 1912 am Dutzendteich ein zoologischer Garten gegründet worden war. Vertreten sind alle klassischen Zootiere. Eine besondere Attraktion ist das Delphinarium. Außerdem gibt es ein Aquarium mit Meer- und Süßwasserfischen sowie ein Tropenhaus mit seltenen pflanzenfressenden Säugern. In Brutvolieren sind Adler, Falken, Geier und Eulen zu beobachten. Von Ostern bis Oktober Kleinbahn-Betrieb „Adler" (Modell der 1. Deutschen Eisenbahn).

**Auskunft:** Verkehrsverein 8500 Nürnberg, Eilgutstr. 5. – Tourist-Information im Hauptbahnhof (Mittelhalle), im Handwerkerhof (Willkommenstube) und am Hauptmarkt (Rathaus). – Fremdenverkehrsverband Franken, Am Plärrer 14 (Rückgebäude).

**Verkehr:** Schnittpunkt der Autobahnen A-3 (Regensburg-Frankfurt), A-6 (Heilbronn-Amberg), A-9 (München-Berlin), A-73 (Nürnberg-Bamberg). Schnittpunkt der Bundesstraßen B-2, B-4, B-8 und B-14. – Bahnstation (Intercity-Station). – Internationaler Verkehrsflughafen 7 km nördlich zwischen B-2 und B-4 mit öffentlichem Zuschauerraum unmittelbar am Hauptvorfeld; Fluggastzubringerbus ab Eingang Hauptbahnhof 60 Minuten vor Abflug der Linienmaschinen. – Anlegestelle der Fränkischen Personenschiffahrt in Nürnberg-Gebersdorf, Hügelstraße.

**Stadtverkehr:** U-Bahn (Stammlinie 1 von Langwasser-Süd über Hauptbahnhof und Innenstadt sowie über die klassische Eisenbahnstrecke nach Fürth; 15 km), S-Bahn, Straßenbahn, Bus.

**Bademöglichkeiten:** *Hallenbäder:* Volksbad am Plärrer; Südliche Allersberger Straße; Elbinger Straße; außerdem Hallenbäder in Fischbach, Langwasser und Katzwang. – *Freibäder:* Westbad, Wiesentalstr. 41 (beheizt); Stadionbad, Zeppelinstr. 42; Naturgartenbad, Schlegelstr. 20; Lindestadion, Äußere Bayreuther Straße 98; Freibad 1. FCN, Valznerweiher Str. 200 (beheizt); Freibad Bayern 07, Am Pulversee 1 (beheizt); Naturbad 1846, Ebenseestr. 25.

**Sporteinrichtungen:** Minigolf, Reiten, Tennis, Segelfliegen, Motorfliegen, Fallschirmspringen, Rudern auf dem Dutzendteich. – Eislauf im Lindenstadion.

**Veranstaltungen:** Frühjahrs- und Herbstvolksfest. – Altstadtfest im Juni. – Festival Jazz Ost-West alle 2 Jahre im Juni. – Internationale Orgelwoche Ende Juni. – Bardentreffen (Festival der Liedermacher) im August. – Christkindlesmarkt vom letzten Freitag vor dem 1. Advent bis Weihnachten. – Norisring-Rennen (200 Meilen von Nürnberg) Ende Juni.

Partie an der Pegnitz

**Führungen, Sammlungen und Museen:**
Auskunft über Öffnungszeiten durch das Verkehrsamt

**Stadtrundfahrten** vom 1. Mai bis 31. Oktober und von Ende November bis 23. Dezember täglich 9.30 Uhr ab Hallplatz, Dauer 2 1/2 Std.

**Germanisches Nationalmuseum,** Kornmarkt. Deutsche Kunst und Kultur von der Frühzeit bis zum 20. Jahrhundert.

**Die Burg.** Kaiserburg mit Margarethenkapelle, Palas, Kaisersaal, Rittersaal. Sinwellturm (Aussichtsturm). Tiefer Brunnen.

**Albrecht-Dürer-Haus,** am Tiergärtnertor. Restauriertes Fachwerkhaus, einst von Dürer bewohnt, mit vielen Erinnerungsstücken.

**Stadtmuseum Fembohaus,** Burgstr. 15. Alt-Nürnberger Entwicklungsgeschichte und Wohnkultur.

**Lochgefängnisse** unter dem Alten Rathaus. Mittelalterliches Untersuchungsgefängnis mit Folterkammer.

**Altstadthof mit Museumsbrauerei und Nürnberger Felsengängen,** Bergstr. 15- 21. Die unterirdischen Felsenkeller verlaufen in 4 Ebenen bei einer Gesamtfläche von rund 40 000 Quadratmetern.

**Tucherschlößchen,** Hirschelgasse 9. Patrizierhaus der Renaissance mit altem Inventar.

**Spielzeugmuseum der Stadt Nürnberg,** Karlstr. 13. Spielzeug aus aller Welt und allen Epochen.

**Verkehrsmuseum,** Lessingstr. 6. Geschichte der Eisenbahn und Post mit Original-Fahrzeugen und Modellen.

**Kunsthalle** am Marientor mit **Norishalle,** Marientorgraben 8. Ausstellungen zeitgenössischer Kunst.

**Gewerbemuseum** der Landesgewerbeanstalt Bayern, Gewerbemuseumsplatz 2. Deutsches und außereuropäisches Kunsthandwerk (Glas, Keramik, Möbel, Metalle).

**Naturhistorisches Museum Natur und Mensch** der Naturhistorischen Gesellschaft Nürnberg, Gewerbemuseumsplatz 4. Einheimische Vor- und Frühgeschichte, Speläologie, Paläontologie, Geologie, Entomologie, Völkerkunde.

**Planetarium** am Plärrer-Hochhaus. Planetariumschau.

**Sternwarte,** Regiomontanusweg 1. Führungen und Beobachtungen.

**Evangelisches Landesarchiv,** Veilhofstr. 28. Archivbestände zurück bis ins 14. Jh. Bibliothek mit über 100 000 Bänden, darunter wertvolle Handschriften.

**Schloß Neunhof,** 9 km nördlich in Neunhof. Schloß des 15./16. Jh. mit alter Innenausstattung als Beispiel patrizischer Wohnkultur. – Gegenüber das **Knoblauchsland-Museum** mit Trachten und Handwerkskunst.

**Restaurants mit historischer Note oder Lokalkolorit:**

**Goldenes Posthorn,** Glöckleinsgasse 2 (nahe Sebalduskirche). Terrasse.

**Waffenschmied,** Obere Schmiedgasse 22. Terrasse.

**Burgkauz,** Obere Schmiedgasse 28. Terrasse.

**Nassauer Keller** in einem Patrizier-Turmhaus, Karolinenstr. 2.

**Heilig-Geist-Spital,** Spitalgasse 12, Zufahrt über Spital-/Heubrücke. Weinrestaurant.

**Bratwurst-Häusle,** Rathausplatz 1.

**Bratwurst-Herzle,** Brunnengasse 11.

**Bratwurst-Röslein,** Obstmarkt 1.

Außerhalb:

**Gasthaus Bammes,** 6 km nördlich in Buch, Bucher Hauptstr. 63.

**Schwarzer Adler,** 7 km nördlich in Kraftshof, Kraftshofer Hauptstr. 166.

# OBERTRUBACH

*Landkreis Forchheim, 450m, 2200 Einwohner*

Obertrubach ist anerkannter Erholungsort im reizvollen oberen Trubachtal, das von zahlreichen Mühlen gekennzeichnet und von bewaldeten Höhen mit romantischen Felspartien umsäumt ist. Die hier entspringende Trubach bildet zwischen Obertrubach und Wolfsberg den schönsten Talabschnitt. Im Ort befinden sich 30 Ferienhäuser des Ketteler-Familienerholungswerkes Bamberg. Eingemeindet wurden die Orte Bärnfels, Geschwand, Hundsdorf, Neudorf, Reichelsmühle und Wolfsberg. Ausgrabungen ergaben, daß die Gegend schon in der Steinzeit um 4000 v. Chr besiedelt war. In der Karolingerzeit gehörte „Troubaha" zum Forchheimer Königshof. 1007 kam Obertrubach an das Bistum Bamberg. Die ehemalige Burg Obertrubach der Herren von Egloffstein wurde 1525 im Bauernkrieg zerstört.

**Sehenswert:** Die **Laurentiuskirche,** 1955 bis auf den gotischen Turm erneuert, geht auf eine Pfarrkirche des 13. Jh. zurück. – Interessant ist die Gedenkstätte der **steinzeitlichen Siedlungsstelle** aus der Zeit um 4000 v. Chr.

Der Erholungsort Obertrubach im romantischen Trubachtal

**Auskunft:** Gemeindeverwaltung 8571 Obertrubach.
**Verkehr:** B-2 (Gräfenberg-Pegnitz), Abzweigung bei Neudorf. Autobahnanschluß Plech zur A-9 (Nürnberg-Berlin) 10km. Nächste Bahnstation Pegnitz 20km.
**Hobby und Sport:** Beheizte Freibäder in Betzenstein 6km und Egloffstein 8km; Kneipp-Anlage, Angeln, Klettern. – Therapeutischer Wanderweg (5km). – Skilift in Obertrubach und Bärnfels, Langlaufloipen.
**Veranstaltungen:** Lichterprozession am 3. Januar.

**Wanderungen:**

**1.** Im Trubachtal abwärts vorbei an Mühlen, Kletterfelsen und Aussichtspunkten über **Wolfsberg** mit Resten einer im 12. Jh. zerstörten Burg, - **Untertrubach** nach **Egloffstein***, 2 ¼ Std. westlich. Zurück im nordöstlichen Bogen über den aussichtsreichen **Signalfels** (582m) und Hundsdorf.

**2.** Über **Möchs** (Ausgrabungen einer steinzeitlichen Siedlung) nach **Hilpoltstein** mit Burganlage und sehenswertem Flügelaltar in der Pfarrkirche, 1 ½ Std. südlich. Zurück über Schossaritz.

**3.** Über Neudorf nach **Betzenstein***, 1 ½ Std. östich. Zurück über **Stierbeck** mit Burgruine auf dem Schloßberg, Waldschänke und Neudorf.

**4.** Durch das **Pitztal** oder über den geologisch interessanten **Kohlberg** (547m) mit Dolomitbänken am Westhang zur aussichtsreichen **Burgruine Leienfels** aus dem 14. Jh., ¾ Std. nordöstlich. Weiter nordöstlich gut ¼ Std. nach **Soranger** und zurück durch das **Teichtal.**
**5.** Durch das Gründleintal nach **Bärnfels** mit restaurierter Burgruine aus dem 14. Jh. auf zwei Ebenen und schöner Zwiebelturmkirche sowie Skilift am Wolfstein (550m), ¾Std. nördlich. Weiter in 1 ¾ Std. nordwestlich über Leimersberg und Bieberbach nach **Wichsenstein** mit Barockpfarrkirche und aussichtsreichem Burgfelsen (587m). Zurück über Schlehenmühle, Affalterthal, Signalfels und Hundsdorf.

**6.** Über Ruine Bärnfels, Leimersberg, Türkelstein, Etzdorf nach **Gößweinstein*** mit Burg und berühmter Wallfahrtskirche, 2 ¾ Std. nördlich. Zurück über Stadelhofen, Allersdorf und Soranger.

**Therapeutischer Wanderweg Pitztal:**

Dieser 5km lange Wanderweg mit rund 30 Ruhebänken wurde von dem Erlanger Professor Dr. Erich Lang vor allem für ältere sowie herz- und kreislaufkranke Menschen gestaltet. Er beginnt 300m außerhalb des Ortes Richtung Bärnfels und führt auf einen Rundkurs durch die Wiesengründe des Pitz- und Teichtales über den Leienfelser Wald wieder zum Ausgangspunkt zurück. Am höchsten Punkt in der Waldabteilung „Rote Hüll" befindet sich eine Schutzhütte.

## PEGNITZ

*Landkreis Bayreuth, 426m, 14 000 Einwohner*

Die am gleichnamigen Fluß gelegene Stadt ist anerkannter Erholungsort und östliches Eingangstor zur Fränkischen Schweiz. Die abwechslungsreiche Landschaft der Frankenalb und des angrenzenden Veldensteiner Forstes mit bewaldeten Höhen, bizarren Dolomitfelsbildungen und zahlreichen Naturdenkmälern bietet vielfältige Erholungs- und Wandermöglichkeiten.

**Geschichte:** Pegnitz entwickelte sich aus dem 1119 urkundlich genannten Dorf an der „Begenz" und der Stadtgründung des Landgrafen von Leuchtenberg um 1350. Um diese Zeit war der Ort mit Mauern und Türmen bewehrt sowie von Gräben umgeben. 1357 erwarb Kaiser Karl IV. die Stadt Pegnitz mit der Burg auf dem westlich gelegenen Schloßberg; er nannte die Burg „Böheimstein" und versuchte, den Pegnitzgau nach Böhmen einzugliedern. Sein Sohn König Wenzel verpfändete die Burg Böheimstein an die hohenzollernschen Burggrafen von Nürnberg. Da die böhmische Krone das Pfand nicht einlösen konnte, verblieb Pegnitz über vier Jahrhunderte in hohenzollernschem Besitz. Die Burg wurde 1553 im Markgrafenkrieg zerstört. 1791 kam Pegnitz an Preußen, 1806 an Bayern.

**Sehenswert:** Inmitten des von stattlichen Bürgerhäusern umsäumten fränkisch-bayerischen Marktplatzes steht das **Alte Rathaus** aus dem 16. Jh. mit schönem Fachwerkgiebel. Die ursprünglich gotische evangelische **Stadtpfarrkirche** wurde im 18. Jh. im Markgrafenstil barock verändert. Das **Alte Schloß** aus dem 18. Jh. beherbergt heute die Stadtbücherei.

Am Fuße des Schloßberges befindet sich bei der **Zausenmühle,** einem schönen Fachwerkbau von 1710, die gefaßte **Pegnitzquelle.** Unterhalb bei der alten **Röschmühle** ein geologisches Kuriosum, das sogenannte **Karstwunder:** Hier verschwindet die Pegnitz nach Vereinigung mit der aus dem Norden kommenden Fichtenohe im lockeren Kalk, um nach 320m unterirdischem Lauf an der Südseite des „Wasserberges" neben der Eisenbahnlinie wieder hervorzutreten.

**Auskunft:** Verkehrsamt 8570 Pegnitz, Rathaus.
**Verkehr:** Autobahnanschluß Pegnitz/Grafenwöhr zur A-9 (Nürnberg-Berlin) 9km. B-2 (Nürnberg-Bayreuth). Bahnstation.
**Hobby und Sport:** Hallenbad, beheiztes Freibad, Kunsteisstadion, Angeln, Minigolf, Reiten am Buchauer Berg, Segel- und Motorfliegen am Zipser Berg. – Wintersport (Lift und Loipen).
**Veranstaltungen:** Zu Ostern werden die alten Brunnen von der heimischen Trachtenjugend geschmückt. – Die „Flinderer", ein ab Samstag nach Pfingsten beginnender, mehrwöchiger Starkbierausschank mit Schlachtschüssel, auf den die dazu berechtigten Brauer mit Kränzen aufmerksam

machen, die über ihren Türen flattern (= flindern). – Gregorienfest 3 Wochen nach Pfingsten mit Umzug. – Marktplatzfest mit Musik und Tanz unter freiem Himmel am letzten Juli-Wochenende.

**Wanderungen:**

**1.** Über den **Schloßberg** (543m) mit Ruine der 1553 zerstörten Burg Böheimstein und Aussichtsturm auf dem Langen Berg zum **Wacholderberg** (585m), ¾ Std. westlich. Zurück auf dem Parallel-Weg.

**2.** Durch das Gartental und nach Unterquerung der Autobahn auf den **Kleinen Kulm** (625m), höchste Erhebung der Fränkischen Schweiz, 1 ¼ Std. nordwestlich. Zurück über Sattelberg und Wachholderberg oder weiter nordwestlich 1 ½ Std. über die **Ruine Wartberg** (608m) nach **Püttlach;** zurück durch das Püttlach- und Kosbrunner Tal sowie über Körbeldorf.

**3.** Über den Schloßberg und Wacholderberg nach Unterquerung der Autobahn nach **Hollenberg** mit Ruine einer im Bauernkrieg zerstörten ehem. böhmischen Grenzburg auf dem Schloßberg (546m), 1 ½ Std. westlich. Zurück im nördlichen Bogen über Körbeldorf oder weiter westlich in 2 Std. durch das idyllische Püttlachtal nach **Pottenstein*.** Zurück über Elbersberg-Kapelle und Willenberg.

**4.** Über Willenberg, Lüglas, Otzelsgrund, **Schüttersmühle** im Weiherbachstal zur **Teufelshöhle** (→ S. 29), 2 ¾ Std. westlich. Weiter nordwestlich ½ Std. nach **Pottenstein*** oder zurück durch das Klumpertal über **Bronn** mit romanisch- barocker Kirche und über Neudorf.

**5.** Auf markiertem Weg durch den **Veldensteiner Forst** zum **Waldhaus Hufeisen** mit großem Wildgehege an der Straße Pegnitz-Plech, 2 Std. südöstlich. In der Umgebung mehrere Parkplätze mit Wandertafeln. Nahe der B-85 der **Große Lochstein,** ein mächtiger Felskoloß. Zurück über Horlach.

**6.** Über den **Buchauer Berg** (Vogelpark), Buchau, Ameisenberg, Eichelsberg, Kotzenhammer nach **Lindenhardt,** 2 ½ Std. nördlich. In der Dorfkirche befinden sich auf der Rückseite des spätgotischen Flügelaltars von 1503 kunstgeschichtlich bedeutende Tafelgemälde von Matthias Grünewald mit Darstellungen der 14 Nothelfer. Zurück über Leups und **Büchenbach** mit Barockkirche.

Das Alte Rathaus in Pegnitz

# PLECH

*Landkreis Bayreuth, 461 m, 1200 Einwohner*

Der altfränkische Markt Plech liegt mit den Ortsteilen Bernheck und Ottendorf reizvoll in der Frankenalb am Südwestrand des Veldensteiner Forstes. In der waldreichen Umgebung befinden sich zahlreiche Felsbildungen, Höhlen und Dolinen.

**Geschichte:** Der schon in karolingischer Zeit entstandene Ort wurde bereits 1119 erstmals urkundlich bezeugt. Der Name wird von dem früher hier erzeugten Eisenblech abgeleitet. Nach hohenstaufischer, wittelsbachischer und böhmischer Herrschaft kam Plech 1416 an die Markgrafen von Bayreuth und 1810 an Bayern.

**Sehenswert:** Die evangelische **Pfarrkirche** aus dem 17. Jh. besitzt einen kunstvollen Kanzelaltar von 1731. In der Brunnenstube des *Gasthofs zur Traube* befindet sich ein 50 m tiefer **Radbrunnen** von 1540.

**Auskunft:** Gemeindeverwaltung 8571 Plech.
**Verkehr:** Autobahnanschluß zur A-9 (Nürnberg-Berlin). B-2 (Nürnberg-Pegnitz), Abzweigung bei Leupoldstein über Betzenstein.
**Hobby und Sport:** Beheiztes Freibad in Betzenstein 6 km. – Märchen- und Freizeitpark „Fränkisches Wunderland" mit Western-Stadt.

**Wanderungen:**

**1.** Über den aussichtsreichen **Gottvaterberg** (506 m; frühgeschichtliche Kultstätte) und nach Unterquerung der Autobahn über Strüthof, Klausberg und Eckenreuth nach **Betzenstein*,** 1 ½ Std. nordwestlich. Zurück über Hunger und Ottenhof.

**2.** Über den **Gottvaterberg** (506 m) und nach Autobahnunterquerung anfangs parallel zur Autobahn über den **Eibenfels** (597 m) vorbei an vielen bizarren Felsbildungen nach **Spies,** 2 Std. südöstlich. (Wintersportgebiet mit Skilift). Auf dem 616 m hohen **Spieser Felsen** (Schloßberg), der zu den höchsten Erhebungen der Fränkischen Schweiz gehört, thronte einst eine Raubritterburg der Herren von Spies. Zurück über die **Hohe Reut** (Sendeturm) oder über die **Schermshöhe** nach Riegelstein und nach Autobahnunterquerung über Eichenstruth.

**3.** Durch den Veldensteiner Forst über Parkplatz Geißbock, Wirrenloch, Steierfels und Dreifaltigkeistkreuz zum **Waldhaus Hufeisen** mit großen Wildgehege, 1 ½ Std. nördlich. In der Nähe mehrere Wanderparkplätze. Zurück über Bernheck.

**4.** Durch den Veldensteiner Forst über Löwenmarter und Schutzengel nach **Fischstein** im Pegnitztal, 2 Std. nordöstlich. Zurück über Unterbrana, Schmierhütte bei Bahnhof Ranna und Glaserdenkmal.

**5.** Über den **Großen Berg** (535 m; unter Naturschutz stehendes Dolomitfelsenriff), Viehofen nach **Velden*** im Pegnitztal, 1 ½ Std. südöstlich. Von dort über Schindersberg, Karlskapelle und Einsiedelfels nach **Neuhaus an der Pegnitz*,** ¾ Std. nordöstlich. Zurück nach Plech in 2 Std. nordwestlich über Hammergrünfelsen.

Pottenstein liegt malerisch
am Fuße seiner Burg

## POTTENSTEIN

*Landkreis Bayreuth, 360m, 5000 Einwohner mit den Ortsteilen*

Pottenstein ist traditionsreicher, anerkannter Luftkurort im Herzen der Fränkischen Schweiz am Fuße der gleichnamigen Burg und liegt in einem von steilen Felsen umgebenen Talkessel am Zusammenfluß von Haselbrunnerbach, Püttlach und Weihersbach. Zur Großgemeinde gehören auch die anerkannten Luftkurorte **Haselbrunn** (370m), **Kirchenbirkig** (480m), **Weidenloh** (460m) und **Tüchersfeld** (350m); außerdem die Orte Elbersberg, Geusmanns, Graisch, Haßlach, Hohenmirsberg, Kleinlesau, Kühlenfels, Leienfels, Mandlau, Prüllsbirkig, Püttlach, Rackersberg, Regenthal, Schüttersmühle, Siegmannsbrunn, Trägweis, Vorderkleebach, Waidach, Wannberg, Weidenhüll und Weidmannsgesees. Diese Ortsteile sind typische Juradörfer, die ihren ländlichen Charakter unverfälscht bewahrt haben und durch Wanderwege miteinander verbunden sind.

**Geschichte:** Pottenstein zählt zu den ältesten Siedlungen der Fränkischen Schweiz. Bereits 918 wurde die Burg unter König Konrad I. als Befestigung gegen die Magyaren und Slawen auf dem steilen Dolomitfels errichtet. Ihren Namen erhielt sie von dem Kärntner Pfalzgrafen Botho, einem Erben des Schweinfurter Grafenhauses, dem die Burg um 1100 gehörte. 1112 kam „Bothingstein" an das Bistum Bamberg und war bis zur Säkularisation 1803 Sitz eines Bamberger Oberamtes. 1228-29 war die Burg Zufluchtsort der später heilig gesprochenen Landgräfin Elisabeth von Thüringen, Nichte des Bamberger Bischofs Ekbert, die verwitwet und aus Thüringen vertrieben war. 1348 erhielt Pottenstein Stadtrecht. Die Mauern und Tore der mittelalterlichen Stadtbefestigung wurden abgetragen. Nach einem Großfeuer 1736 erfolgte der Wiederaufbau nach Plänen des Bamberger J. Michael Küchel mit geradliniger Hauptstraße, die von den schmalen Giebelfronten altfränkischer Bürgerhäuser umsäumt ist, teils im Fachwerkstil.

**Sehenswert:** Die katholische **Stadtpfarrkirche St. Bartholomäus** stammt aus dem 13. Jh. und erhielt im 18. Jh. eine barocke Ausstattung; bemerkenswert das schöne Barockportal, der mächtige Hochaltar mit seinen Schnitzfiguren sowie die wappenverzierten Grabsteine derer von Gutenberg. – Vom Marktplatz mit dem **Elisabeth-Brunnen,** der das legendäre Rosenwunder schildert, gelangt man durch die Fischergasse zum ehem. **Elisabethspital,** das von J. Michael Küchel 1751-53 anstelle des alten Siechenhauses erbaut wurde. Benachbart die **Spital- und Friedhofskirche St. Kunigund,** errichtet 1775-76 anstelle einer 1409 bezeugten Vorgängerin; sie besitzt eine schöne Rokoko-Ausstattung mit prächtiger Stuckdecke. – Über der Stadt thront aussichtsreich auf einem 60m hohen Felssporn die

**Burg Pottenstein** aus dem 10. Jh. Von 1112 bis 1803 war sie Sitz eines Bamberger Oberamts. Ein Teil der Hauptgebäude und der Grundbau des Bergfrieds gehen in der Bausubstanz in das 12. Jh. zurück; das sogenannte Zeughaus entstand 1580/81. 1878 wurde die Burg von dem Nürnberger Apotheker Kleemann erworben und vor dem Verfall gerettet. Seit 1918 befindet sie sich im Besitz der Familie des Freiherrn von Wintzingerode. Die historischen Räume können von April bis Mitte Oktober besichtigt werden.

**Auskunft:** Städt. Verkehrsbüro 8573 Pottenstein.
**Verkehr:** B-470 (Forchheim-Pegnitz). Autobahnanschluß Grafenwöhr/Pegnitz und Trockau zur A-9 (Nürnberg-Berlin) jeweil 10km. Nächste Bahnstation Pegnitz 15km (Busverbindung).
**Hobby und Sport:** Ozon-Hallenbad im Kurzentrum, Felsenschwimmbad 1km südlich im Weihersbachtal, Angeln, Minigolf, Rudern (Bootsverleih am Schöngrundsee), Reiten, Tennis. – Gästezentrum mit Leseraum. – Geführte Höhlenwanderungen. Töpferkurse in der Keramikwerkstatt Weidenloh (auch Verkauf).
**Kurzentrum:** Medizinische Bäderabteilung, Massagen, Sauna, Solarien, Fitnessgeräte, Kneippanlagen; Kurpark, Kurkonzerte.

**Kur in der Teufelshöhle:** Die Kurverwaltung bietet Liegekuren von etwa 2 Stunden in der Teufelshöhle (→ S. 29) an, die eine konstante Temperatur von 9° aufweist. Warme Kleidung und festes Schuhwerk erforderlich. *Heilanzeigen:* Asthma bronchiale, chronische Bronchitis, Heuschnupfen, allergische Hautkrankheiten, Keuchhusten, Keuchhustenrekonvaleszens. *Gegenanzeigen:* Akute Infektionskrankheiten, Herzfehler, Bluthochdruck ohne Belastbarkeit.
**Sammlungen:** Fränkische-Schweiz-Museum im Ortsteil Tüchersfeld im ehem. Judenhof (Frühgeschichte, Mittelalter, Funde und Ausgrabungen aus den umliegenden Höhlen, bäuerliche Wohnkultur, Handwerk, Judaica). Burgmuseum auf der Burg. – Jagdmuseum im Ortsteil Haselbrunn.
**Veranstaltungen:** Pottensteiner Lichterfest am 6. Januar (Dreikönigstag); Lichterprozession, Illuminierung der Häuser und Brunnen, Bergfeuer auf den Höhen.

**Wanderungen:**

**1.** Durch das Weihersbachtal vorbei am aufgestauten **Schöngrundsee** zur **Teufelshöhle** (→ S. 29), ½ Std. südöstlich. Die Teufelshöhle gilt als bedeutendstes Naturdenkmal der Fränkischen Schweiz mit gewaltiger Höhlenpforte, großartiger Grottenschau und zauberhafter Tropfsteinpracht; sie ist Fundstätte zahlreicher vorzeitlicher Tierreste (am Eingang das Skelett eines Höhlenbären). Führung etwa 1 Stunde. Großparkplatz.

**2.** Rundweg südöstlich durch das obere Püttlachtal über **Waldtempel, Hasenloch** (prähistorische Fundstätte), **Hofmannskapelle** und zurück über **Felsenschwimmbad,** 2 Std.

**3.** Rundweg nordwestlich durch das untere Püttlachtal zur **Breit,** einer vorgeschichtlichen Fundstelle, dann durch die **Bärenschlucht** nach **Weidmannsgesees** und Pottenstein, 2 Std.

**4.** Über den aussichtsreichen **Kreuzberg** mit **Kreuzkapelle** und über Siegmannsbrunnen, Weidenloh nach **Kirchenbirkig,** Ortsteil und Luftkurort mit 1000-jähriger Dorfkirche (heutiger Bau spätgotisch), 1 Std. südlich. Zurück im östlichen Bogen über Mittelmühle, **Schüttersmühle** (bewirtschaftet) und durch das Weihersbachtal.

**5.** Über **Haselbrunn,** Ortsteil und Luftkurort, und **Hohenmirsberg** (Dorfkirche von 1720-22 mit spätgotischen Figuren Heinrich und Kunigunde sowie Hl. Anna um 1510) zur **Hohenmirsberger Platte** (614m) mit Aussichtsturm, 1 ¾ Std. nördlich. Zurück (etwas weiter) östlich nach **Püttlach** und im Püttlachtal abwärts über Ober- und Unterhauenstein.

**6.** Durch das obere Püttlachtal vorbei am Adamsfels, der Freikneippanlage und der Kletterwand Gaiskirche, dann das Tal verlassend über **Hollenberg** mit Ruine einer im Bauernkrieg zerstörten ehem. böhmischen Grenzburg auf dem Schloßberg (546m) und nach Autobahnunterquerung über den Langen Berg und **Burgruine Böheimstein** mit Aussichtsturm nach **Pegnitz*,** 3 ½ Std. östlich. Zurück über Körbeldorf, Unterhauenstein und entweder durch das Püttlachtal oder über Prüllsbirkig.

**7.** Durch das untere Püttlachtal über **Breit** und Arnleithen zum Felsendorf **Tüchersfeld,** Ortsteil und Luftkurort, und weiter nach **Behringersmühle,** 1 ¾ Std. nordwestlich. Evtl. 20 Minuten weiter nach **Gößweinstein*** mit Burg und berühmter Wallfahrtskirche. Zurück über Bösenbirkig und **Hühnerloh** (gute Einkehr im Gasthof Bayer).

**8.** Durch das Weihersbachtal über die **Teufelshöhle** zur **Schüttersmühle** (bewirtschaftet) und über Burkatstein durch das **Klumpertal** nach **Bronn,** Ortsteil von Pegnitz, mit Pfarrkirche aus dem 12./17. Jh., die ein interessantes romanisches Zackenportal mit großartiger Tiefenwirkung besitzt, 2 Std. südöstlich. Evtl. Abstecher südöstlich 1 Std. durch den Veldensteiner Forst zum **Waldhaus Hufeisen** mit Wildgehege. Zurück über **Kühlenfels** mit Barockschloß von 1799, **Kirchenbirkig** und Weidenloh.

**9.** Über **Kühlenfels,** Waidach, Hüll nach **Betzenstein*,** 4 Std. südlich.

**10.** Über Trägweis, Soranger und Burgruine Leienfels nach **Obertrubach*,** 4 Std. südwestlich.

**11.** Über Weidmannsgesees, Rackersberg, Zauppenberg zum Gasthof **Neumühle** im Ailsbachtal und zur **Burg Rabenstein** auf der jenseitigen Uferhöhe, 3 Std. nordwestlich. In der Nähe liegt die Sophienhöhle.

Pottenstein mit seiner Burg zeigt die typischen Landschaftsformen der Fränkischen Schweiz

# SCHNAITTACH

*Landkreis Nürnberger Land, 352 m, 6900 Einwohner*

Der anerkannte Erholungsort am Südwestrand der Fränkischen Schweiz ist Mittelpunkt des Schnaittachtales, überragt von der Festungsruine Rothenberg. Das durch den Zusammenfluß von Naifer- und Achtelbach gebildete Tal der Schnaittach mündet zwischen Lauf und Ottensoos in die Pegnitz. Die weitverzweigte Marktgemeinde Schnaittach umfaßt auch die Orte Freiröttenbach, Germersberg, Großbellhofen, Hedersdorf, Hormersdorf, Kirchröttenbach, Osternohe und Siegersdorf.

**Geschichte:** Schnaittach wurde 1011 erstmals als „Snaitaha" genannt und 1385 zum Markt gehoben. Die Burg auf dem 557 m hohen Rothenberg war im 13. Jh. im Besitz der Herren von Rothenberg; im 14. Jh. kam sie an Kaiser Karl IV., wurde ein böhmisches Pflegamt, aber 1449 mit dem Marktflecken zerstört. Fränkische Ritter bauten 1478 eine neue Burg mit starker Befestigung, die 1628 an Kurbayern gelangte; als Enklave im Nürnbergischen Land wurde sie im 18. Jh. zu einer modernen Festung ausgebaut, die wenig später der Belagerung im Österreichischen Erbfolgekrieg widerstand. Nach Schleifung und Verfall im 19. Jh. wird die Anlage seit 1966 durch das Land Bayern gesichert.

**Sehenswert:** Schnaittach hat sein ursprüngliches **Ortsbild** mit historischem Marktplatz und alten Bürgerhäusern aus dem 16.-18. Jh. weitgehend bewahren können; interessant die vielen Hopfenhäuser, die an den langen Luftschlitzen im Dach erkenntlich sind. Auf dem Kalvarienberg die **Kalvarienbergkirche** von 1723-56 in einheitlicher Barockausstattung; bemerkenswert der Kreuzweg mit Kreuzigungsgruppe der 12. Station.

Die **Festungsruine Rothenberg** erhebt sich aussichtsreich auf dem 557 m hohen Rothenberg. Die imposante Anlage mit Zugbrücke, Bastionen und 20 m hohen Kasematten kann von Mitte März bis Ende November besichtigt werden; sie ist die einzige Rokoko-Festung Deutschlands.

**Auskunft:** Fremdenverkehrsverein 8563 Schnaittach, Rathaus.
**Verkehr:** Autobahnanschluß Schnaittach und Hormersdorf zur A-9 (Nürnberg-Berlin). B-14 (Nürnberg-Hersbruck), Abzweigung bei Neunkirchen am Sand. Bahnstation der Strecke Nürnberg-Simmelsdorf.
**Hobby und Sport:** Freibad, Kneippanlagen, Angeln, Reiten. – Skilauf (Lift am Rothenberg), Rodeln. – Waldlehrpfad am Rothenberg und am Kalvarienberg.
**Sammlungen:** Heimatmuseum in 22 Räumen der mittelalterlichen ehem. Synagoge, Museumsgasse 12 (Kultur, Kunst der ehem. Enklave Rothenberg, kirchliche Kunst, Volkskunst, Bauernstuben, Trachten, Geräte, Handwerk).

**Wanderungen:**

**1.** Über Hedersdorf und im Tal des Osternoher Baches aufwärts zum Felsendorf **Osternohe** am Fuß des Schloßberges mit Ruine einer markgräflichen Amtsburg, 1 Std. nördlich. In der evangelischen Pfarrkirche des 15. Jh. ein bedeutender 14- Nothelfer-Altar um 1480 aus der Riemenschneider-Schule. Zurück über Bondorf und Enzenreuth oder weiter 1 Std. östlich über Steinensittenbach nach **Hohenstein** mit aussichtsreicher Burgruine (→ S. 72), höchste Erhebung der Frankenalb. Zurück nach Schnaittach 1 ½ Std. südwestlich über Algersdorf, Morsbrunn und Rabenshof.

**2.** Über Hedersdorf und nach Unterquerung der Autobahn über den Alten Rothenberg (507 m) nach **Simmelsdorf** mit Fachwerkschloß der Freiherren von Tucher und monumentalem Tucher-Mausoleum, 1 Std. nördlich. Von dort südöstlich 1 Std. nach **Kirchröttenbach** mit Pfarrkirche St. Walpurga und Wallfahrtskirche am Kalvarienberg. Zurück nach Schnaittach 1 ½ Std. südöstlich über Laipersdorf, Untersdorf und Kleinbellhofen.

**3.** Über Franzenhammer, Siegersdorf und den **Glatzenstein** (572 m) auf den **Großen Hansgörgel** (601 m), über den einst die alte Handelsstraße von Forchheim zur Donau verlief, 2 Std. südöstlich. Abstieg ½ Std. südlich nach **Reichenschwand** an der Pegnitz inmitten eines Hopfenanbaugebietes. Zurück nach Schnaittach 2 Std. nordwestlich über Lenzenberg, Kersbach und Eichig.

## SCHWABACH

*Kreisfreie Stadt, 328 m, 35 300 Einwohner*

Schwabach liegt südlich von Nürnberg im Rangau beiderseits der Schwabach, einem Nebenfluß der Rednitz. Die lebhafte Industriestadt besitzt noch eine historisch reiche Altstadt mit kunstgeschichtlich bedeutenden Baudenkmälern und Resten der Stadtbefestigung. Für beispielgebende Bemühungen um Denkmalschutz und Altstadtsanierung erhielt Schwabach eine besondere Auszeichnung.

**Geschichte:** Der wahrscheinlich bereits um 730 aus einem karolingischen Königshof entstandene Ort wurde 1117 erstmals als „villa suaba" urkundlich genannt und gelangte Mitte des 12. Jh. durch staufische Schenkung an das Zisterzienserkloster Ebrach, das „Suabach" 1281 an den Kaiser verkaufte, durch den es 1364 in den Besitz der Nürnberger Burggrafen kam. 1371 erstmals als Stadt bezeichnet, wurde Schwabach im 15. Jh. Münzstätte des Fürstentums Ansbach. Nach Niedergang im 30-jährigen Krieg durch Belagerung und Plünderung erfolgte allmählich der Wiederaufstieg, ab 1685 besonders durch die Aufnahme französischer Hugenotten, die das heimische Gewerbe mit Gobelin- und Strumpfwirkerei ergänzten. 1792 kam Schwabach an Preußen, 1806 an den neuen Staat Bayern; seit 1818 ist Schwabach kreisfreie Stadt.

Im 19. Jh. begann der Einzug der Industrie, die aber den alten Stadtkern unberührt ließ. Aus dem alten Nadlergewerbe entwik-

Der Königsplatz in Schwabach mit
Rathaus und Stadtpfarrkirche

kelten sich moderne Fabrikationen für Feinwerktechnik, Schrauben und Mutterherstellung und andere Erzeugnisse. Aber auch heute noch gibt es das seltene Gewerbe der Goldschläger (Blattgolderzeugung). In der Umgebung befindet sich eines der größten deutschen Tabakanbaugebiete; die Versteigerung der Tabake erfolgt in einer speziellen Tabakbörse.

**Stadtbesichtigung:**

Mittelpunkt der Stadt ist der **Königsplatz** (Fußgängerzone, Tiefgarage); bebaut vom 16. bis 18. Jh. und seitdem in seltener Geschlossenheit fast unverändert, gehört er mit seinen hochgiebeligen Fachwerkhäusern zu den schönsten altfränkischen Marktplätzen. Freistehend das

**Rathaus** mit steinernen Arkaden von 1528 und Fachwerkobergeschoß von 1799; an einem Arkadenpfeiler in Eisen die alten Schwabacher Maße für Elle (= 0,415 m) und Fuß (= 0,291 m). Vor dem Rathaus der barocke **Schöne Brunnen** von 1716/17 mit brandenburgischem Adler auf dem Obelisk, Symbol der fränkischen und preußischen Hohenzollern. In der Nordwestecke der klassizistische **Pferdebrunnen,** 1823 als Pferdetränke errichtet. An der Südseite des Königsplatzes die ehem. **Fürstenherberge,** ein hoch aufragender viergeschossiger Bau, der 1726-28 anstelle des traditionsreichen Gasthauses Zur Goldenen Gans von 1488 erbaut wurde. – Bemerkenswert auch das **Oberamtshaus** an der Ecke Rathausgasse mit schönem Innenhof; von 1488 bis Ende des 18. Jh. war es Sitz des markgräflichen Oberamtsmannes. – Hinter dem Rathaus erhebt sich der 72 m hohe Turm der evangelischen

**Stadtpfarrkirche St. Johannes und St. Martin,** errichtet 1469-95 anstelle einer fränkischen Königshofkirche. Im frühen 16. Jh. wurde sie um die Sakristei und die Annakapelle erweitert. Seit dieser Zeit hat der äußerlich schlichte gotische Sandsteinbau mit hohem Kreuzgewölbe sein Aussehen unverändert bewahrt. Auch die reiche Ausstattung stammt noch in seltener Vollständigkeit aus der Entstehungszeit der Kirche. Der 16 m hohe Hauptaltar von 1506 aus der Werkstatt des Dürer-Lehrers Michael Wolgemut unter vermutlicher Mitwirkung des Holzschnitzers Veit Stoß gehört zu den Meisterwerken der Spätgotik. Werktags zeigen die zugeklappten Flügel verschiedene Tafelbilder, sonntags die geöffneten Flügel Figurengruppen und Skulpturen. Hervorragende Arbeiten bedeutender Meister um 1500 sind auch die acht weiteren Schnitzaltäre, u.a. von den Dürer-Schülern Hans Baldung Grien und Hans Süß von Kulmbach sowie von Veit Wirsberger. Das Sakramentshäuschen von 1505 ähnelt dem der Nürnberger Lorenzkirche. Die Glasmalereien stammen von Veit Hirsvogel. Bemerkenswert auch die historischen Fahnen sowie die zahlreichen Grabsteine – Nordöstlich der Kirche liegt das sogenannte

**Mönchsviertel.** Hier befand sich in der Ludwigstraße einst der karolingische Königshof, der später in den Besitz des Klosters Ebrach kam. Zum Mönchshof gehörten zwei Zehntscheunen neben dem heutigen Kaufhaus. Der „Widemhof" gegenüber Haus Nr. 2 zählt zu den drei ältesten Höfen Schwabachs. – Westlich kommen Sie über den Königsplatz und die Königstraße in den Stadtteil Boxlohe mit der evangelisch-reformierten

**Franzosenkirche,** erbaut 1686/87 aus Steinen der Burgruine Kammerstein für die aus Frankreich geflüchteten Hugenotten, die in diesem Viertel mit Zustimmung des Markgrafen Unterkunft fanden. Über dem Eingang das Markgrafenwappen. Bis 1857 wurde noch für die französischen Tapeten-, Teppich-, Strumpf- und Handschuhmacher in französischer Sprache gepredigt. – Nördlich jenseits der Schwabach der älteste Stadtteil

**Pinzenberg,** entstanden vermutlich aus einer ehemaligen Dorfsiedlung. Bemerkenswert der geschlossene Straßenzug mit Bürgerhäusern des 17./18. Jh. Am ehemaligen Hördlertor neben einem Zollhäuschen eine über 200 Jahre alte Linde; von hier schöner Blick ins Schwabachtal.

**Auskunft:** Verkehrsverein 8540 Schwabach, Königsplatz 1.
**Verkehr:** Autobahnanschluß Schwabach/Roth zur A-6 (AB-Kreuz Nürnberg Süd – Heilbronn). Schnittpunkt der B-2 (Nürnberg-Roth) und B-466 (Nürnberg-Gunzenhausen). Bahnstation.
**Hobby und Sport:** Hallenbad, beheiztes Freibad (Parkbad), Angeln, Tennis, Reiten. – Sportflugplatz Schwabach-Heidenberg. – Gepflegter Stadtpark mit altem Baumbestand.
**Sammlungen:** Stadtmuseum, Wittelsbacher Str. 1 mit geologischen Funden, Handwerkserzeugnissen, heimatkundlichen Sammllungen sowie einer beachtlichen Eiersammlung von Vögeln und Reptilien aus aller Welt.
**Veranstaltungen:** Konzerte und Theatergastspiele im Markgrafensaal. – Schwabacher Puppentheater im ehem. Eschenbach-Gymnasium an der Südlichen Mauerstraße. – Frühlingsfest im April oder Mai, Wöhrwiesenfest im Juni, Bürgerfest im Juli, Schwabacher Kirchweih im September.

**Wanderungen:**

**1.** Zum Stadtteil **Unterreichenbach** mit ursprünglich romanischer Wehrkirche, ½ Std. westlich.

**2.** Über Forsthof, Obermainbach und durch das Ungertal auf den aussichtsreichen **Heidenberg** (482 m) mit Fernsehantenne, 1 ½ Std. südlich.

**3.** Durch die Laubenhaid, einem schönen Waldgebiet, und über Schaffenhof nach **Kammerstein** an der B-466 im Zentrum des Schwabacher Tabakanbaugebietes mit St. Georgskirche von 1749, 2 Std. südwestlich.

**4.** Durch das Schwabachtal bis Rennmühle und durch das Rednitztal nach **Katzwang** mit reich ausgestatteter frühgotischer Kirche (→ S. 70), 1 Std. nordöstlich.

**5.** Durch das Schwabachtal über Rennmühle nach Penzendorf und durch das Schwarzachtal über Neuses nach **Kleinschwarzenlohe** mit sehenswerter Kirche Allerheiligen (→ S. 70), 2 Std. östlich.

# STAFFELSTEIN

*Landkreis Lichtenfels, 272 m, 10 300 Einwohner*

Die altfränkische Stadt Staffelstein liegt als anerkannter Erholungsort reizvoll im oberen Maintal am Fuß des aussichtsreichen Staffelberges und ist beliebtes Standquartier für Ausflüge zu den obermainischen Glanzpunkten Banz und Vierzehnheiligen. Mit dem neu eröffneten Thermalsolbad ist Staffelstein auf dem Weg zu einer Kur- und Badestadt.

**Geschichte:** Staffelstein wurde schon im Jahre 800 urkundlich erwähnt und gehörte im 9./10. Jh. zum Kloster Fulda. Im 11. Jh. kam der Ort an das Hochstift Bamberg und erhielt 1130 durch Kaiser Lothar Stadt- und Marktrecht. 1422 erfolgte die Befestigung mit Türmen, Wällen und Gräben. Berühmter Sohn der Stadt ist der Rechenmeister Adam Riese (1492-1559), der 1550 das erste Rechenbuch schuf.

Am Marktplatz von Staffelstein erhebt sich das malerische Fachwerk-Rathaus

Eine neue Entwicklung der Stadt bahnt sich in unserer Zeit an: 1975 wurde in 1600m Tiefe Bayerns heißeste eisen- und kohlensäurehaltige Thermalquelle (51 Grad) erbohrt. Am 2. Januar 1986 nahm die „Obermain Therme" mit beispielhaften Badeeinrichtungen ihren Betrieb auf.

**Sehenswert:** Am Marktplatz mit fränkischen Fachwerkhäusern das malerische **Rathaus** von 1687 mit zwei prächtigen Fachwerkgeschossen, die auf das massive Erdgeschoß des spätgotischen Vorgängers gesetzt wurden. Die spätgotische **Stadtpfarrkirche St. Kilian,** im 15. Jh. errichtet und im 18. Jh. umgestaltet mit stilvollen Barockaltären und Barockkanzel um 1730, geht auf eine der 14 Slawenkirchen Karls des Großen zurück. Bemerkenswert ist das frühere fürstbischöfliche **Amtshaus** von 1720, in der Lichtenfelser Straße 9 ein stattlicher Barockbau. Von der mittelalterlichen Stadtbefestigung des 15. Jh. ist noch der mächtige **Torturm** erhalten. – Weithin im Maintal sichtbar ist der geologisch und botanisch interessante

**Staffelberg** (539m). In der Jungsteinzeit war der sagenumwobene Götterberg Zentrum einer Keltensiedlung. In Staffeln wächst der Juraberg zu seiner Dolomitkrone empor. Faszinierend ist die Fernsicht „von Bamberg bis zum Grabfeldgau" (Scheffel) und darüber hinaus bis zur Veste Coburg und zum Thüringer Wald. Victor von Scheffel dichtete hier 1859 sein Frankenlied „Wohlauf, die Luft geht frisch und rein", dessen vierte Strophe lautet „Zum heil'gen Veit von Staffelstein komm ich emporgestiegen, und seh die Lande um den Main zu meinen Füßen liegen". Allerdings verwechselte er die der heiligen Adelgundis geweihte Kapelle von 1653 auf dem Staffelberg mit der barocken Veitskapelle auf dem benachbarten Ansberg bei Ebensfeld, was aber die herrliche Staffelberg-Aussicht keineswegs schmälert. Das bewirtschaftete Gasthaus entwickelte sich aus einer Einsiedlerklause. – 5km nördlich von Staffelstein erhebt sich über dem Maintal auf dem Banzberg (421m), dessen Südhang zu einer berühmten Fundstätte von Fossilien und Versteinerungen wurde, weithin sichtbar die schloßartige barocke

**Klosteranlage Banz** mit der zweitürmigen Kirche des ehemaligen Benediktinerklosters. Schon in fränkischer und karolingischer Zeit befand sich auf dem Banzberg nördlich vom Kloster eine Burg. Im 10. Jh. errichteten die Schweinfurter Markgrafen eine neue Burg, die 1069 durch Gräfin Alberada von Schweinfurt in ein Benediktinerkloster umgewandelt und 1071 dem Bischof von Bamberg übergeben wurde. Nach Zerstörung und Plünderung im 30-jährigen Krieg erfolgte 1698-1772 die Anlage des heutigen monumentalen Baukomplexes, der in seiner Größe mit dem österreichischen Donaukloster Melk vergleichbar ist. Berühmte

Hoch über dem oberen Maintal
erhebt sich die berühmte
Wallfahrtskirche Vierzehnheiligen

Baumeister waren am Werk: J. Leonhard Dientzenhofer errichtete das große Geviert des Konventhauses, Balthasar Neumann die Wirtschaftsgebäude, die dann von J. Michael Küchel vollendet wurden, und Johann Dientzenhofer (Bruder von J. Leonhard und Erbauer des Fuldaer Doms) die prächtige Barockkirche. Die kulturelle Blütezeit des Klosters im 18. Jh. wurde durch die Säkularisation jäh beendet. 1814 erwarb Herzog Wilhelm von Bayern die Herrschaft Banz und rettete den baulichen Bestand. Der repräsentative Abtbau beherbergt heute die Hanns-Seidel-Stiftung mit Tagungsstätte. In den tiefergelegenen Wirtschaftsgebäuden befindet sich eine sehenswerte *Petrefaktensammlung* (Versteinerungen) mit dem 2 m langen Kopf eines Ichthysaurus. Quertrakte verbinden die Abtei mit der ehemaligen

*Klosterkirche* (1710-19), die über einer Freitreppe emporwächst. Sie ist das Hauptwerk von Johann Dientzenhofer, der seinen verstorbenen Bruder ablöste. Zwischen den beiden mächtigen Türmen mit hohen, geschwungenen Hauben wölbt sich eine prachtvolle Sandsteinfassade, deren Plastiken Balthasar Esterbauer schuf. Dahinter weitet sich ein Kuppelsaal mit überwältigendem Raumeindruck. Bewunderung findet die einheitliche Barockausstattung mit phantasievollen Stukkaturen, pompösen Deckenfresken, hervorragendem Chorgestühl und künstlerischer Kanzel. Der prächtige Hochaltar mit den Monumentalfiguren Petrus und Paulus stammt von B. Esterbauer. – Gegenüber von Banz auf der anderen Seite des Mains thront 387 m hoch die

**Wallfahrtskirche Vierzehnheiligen.** Schon von weitem bietet der prunkvolle Barockbau mit seiner hochstrebenden zweitürmigen Westfassade aus goldgelbem Eisensandstein einen überwältigenden Anblick. 1445/46 erschienen einem frommen Schäfer des Klosters Langheim (1 Wanderstunde entfernt) das Christkind und die vierzehn Nothelfer. Eine bald errichtete Kapelle wurde schnell das Ziel zahlreicher Wallfahrten. Der zunehmende Pilgerstrom veranlaßte den Bamberger Bischof und den Abt des Klosters Langheim, seinerzeit die reichste fränkische Zisterzienserabtei, in den Jahren 1743-72 eine neue große Wallfahrtskirche zu bauen. Architekt wurde Balthasar Neumann, Erbauer der Würzburger Residenz, der auch an dem gegenüber liegenden Kloster Banz mitgewirkt hatte und hier sein reifstes Werk schuf. Helles Licht flutet durch mächtige Fenster in das heiter gestaltete Rokoko-Innere. Inmitten des ovalen Hauptraumes steht der prunkvolle Gnadenaltar, umgeben von den Plastiken der vierzehn Nothelfer, ein Werk von J. Michael Feichtmayr II. (1744). Höhepunkt des Rokoko sind auch der Hochaltar im Chor und die verzierte Kanzel sowie

Der prunkvolle Gnadenaltar
in Vierzehnheiligen

die reichen Stukkaturen und erlesenen Deckengemälde. Von 1982 bis 1990 wurde die Basilika umfassend restauriert. Noch heute ist Vierzehnheiligen das Ziel von jährlich 100 000 Besuchern. Die größte Wallfahrt findet am vierten Sonntag nach Ostern statt. – An der Nordostseite befindet sich das Propsteigebäude, erbaut 1745/46 nach Plänen von J. Michael Küchel.

**Auskunft:** Verkehrsamt 8623 Staffelstein, Alte Darre/Stadtturm.
**Verkehr:** B-173 (Bamberg-Lichtenfels). Bahnstation.
**Hobby und Sport:** Obermain Therme, Hallenbad, Badesee, Angeln, Segeln und Windsurfing beim Freizeitgelände Mittelsee, Reiten, Tennis, Klettern am Staffelberg. – Skilanglauf. – Mainwanderweg.
**Obermain Therme:** Thermalsolbad mit 600 qm Wasserfläche in sechs Innen- und zwei Außenbecken bei Temperaturen von 34° bis 36° Celsius. – Dampfbad, Besonnungswiese, Solarien, Kneipptretbecken, Whirlpool, Unterwasser- und Trockengymnastik, Massagen, Fango – Kurmittelhaus.
**Heilanzeigen:** Herz, Kreislauf, Frauenleiden, Bewegung, Atemwege.
**Sammlungen:** Heimatmuseum in der ehemaligen Volksschule am Kirchplatz mit dem ersten Rechenbuch von Adam Riese.

**Wanderungen:**

**1.** Vorbei an der **tausendjährigen Linde** mit 24m Stammumfang am Friedhof auf den **Staffelberg** (539m), 1 Std. südöstlich. Zurück über Keltenwall, Romansthal und Gasthaus Zur Schönen Schnitterin.

**2.** Über Rothof, Unnersdorf und gleich nach der Mainbrücke rechts ab zum **Kloster Banz,** 1 ¼ Std. nördlich.

**3.** Über Wolfsdorf zur **Wallfahrtskirche Vierzehnheiligen,** 1 ¼ Std. nordöstlich. Von dort nach Banz nordwestlich 1 ¾ Std. über Grundfeld, Reundorf, über den Main nach Hausen und zum Kloster Banz.

**4.** Über Hopfenmühle im Lauterbachtal, Horsdorf und **Loffeld** (Weinanbaugebiet) nach **Stublang** am Zusammenfluß von Döritz und Döberten zum Lauterbach, 1 ½ Std. südöstlich. Stublang ist Ausgangspunkt eines Naturlehrpfades mit charakteristischer Jura-Vegetation. Von dort zum **Naturfreundehaus** am **Dornig** ½ Std. südwestlich. In der Umgebung vorgeschichtliche Stätten mit keltischen Wällen und Grabhügeln.

**5.** Im Tal des Lauterbaches über Horsdorf und Loffeld direkt zum **Naturfreundehaus** am **Dornig** (530m), 1 ½ Std. südöstlich. Zurück über Sträublingshof, Dittersbrunn zum **Veitsberg** (auch Ansberg) mit der Veitskapelle (erbaut 1718/19 von Johann Dientzenhofer) und über Pferdsfeld.

## STREITBERG

*Landkreis Forchheim, Gemeinde Wiesenttal, 325 m, 800 Einw.*

Streitberg, traditionsreicher anerkannter Luftkurort im Herzen der Fränkischen Schweiz am Fuß der Burgruine Streitburg, ist heute Teil der Großgemeinde Wiesenttal (3000 Einwohner), zu der noch die Orte Albertshof, Birkenreuth, Engelhardsberg, **Muggendorf*,** Oberfellendorf, Wohlmannsgesees und Wüstenstein gehören. Streitberg war schon im frühen 19. Jh. durch die von Professor Briegleb eingeführte Molkenkur bekannt. In der Nähe befinden sich mehrere Höhlen, darunter die berühmte Binghöhle. Beliebt sind die Probierstuben der Adlerbrennerei Schütz (Höhlenklause) und der Alten Kurhausbrennerei (historische Pilgerstube) besonders wegen ihrer Liköre und dem „Streitberger Bitter".

**Sehenswert:** Die schlichte **Dreieinigkeits-Pfarrkirche** wurde 1752-57 im Markgrafenstil errichtet. – Über dem Ort die

**Burgruine Streitburg.** Die vor 1120 erbaute Burg kam 1347 aus dem Besitz der Edlen von Schlüsselberg an die Bischöfe von Bamberg und im frühen 16. Jh. an die Markgrafen. Nach Zerstörung im Markgrafenkrieg 1553 wurde sie wieder neu errichtet, und zwar im Stil der Renaissance von dem Baumeister der Kulmbacher Plassenburg, Caspar Vischer, nach 1811 jedoch zur Ruine. Erhalten sind das wappengeschmückte äußere Tor sowie Gräben und Basteien. – Über dem anderen Ufer der Wiesent, die hier einen scharfen Knick nach Südwesten nimmt, thront die

**Burgruine Neideck.** Auch diese Burg entstand vermutlich schon im 12. Jh. und kam 1312 in den Besitz der Schlüsselberger. Der letzte Schlüsselberger Konrad wurde wegen seiner eigenen Territorialpolitik sowohl von den Bamberger Bischöfen als auch den Nürnberger Burggrafen befehdet und 1347 bei Erstürmung seiner Burg tödlich getroffen. Burg Neideck kam an Bamberg und blieb bambergischer Amtssitz bis zur Zerstörung im Markgrafenkrieg 1553; sie wurde nie wieder aufgebaut. Von der ursprünglichen Streitburg mit Hauptburg und zwei Vorburgen ist nur noch der mächtige Bergfried zum Teil erhalten. – Am Hang des Schauertales liegt die 1905 von dem Industriellen Ignaz Bing entdeckte berühmte

**Binghöhle.** Im Gegensatz zu den drei anderen großen Schauhöhlen Teufelshöhle, Sophienhöhle und Maximiliansgrotte, die als Zerklüftungshöhlen auch große Räume aufweisen, ist die Binghöhle eine Spalthöhle; hier bildeten sich die Tropfsteine entlang einem relativ schmalen Gang, nämlich dem Bett eines ehemaligen unterirdischen Flusses. Die Temperatur der 350 m langen Höhle beträgt konstant 12 Grad Celsius. Jede der verschiedenen Abteilungen wie Kerzensaal, Venusgrotte, Nixengrotte und Kristallgrotte ist durch ganz besondere Tropfsteinbildungen gekennzeichnet. Parkplatz im Ort, Anstieg 10 Minuten, Führung ½ Std., Abstieg durch die Wedenbachklamm 10 Minuten.

**Auskunft:** Verkehrsamt Streiberg, 8551 Wiesenttal.
**Verkehr:** B-470 (Forchheim-Pottenstein). Autobahnanschluß Forchheim zur A-73 (Nürnberg-Bamberg) 18km und Pegnitz/Grafenwöhr zur A-9 (Nürnberg-Berlin) 23km. Nächste Bahnstation Ebermannstadt (Busverbindung).
**Hobby und Sport:** Freibad, Angeln, Paddeln, Rudern, Minigolf in Muggendorf und Birkenreuth, Reiten in Birkenreuth, Golfplatz in Kanndorf. – Höhlenexkursionen.

**Wanderungen:**

**1.** Markierter Rundweg nordöstlich von der Jugendherberge durch den **Wolfsgraben** zur Jurahochfläche, zur **Ruine Streitburg,** zum **Aussichtspunkt Guckhüll,** hinab ins **Lange Tal,** über **Schwingbogen** und **Schönsteinhöhle** nach **Neudorf,** zum Wiesenttal und über Muschelquelle nach Streiberg zurück, 3 ½ Std.

**2.** Auf dem Heinrich-Uhl-Weg durch den Streitberger Wald nach **Muggendorf*,** 1 ¼ Std. südöstlich. Zurück am Südufer der Wiesent über Haag und die **Ruine Neideck** (in der Nähe die Neideckgrotte).

**3.** Über Niederfellendorf und Wartleitenberg (448m) nach **Birkenreuth,** 1 Std. südöstlich. Zurück im westlichen Bogen über Rothenbühl.

**4.** Über Niederfellendorf und Rothenbühl nach **Ebermannstadt*,** 1 ½ Std. südwestlich. Zurück über Gasseldorf.

**5.** Auf dem Heinrich-Uhl-Weg südwestlich über den **Hummerstein** (472m) und über dem Leinleitertal aufwärts vorbei an Unterleinleiter nach **Veilbronn,** 2 Std. Zurück durch das idyllische Leidingshofer Tal auf die Jurahochfläche nach **Störnhof** und durch das Schauertal.

Velden im Pegnitztal

# VELDEN

*Landkreis Nürnberger Land, 377 m, 1900 Einwohner*

Das alte Frankenstädtchen Velden ist anerkannter Erholungsort und liegt malerisch zwischen den bewaldeten Hängen des oberen Pegnitztales. Zur Gemeinde gehören auch die Orte Raitenberg, Rupprechtstegen und Viehofen.

**Geschichte:** Velden ist der älteste, bereits 889 beurkundete Ort des oberen und mittleren Pegnitztales, wurde aber vermutlich sogar schon um 730 von bayerischen Herzögen gegründet und bald karolingischer Königshof. Im frühen 11. Jh. kam Velden an das neu gegründete Bistum Bamberg, später an die Wittelsbacher, 1376 erhielt es Stadtrecht und gelangte nach 1504 in den Besitz der Reichsstadt Nürnberg.

**Sehenswert:** Von der Ummauerung des 15. Jh. mit einst drei Toren sind noch Mauerreste und das **Mühltor** erhalten. Im Stadtkern die **Pfarrkirche** aus dem 14. Jh., verändert im 18. Jh., mit vier gotischen Flügelaltären und schönem Chorgestühl aus dem 15. Jh.; bemerkenswert die überlebensgroße Madonna. Das ehemalige nürnbergische **Pflegschloß** stammt aus der Zeit um 1540. Interessant ist das **Scheunenviertel** mit seinen Fachwerkgiebeln, das wegen der Brandgefahr abseits des Ortes errichtet wurde.

**Auskunft:** Verkehrsverein 8564 Velden, Marktplatz.
**Verkehr:** Autobahnanschluß Hormersdorf oder Plech zur A-9 (Nürnberg-Berlin) 5 km. B-14 (Nürnberg-Amberg), Abzweigung bei Hohenstadt/Hersbruck. Bahnstation der Hauptstrecke Nürnberg-Bayreuth.
**Hobby und Sport:** Hallenbad, Angeln, Paddeln, Reiten.
**Veranstaltungen:** Winkalas-Fest mit Back- und Brühtrog-Rennen auf der Pegnitz im Juni.

**Wanderungen:**

**1.** Rundwanderung südwestlich über Wildgehege nach **Münzinghof,** dann nördlich zur **Geißlochhöhle** und über Hasenleite und **Viehofen;** zurück über Neusee, Pfaffenhofen, Käswasserberg und Rothenbühl, insgesamt 3 ½ Std.

**2.** Vom Bahnhof über die Pegnitz, vorbei am Felsen Lang Agnes zur - **Petershöhle** und auf dem Waldlehrpfad nach **Hartenstein** am Fuß der gleichnamigen Burg, ¾ Std. südöstlich. Zurück über Hartensteiner Oberberge, den **Gottvaterberg** (521 m) und Güntersthal.

**3.** Über Schindersberg, Karlskapelle und Einsiedelfels nach **Neuhaus an der Pegnitz*** mit Burg Veldenstein, ¾ Std. nordöstlich.

**4.** Über die **Petershöhle,** das Felsengebiet Katzenlöcher und Rinnenbrunn zur **Bismarckgrotte,** 2 Std. östlich.

**5.** Über Andreaskirche, Raitenberg, Kreppling und Schwarzenberg zur **Burgruine Hohenstein** (→ S. 72), 2 ¼ Std. südwestlich. Zurück über Treuf, Griesmühle, **Rupprechtstegen** und Lungsdorf.

Waischenfeld liegt an der oberen Wiesent

## WAISCHENFELD

*Landkreis Bayreuth, 349 m, 3000 Einwohner*

Das alte Frankenstädtchen ist anerkannter Luftkurort im Nordteil der Fränkischen Schweiz und erstreckt sich in schöner Wald- und Felslandschaft beiderseits der oberen Wiesent, überragt von seinem Wahrzeichen, dem runden „Steinernen Beutel" der Burganlage. Zur Gemeinde gehören auch die Orte Breitenlesau, Doos, Eichenbirkig, Gösseldorf, Hannberg, Heroldsberg, Hubenberg, Köttweinsdorf, Kugelau, Langeloh, Löhlitz, Nankendorf, Neusig, Rabeneck, Saugendorf, Seelig, Siegritzberg und Zeubach. Mit seinen zahlreichen Fachwerkhäusern, den schmalen Häuserzeilen des Ortskerns, der hochgelegenen Pfarrkirche und den beiden Kapellen macht Waischenfeld einen malerischen Eindruck.

**Geschichte:** Ausgrabungen in Höhlen erbrachten den Nachweis, daß die Umgebung schon in der Jungsteinzeit bewohnt war. Der Ortsname wurde erstmals 1122 in Zusammenhang mit der Burg erwähnt, als Bischof Otto I. von Bamberg einem Konrad Wischinvelt eine Urkunde ausstellte, in der dessen Vater Wirint von Wischinvelt genannt wird. Er ist der erste urkundlich belegbare Namensträger dieses Edelgeschlechts. Die Burg erhob sich auf dem Felsplateau oberhalb der Pfarrkirche. Um 1216 gingen vermutlich durch Einheirat Burg und Herrschaft Waischenfeld in den

Besitz der Edelfreien von Schlüsselfeld über, die sich zuvor mit der Schlüsselburg oberhalb der Pulvermühle (nur noch geringe Reste) im Wiesent-Tal seßhaft gemacht hatten. Unter Konrad von Schlüsselberg, Waffengefährte Ludwig des Bayern, erhielt Waischenfeld 1315 bzw. 1322 das Stadtrecht. Nach seinem gewaltsamen Tod 1347 auf Burg Neideck bei Streitberg kam die Burg an das Hochstift Bamberg und wurde Sitz eines fürstbischöflichen Oberamtes. Mit der Säkularisation kam Waischenfeld 1803 an Bayern. Durch die kommunale Gebietsreform wurde der Gemeindebereich in den Jahren 1971 bis 1978 erheblich erweitert.

**Sehenswert:** An der Sutte die **Stadtkapelle St. Laurentius,** nach Zerstörung im 30-jährigen Krieg 1634 durch die Schweden 1699 im Barockstil neu errichtet. Beeindruckend sind die prächtigen Altäre mit ihrem Akanthusschnitzwerk. Am Kaulberg die **Stadtpfarrkirche St. Johannes** von 1340, erweitert 1550. Sie birgt eine stehende Marienfigur mit Kind aus der 2. Hälfte des 14. Jh., eine spätgotische Anna-Selbdritt-Gruppe und ein Vesperbild um 1515; über der Sakristeitür erinnert ein bemaltes Steinrelief mit Wappen und Inschrift an den wohl berühmtesten Sohn der Stadt, den 1480 in Waischenfeld geborenen Friedrich Grau, der unter dem Namen Nausea zum Bischof von Wien aufstieg und seiner Heimatkirche 1550 den spätgotischen Chor mit dem schönen Netzgewölbe stiftete. Dahinter die kleine spätgotische **St. Annakapelle** von 1509 mit Ossarium (Beinhaus). – Über der Stadt die

**Burg mit Steinernem Beutel,** begründet im 11. Jh. durch die Herren von Waischenfeld. Die weitläufige Anlage umfaßte ursprünglich die Oberburg mit dem 1876 abgebrochenen „Alten Haus", das Neue Schloß von 1754-55 mit mächtiger Umfassungsmauer und zwei Türmen (seit 1981 zum Haus des Gastes ausgebaut und damit in der Bausubstanz erhalten), die Unterburg und zwei Nebenburgen. Als Rest blieb der Steinerne Beutel erhalten.

**Auskunft:** Städt. Verkehrsamt 8551 Waischenfeld, Marktplatz 59.
**Verkehr:** B-470 (Forchheim-Pottenstein), Abzweigung bei Behringersmühle. Autobahnanschluß Forchheim zur A-73 (Nürnberg-Bamberg) und Trockau zur A-9 (Nürnberg-Berlin). Nächste Bahnstation Ebermannstadt 14 km (Busverbindung).
**Hobby und Sport:** Beheiztes Freibad, Kneippanlage, Angeln (Fliegenfischen; Schule), Paddeln, Rudern (Bootsverleih), Tennis. – Haus des Gastes in der Burg mit Aufenthaltsräumen, Heimatmuseum und Freilichtbühne.

**Wanderungen:**

**1.** Vom Marktplatz über die Brücke durch die Vorstadt zu den **Buchberg-Anlagen,** zur **Hohen Wart,** zur **Bindelsruhe,** zum **Freistein,** zur **Hubertusgrotte** und zurück, etwa 1 Std. südöstlich.

**2.** Über Hammermühle, **Ruine Schlüsselburg,** Gasthof Pulvermühle und den Gasthof Rabeneck zur **Burg Rabeneck** auf einem Fels über der Wiesent (→ S. 59), ¾ Std. südlich. Zurück im westlichen Bogen über Saugendorf und Heroldsberg oder im östlichen Bogen über Schönhof und den Kreuzberg.

**3.** Über **Burg Rabeneck** weiter am östlichen Ufer der Wiesent durch das Rabenecker Tal durch den Bischofswald mit alten Eichen zum **Sieghardtfelsen,** einem mächtigen Felsentor gegenüber von Doos an der Mündung der Aufseß in die Wiesent (Gasthof), 1 ½ Std. südwestlich. Weiter 1 ½ Std. in dem von der Wiesent gebildeten Schottertal über die bewirtschaftete **Schottermühle** nach **Behringersmühle** und **Gößweinstein*;** zurück mit dem Bus. Oder von Doos durch das idyllische Aufseßtal aufwärts zur - **Kuchenmühle** (½ Std.) und nordöstlich über Gösseldorf und Saugendorf zurück.

**4.** Im Wiesent-Tal aufwärts über **Nankendorf** mit Barockkirche des 18. Jh. anstelle einer Wehrkirche inmitten des befestigten Friedhofes nach **Plankenfels** an der Mündung der Truppach in die Wiesent mit sehenswertem Schloß, 1 ½ Std. nördlich.

**5.** Über **Breitenlesau** mit Brauereigasthof und vorbei an den **Krämerslöchern** und durch den **Steingraben** nach **Draisendorf,** 2 ½ Std. südwestlich. Nun südlich durch das Aufseßtal nach**Wüstenstein** (Brauereigasthof) und über Siegritzberg und Hubenberg zurück.

**6.** Über Gutenbiegen durch den Löhlitzer Wald nach **Wohnsgehaig** und zum **Naturschutzgebiet Neubürg** (586 m) mit seltener Flora und vorgeschichtlichen Resten, 2 ½ Std. nordöstlich. Zurück durch das Zeubachtal über Neusig und Zeubach.

**7.** Über die Hammermühle durch das Wassertal südlich an Langenloh vorbei zur **Burg Rabenstein** (→ S. 61) und zur **Sophienhöhle,** 1 Std. südöstlich. Unterhalb im Ailsbachtal der traditionsreiche Gasthof Neumühle. Zurück über Hannberg oder weiter im Tal abwärts nach **Oberailsfeld** und über Eichenbirkig zurück.

Gasthof Neumühle im Ailsbachtal,
überragt von der Burg Rabenstein

## WEISMAIN

*Landkreis Lichtenfels, 314 m, 5000 Einwohner*

Das alte Frankenstädtchen am gleichnamigen Fluß ist nördliches Eingangstor in die Fränkische Schweiz und liegt reizvoll am Beginn des romantischen Kleinziegenfelder Tales mit seinen zahlreichen Felsgebilden, eingebettet zwischen den Hochflächen der Weismainalb. Eingemeindet wurden die Orte Arnstein, Buckendorf, Fesselsdorf, Geuthenreuth, Görau, Großziegenfeld, Kaspauer, Kleinziegenfeld, Modschiedel, Neudorf, Seubersdorf, Siedamsdorf, Wallersberg, Weiden und Wunkendorf.

**Geschichte:** Die ältere Chronik des Ortes ist eng mit der südöstlich gelegenen Burgruine Niesten verbunden. Die Burg war einst Hauptsitz der Grafen von Meranien. Als hier Graf Otto II. 1248 als letzter dieses Geschlechts starb, kam die Burg mit dem Ort Weismain an das Fürstbistum Bamberg. Die Burg wurde bambergischer Amtssitz. Weismain erhielt 1343 Stadtrecht und wurde mit Ringmauern und drei Toren befestigt. Nach Zerstörung der Burg Niesten 1525 im Bauernkrieg und endgültig 1553 im Markgrafenkrieg wurde der Amtssitz nach Weismain verlegt. Im 30-jährigen Krieg konnte die Stadt tapfer verteidigt werden (Schwedenkanonen und Fahne im Rathaus), ebenso im Siebenjährigen Krieg. Nach der Säkularisation 1803 kam Weismain an Bayern.

**Sehenswert:** Eindrucksvoll ist das schöne alte Ortsbild mit Resten der Stadtbefestigung, dem **Oberen Tor** des 18. Jh., dem **Rolandsbrunnen** von 1577 und den vielen Fachwerkhäusern. Die spätgotische **Pfarrkirche St. Martin** mit Turm und Chor aus dem 15. Jh. wurde 1891 harmonisch erweitert; sie besitzt einen prachtvollen, monumentalen Hochaltar mit freistehendem Tabernakel des Bamberger Künstlers Bernhard Kamm. Hinter der Kirche das Bambergische **Kastenhaus** von Leonhard Dientzenhofer (1701). Auf der anderen Straßenseite das **Renaissance-Rathaus** mit zinnartigen Staffelgiebeln. Das Gebäude wurde 1542 durch das Weismainer Patriziergeschlecht der Neydecker errichtet und dient seit 1745 als Rathaus; im Erdgeschoß befindet sich das Heimatmuseum. Am Eingang erinnert eine Gedenkplatte mit Bronze-Relief an den aus Weismain gebürtigen Abt des ehem. Zisterzienserklosters Langheim Mauritius Knauer (1613-64), Verfasser des berühmten Hundertjährigen Kalenders. Auf der gleichen Seite das **Alte Amtsgerichtsgebäude,** ebenfalls von den Neydeckern im 16. Jh. erbaut mit schönen schmiedeeisernen Renaissance-Gittern an den unteren Fenstern.

Auf dem Weg nach *Krassach* erhebt sich die Kreuzkapelle von 1702, eine Wallfahrtskapelle, zu der ein Kreuzweg hinaufführt. Im benachbarten *Neudorf* beeindruckt die schöne barocke Kirche von 1734 durch ihre stilvolle Ausstattung; sie wurde 1985 restauriert.

**Auskunft:** Fremdenverkehrsverein 8621 Weismain.
**Verkehr:** B-289 (Lichtenfels-Kulmbach), Abzweigung bei Burgkunstadt. Nächste Bahnstation Burgkunstadt 7 km (Busverbindung).
**Hobby und Sport:** Hallenbad und Freibad in Burgkunstadt.
**Sammlungen:** Heimatmuseum im Rathaus, Am Markt 19.

**Wanderungen:**

**1.** Über **Giechkröttendorf** mit Schloß (Privatbesitz) auf den **Großen Kordigast** (536 m) mit Gipfelkreuz und herrlichem Rundblick, 2 Std. nordwestlich. Vermutlich befand sich hier einst eine keltische Fluchtburg. Zurück über den durch einen Sattel getrennten **Kleinen Kordigast** (538 m) mit bewirtschaftetem Berghaus und durch den Pfauengrund.

**2. Rundwanderung um den Köttenstein,** 2 Std. westlich. Auf dem Hohen Weg am Südhang des Sommerangen (505 m) vorbei nach **Siedamsdorf,** dann nördlich zum **Berghaus am Kleinen Kordigast** und durch den Pfauengrund zurück.

**3.** Über das **Dorf Niesten** zur **Burgruine Niesten** (½ Std.); weiter vorbei am **Eselsloch** und der **Gräfinnenhöhle** nach **Görau** und auf die aussichtsreiche Hochfläche **Görauer Anger** (552 m), insgesamt 1 ½ Std. südöstlich. Zurück durch das Bärental über Krassachquelle, Herbstmühle und durch das Krassachtal.

**4.** Über den Theisenberg und westlich vorbei an Wohnsig nach **Weiden** mit alter Wehrkirche in einem befestigten Friedhof und hinunter zur **Weihersmühle** (traditionsreicher Gasthof; Spezialität Forellen) im **Kleinziegenfelder Tal,** 3 Std. südlich. Zurück über **Wallersberg** am Osthang des Tales nach **Schammendorf.** Weiter nach Weismain mit dem Bus (kein Wanderweg) oder ¾ Std. auf der Straße.

Weismain:
Pfarrkirche St. Martin

# ZIRNDORF

*Landkreis Fürth, 336m, 21 200 Einwohner*

Zirndorf ist ein modernes Industriestädtchen mit altfränkischem Ortsbild 10km westlich von Nürnberg an der Mündung der Bibert in die Rednitz und bekannt wegen seines guten Bieres, das seit 300 Jahren hier gebraut wird. Eingemeindet wurden die Orte Anwanden, Banderbach, Bronnamberg, Lind, Leichendorf, Weiherhof, Weinzierlein und Wintersdorf.

**Geschichte:** Zirndorf wurde 1059 erstmals als Pfarrdorf genannt. Die im 13. Jh. durch die Reichsministerialen von Berg erbaute Alte Veste auf dem Höhenrücken im Nordosten wurde 1388 von den Nürnbergern im Städtekrieg zerstört. Im 30-jährigen Krieg befand sich in Zirndorf das Lager Wallensteins; 1632 konnten sich 22 000 Mann des Feldmarschalls Wallenstein gegen 40 000 Schweden unter König Gustav Adolf bei den Kämpfen um den Höhenrücken behaupten. 1877 wurde Zirndorf zum Markt, 1912 zur Stadt erhoben. Durch Eingemeindungen 1976 und 1978 wurde das Stadtgebiet erheblich vergrößert.

**Sehenswert:** Der fränkische Ortskern ist reich an alten Sandstein- und Fachwerkbauten, darunter das **markgräfliche Amtshaus** von 1694. Die gotische evangelische **Pfarrkirche St. Rochus** wurde ab 1412 anstelle einer schon im 9. Jh. gegründeten Filialkirche von Vach errichtet und 1700-28 im Markgrafenstil verändert. Die **Katholische Pfarrkirche** ist ein moderner Neubau von 1963 mit Glasmalereien und Mosaikarbeiten.

**Auskunft:** Stadtverwaltung, Kulturamt, 8502 Zirndorf, Rathaus.
**Verkehr:** Südwesttangente AB-Kreuz Nürnberg(Süd)-Fürth. Bahnstation.
**Hobby und Sport:** Hallenbad, beheiztes Freibad, Tennis, Reiten.
**Kureinrichtungen:** Kneippkurhaus mit allen Einrichtungen am Wald des Hensenberges und Kurhotel, Am Achterplätzchen 5.
**Naherholungsgebiete:** Schöner Stadtpark mit Eichenhain an der Bibert. – Alte Veste auf einem 360m hohen Höhenrücken im Nordosten der Stadt (Ruine einer 1388 zerstörten Burg); der die Alte Veste umgebende Wald mit 35m hohem Aussichtsturm ist Landschaftsschutzgebiet und geht im Norden in den Fürther Stadtwald über.

**Wanderungen und Ausflüge:**

**1.** Über Rosenberg und Hensenberg zum Stadtteil **Weiherhof,** ¾ Std. nordwestlich. Zurück über Banderbach.

**2.** Im Tal der Bibert aufwärts über **Leichendorf** zum Stadtteil **Wintersdorf,** 1 Std. südwestlich. Zurück über Bonnamberg.

**3.** Nach **Cadolzbrunn,** 8km nordwestlich (auch Busverbindung) mit sehenswerter Hohenzollernburg.

**4.** Nach **Roßtal,** 8km südwestlich, tausendjähriger Ort mit schönen Fachwerkhäusern und alter Kirchenburg; unter der evangelischen Pfarrkirche eine romanische Krypta um 1040.

# Wanderfahrt

## *Das Lied der Franken*

*Wohlauf, die Luft geht frisch und rein,
Wer lange sitzt, muß rosten;
Den allersonnigsten Sonnenschein
Läßt uns der Himmel kosten.
Jetzt reicht mir Stab und Ordenskleid
Der fahrenden Scholaren,
Ich will zu guter Sommerszeit
Ins Land der Franken fahren!
Valleri, vallera, valleri, vallera,
Ins Land der Franken fahren!*

*Der Wald steht grün, die Jagd geht gut,
Schwer ist das Korn geraten;
Sie können auf des Maines Flut
Die Schiffe kaum verladen.
Bald hebt sich auch das Herbsten an,
Die Kelter harrt des Weines;
Der Winzer Schutzherr Kilian
Beschert uns etwas Feines.
Valleri, vallera…*

*Wallfahrer ziehen durch das Tal
Mit fliegenden Standarten,
Hell grüßt ihr doppelter Choral
Den weiten Gottesgarten.
Wie gerne wär' ich mitgewallt,
Ihr Pfarr' wollt' mich nicht haben!
So mußt ich seitwärts durch den Wald
Als räudig Schäflein traben.
Valleri, vallera…*

*Zum heil'gen Veit von Staffelstein*
*Komm' ich emporgestiegen*
*Und seh die Lande um den Main*
*Zu meinen Füßen liegen.*
*Von Bamberg bis zum Grabfeldgau*
*Umrahmen Berg und Hügel*
*Die breite, stromdurchglänzte Au –*
*ich wollt', mir wüchsen Flügel.*
*Valleri vallera…*

*Einsiedelmann ist nicht zu Haus,*
*Dieweil es Zeit zu mähen!*
*Ich seh ihn an der Halde drauß*
*Bei einer Schnitt'rin stehen.*
*Verfahrner Schüler Stoßgebet*
*Heißt: Herr, gib uns zu trinken!*
*Doch wer bei schöner Schnitt'rin steht.*
*Dem mag man lange winken.*
*Valleri, vallera…*

*Einsiedel, das war mißgetan,*
*Daß du dich hubst von hinnen!*
*Es liegt, ich seh's dem Keller an,*
*Ein guter Jahrgang drinnen.*
*Hoiho! Die Pforten brech' ich ein*
*Und trinke, was ich finde…*
*Du heil'ger Veit von Staffelstein,*
*Verzeih' mir Durst und Sünde!*
*Valleri, vallera…*

Text: Victor von Scheffel, 1859
Vertonung: Valentin Eduard Becker, 1870

# PRAKTISCHE HINWEISE

## Auskunftsstellen

*Informationen, Prospekte und Unterkunftsverzeichnisse:*

**Fremdenverkehrsverband Franken e.V.,** Am Plärrer 14, Postfach 269, 8500 Nürnberg 80.
**Tourismus-Zentrale Fränkische Schweiz,** Oberes Tor 1, 8553 Ebermannstadt.
**Tourist Information Frankenalb,** Waldluststr. 1, 8560 Lauf. (Landratsamt).
**Tourist Information Oberes Maintal,** Kronacher Str. 30, 8620 Lichtenfels

*Mündliche Reiseberatung, Prospekte und Zimmervermittlung:*
**Tourist Information Franken,** Rasthaus im Spessart an der A-3 Frankfurt – Nürnberg, 8751 Rohrbrunn, nur von Ostern bis Oktober (beschildert).

*Auskünfte über Wandern:*
**Fränkischer-Schweiz-Verein e.V.,**Oberes Tor 1, 8583 Ebermannstadt.
**Fränkischer Albverein e.V.,** Goldberger Str. 74, 8500 Nürnberg.

*Für den Naturpark ist zuständig:*
**Verein Naturpark Fränkische Schweiz – Veldensteiner Forst e.V.,** Rathaus, 8573 Pottenstein.

*Weitere Anschriften:*
**Deutsches Jugendherbergs werk,** Bülowstr. 26, 4930 Detmold.
**Touristenverein „Die Naturfreunde",** Großglocknerstr, 28, 7000 Stuttgart 60.
**Deutscher Camping-Club e.V.,** Caravan- und Zeltsportverband, Mandlstr. 28, 8000 München.
**Allgemeiner Deutscher Automobil Club,** Baumgartnerstr.53, Postfach 700107, 8000 München 70.
**Automobilclub von Deutschland,** Lyoner Str. 16, 6000 Frankfurt/Main 71.
**Deutscher Touring Automobil Club,** Amalienburgstr. 23, 8000 München 60.

## Anreise und Verkehrswege

**Nach Nürnberg von**
Aachen 469 km
Berlin 441 km
Bielefeld 449 km
Bonn 464 km
Bremen 600 km
Dortmund 475 km
Düsseldorf 438 km
Flensburg 793 km
Frankfurt/M. 215 km
Freiburg i.Br. 383 km
Hamburg 626 km
Hannover 481 km
Karlsruhe 254 km
Kassel 326 km
Köln 398 km
Lübeck 680 km
München 165 km
Münster 531 km
Osnabrück 493 km
Paderborn 402 km
Regensburg 104 km
Saarbrücken 386 km
Stuttgart 192 km
Trier 415 km

## Straßenverkehr

Die im Osten und Westen verlaufenden Autobahnen führen in einem Bogen um das eigentliche Kerngebiet herum und treffen sich im Nürnberger Kreuz. Aus Richtung Frankfurt empfiehlt sich die Autobahnausfahrt Höchstadt Ost und dann über die B-470 nach Forchheim. Aus Richtung Kassel kann man schon ab Schweinfurt/Werneck auf der neuen, größenteils fertiggestellten Maintalautobahn (A 70) nach Bamberg und von dort weiter nach Kulmbach/Bayreuth (A 70) oder Forchheim (A 73) fahren. Von Forchheim führt die aus Rothenburg ob der Tauber kommende B-470 als „Fränkische-Schweiz-Straße" über Ebermannstadt, Streitberg, Muggendorf, Gößweinstein und Pottenstein durch das Herz der Fränkischen Schweiz und stellt im Osten bei Pegnitz den Anschluß zu der Autobahn Nürnberg - Bayreuth her. Landschaftlich reizvoll ist auch die „Alte-Gebürg-Straße" von Hollfeld über Plankenfels, Waischenfeld und Gößweinstein nach Gräfenberg durch den bis zum 18. Jh. so benannten Ritterschafts-Kanton „Altes Gebürg".

## Wichtige Straßenverbindungen

| | |
|---|---|
| A-3 | Frankfurt - Würzburg - Bibelrieder Kreuz - Nürnberg - Regensburg |
| A-7 | Hamburg - Hannover - Kassel - Fulda - Biebelrieder Kreuz |
| A 70 | Schweinfurt/Werneck - Bamberg - Kulmbach/ Bayreuth |
| A-73 | Bamberg - Forchheim - Erlangen - Fürth |
| A-9 | München - Nürnberg - Lauf - Bayreuth - Hof - Berlin |
| B-2 | Nürnberg - Heroldsberg - Gräfenberg - Hilpoltstein - Pegnitz |
| B-14 | Nürnberg - Lauf - Hersbruck - Sulzbach/Rosenberg - Waidhaus |
| B-22 | Bamberg - Memmelsdorf - Scheßlitz - Hollfeld - Bayreuth (kurvenreich) |
| B-173 | Bamberg - Breitengüßbach - Ebensfeld - Staffelstein - Lichtenfels |
| B-470 | Forchheim - Ebermannstadt - Muggendorf - Gößweinstein - Pottenstein - Pegnitz und Auerbach |

## Bahnverkehr

Aus dem Rhein-Ruhr-Gebiet sowie aus Norddeutschland über Hannover bestehen durchgehende Fernverbindungen. Verschiedene Nebenbahnen im Gebiet der Fränkischen Schweiz und der Frankenalb wurden stillgelegt und auf Bahnbusverkehr umgestellt. Auch die kleinsten Orte sind mit dem Bus zu erreichen. Ein besonderer Dienst der Bundesbahn ist der Haus-Gepäck-Service: Auf Wunsch werden die Koffer zu Hause abgeholt und zum Ferienquartier befördert. In Zusammenarbeit mit Vertragsspediteuren bedient die Bahn jeden Ferienort.

Eine besondere Attraktion ist die von dem Verein „Dampfbahn Fränkische Schweiz" betriebene Museumsbahn, die an bestimmten Tagen im Jahr auf der ehemaligen 16km langen Bundesbahnstrecke von Ebermannstadt durch das Wiesent- Tal nach Behringersmühle und zurück verkehrt (DB-Kursbuch: Strecke 824). Außerdem werden Sonderfahrten für Vereine, Gruppen, Betriebe und Schulen auf Bestellung durchgeführt (Dampfbahn Fränkische Schweiz e.V., Postfach 1, 8553 Ebermannstadt). Die beschauliche Fahrt mit dem Dampflok-Zug durch das Herz der Fränkischen Schweiz ist nicht nur für Eisenbahnfans ein eindrucksvolles Erlebnis.

### Wichtige Eisenbahnstrecken

Von Dortmund, Hannover, Frankfurt, Stuttgart, München direkt nach Nürnberg
Nürnberg – Erlangen – Forchheim – Bamberg – Lichtenfels
Nürnberg – Lauf – Hersbruck – Velden – Pegnitz – Bayreuth
Forchheim – Ebermannstadt (– Behringersmühle; Museumsbahn an einigen Tagen)

## Flugverkehr

Der Flughafen Nürnberg liegt 7 km nördlich vom Stadtzentrum zwischen Ziegelstein und Buch. Es besteht Linienverkehr mit allen deutschen und den meisten europäischen Flughäfen. Ein Fluggastzubringerbus verkehrt ab Hauptbahnhof Nürnberg jeweils 60 Minuten vor Abflug der Linienflugzeuge.

## Schiffsverkehr

Die Fränkische Personenschiffahrt betreibt im Sommer auf dem Main - Donau -Kanal die Strecke Nürnberg - Forchheim - Bamberg. Die Fahrt ermöglicht schöne Fernblicke in die Fränkische Schweiz. Anlegestelle Nürnberg-Gebersdorf, Hügelstraße; Auskunft abr, Nürnberg, Hallplatz.

# Unterkunft

In den Feriengebieten der Fränkischen Schweiz und der Frankenalb überwiegt der bodenständige Landgasthof, in dem Sie sich bei angemessenen Preisen wohlfühlen können. Außerdem gibt es noch Pensionen, Privatzimmer, Ferienwohnungen, Ferienhäuser sowie Quartiere auf Bauernhöfen. Aktuelle Unterkunftsverzeichnisse mit Preisangaben können Sie kostenlos bei den zentralen Fremdenverkehrsstellen in Ebermannstadt, Lauf und Lichtenfels jeweils für das betreffende Gebiet anfordern; außerdem sind ausführliche Verzeichnisse bei den örtlichen Verkehrsämtern erhältlich.

Jugendherbergen und Naturfreundehäuser bieten vor allem dem Wanderer preiswerte Unterkunft. Bei Jugendherbergen gilt für die Aufnahme in Bayern eine Altersgrenze von 27 Jahren, jedoch nicht für Eltern, die mit ihren Kindern unterwegs sind, und für Führer von Jugendgruppen. Voraussetzung für die Aufnahme ist ein gültiger Jugendherbergsausweis. Über alle Jugendherbergen und die näheren Aufnahmebedingungen informiert das jährlich erscheinende, im Buchhandel erhältliche Jugendherbergsverzeichnis.

Campingfreunde können sich über schön gelegene Campingplätze freuen. Nähere Angaben über die Lage und Ausstattung der Plätze sind aus den im Buchhandel erhältlichen Campingführern ersichtlich.

### Jugendherbergen

8600 Bamberg, Pödeldorfer Str. 178
8600 Bamberg, Oberer Leinritt 70
8580 Bayreuth, Universitätsstr. 28
8520 Erlangen, Südl. Stadtmauerstr. 35
8550 Forchheim, Streckerplatz 1
8551 Gößweinstein, Etzdorfer Str. 142
8564 Hartenstein, An der Salzlecke 99
8650 Kulmbach, Mangersreuther Str. 43
8620 Lichtenfels, Alte Coburger Str. 43

8500 Nürnberg, Burg 2
8573 Pottenstein, Jugendherbergsstr. 20
8551 Wiesenttal-Streitberg, Am Gailing 6
8566 Weißenbrunn-Leinburg, Bachstr. 15

### Naturfreundehäuser

8621 Ebensfeld-Sträublingshof (bei Staffelstein)
8561 Pommelsbrunn/Hersbruck
8563 Rothenberg bei Schnaittach
8551 Veilbronn Post Heiligenstadt
8561 Vorra-Artelshofen am Falkenberg

### Fränkischer Albverein

Unterkunftshaus 8565 Hohenstein/ Hersbruck Post Kirchensittenbach

### Campingplätze

Ahorntal
Bamberg-Bug
Bayreuth
Betzenstein
Ebermannstadt
Erlangen
Etzelwang
Gößweinstein-Moritz
Heroldsberg
Hollfeld-Freienfels
Kalchreuth
Kulmbach
Lichtenfels-Ost
Nürnberg-Dutzendteich
Pommelsbrunn-Hohenstadt
Pottenstein-Tücherfeld
Pottenstein-Waidmannsgesees
Röthenbach/Pegnitz
Schnaittenbach
Staffelstein
Waischenfeld
Weismain-Kleinziegenfeld

## Erholungsorte und Luftkurorte

Aufgrund wissenschaftlicher Erkenntnisse wurden in Zusammenarbeit mit Ärzten und Meteorologen klimatische Begriffsbestimmungen für Luftkur- und Erholungsorte entwickelt. Berücksichtigung fand dabei das Zusammenwirken von Sonnenstrahlung, Luftfeuchtigkeit, Niederschlägen, Wind, Luftdruck und Luftreinheit in Verbindung mit geographischer Lage, Vegetation und umgebender Landschaft.

Der staatlich anerkannte Erholungsort ist ein landschaftlich reizvoller und klimatisch begünstigter Ort. Diese Prädikat erfordert „orientierende Klimabeurteilungen" sowie stichprobenartige Luftreinheitsüberprüfungen.

Der staatlich anerkannte Luftkurort muß durch eine kleine Klimaanalyse nachgewiesen und durch Erfahrung bewährtes Klima haben. Voraussetzung hierfür ist eine zweijährige fortlaufende Meßreihe, die alle Klimafaktoren erfaßt, sowie eine einjährige Messung der Staubbelastung.

Der staatlich anerkannte heilklimatische Kurort setzt voraus, daß der Ort ein therapeutisch anwendbares Klima besitzt, das auf einer großen Klimaanalyse basiert. Auch Heilbäder unterliegen besonderen Anforderungen. Zuständig für Franken ist der Bayerische Fachausschuß für Kurorte, Erholungsorte und Heilbrunnen.

### Staatlich anerkannte Erholungsorte

Ebermannstadt
Happurg
Hersbruck
Hollfeld
Königstein
Obertrubach
Pegnitz
Pommelsbrunn
Schnaittach

### Staatlich anerkannte Luftkurorte

Egloffstein
Gößweinstein mit
Behringersmühle,
Hühnerloh, Moritz
Muggendorf
Pottenstein mit
Haselbrunn,
Kirchenbirkig,
Tüchersfeld,
Weidenloh
Streitberg
Waischenfeld

## Wandern in der Fränkischen Schweiz

„Am besten reiset der rüstige Fußgänger, der das, was er sehen will, auf dem schönsten und bequemsten Wege zu erreichen im Stande ist. Selbst zarten Damen und älteren Personen rathen wir deshalb, sich zu Fussparthien zu entschließen und mässige Touren zu machen. Das ermüdet kaum in dieser kräftigen Bergluft, es erquickt und stärkt vielmehr den Leib und die immer froher und freudiger werdende Seele". Das schrieb 1858 Philipp Körber in seinem „Illustrierten Fremdenführer durch die Fränkische Schweiz". Und dem ist auch in unserem motorisierten Zeitalter wenig hinzuzufügen.

Heute haben der Fränkische-Schweiz-Verein und der Fränkische Albverein ein dichtes Netz von markierten Wanderwegen angelegt. Eine Auswahl der schönsten Wanderwege finden Sie bei den einzelnen Ortsbeschreibungen. Die dort angegebenen Wanderzeiten sind als ungefähre Richtwerte ohne Pausen zu verstehen, und bergab geht es natürlich schneller als bergauf! Auf weitere Wege verweisen die vielerorts aufgestellten Wandertafeln sowie die örtlichen Verkehrsämter. Die folgende Aufstellung berücksichtigt die Hauptwanderlinien, die an jedem beliebigen Punkt begonnen und beendet werden können. Oft führen Busverbindungen dicht an die Wege heran, und häufig lassen sich einzelne Routen zu Rundwanderwegen kombinieren.

Für die Tageswanderung empfiehlt sich das kleine Handgepäck: Wanderkarte (unbedingt zu empfehlen!) und Reiseführer, Fotoapparat, Fernglas, Verbandszeug, Taschenmesser, Regenschutz; als „eiserne Ration" etwas Schokolade, Traubenzucker oder Dörrobst. Nicht immer ist ein Gasthaus in der Nähe, und wenn man Pech hat, ist gerade Ruhetag. Um vor unangenehmen Überraschungen sicher zu sein, sollten auch die Busverbindungen für die evtl. Rückfahrt vor Antritt der Wanderung geklärt werden (an Wochenenden oft eingeschränkter Verkehr).

Die mehrtägige Wanderung erfordert gründlichere Vorbereitung: Rucksack (weiche Gegenstände an die Rückenseite), Schlafanzug, Schlafsack (für Jugendherbergen aus weißem Leinen), Wasch-, Schuhputz- und Nähzeug, Turn- oder Hausschuhe, Badezeug, Ersatzstrümpfe (aus Wolle!). Am besten auch vorher die Übernachtung klären, da man in Feriengebieten mitunter Schwierigkeiten hat, für eine Nacht ein Zimmer zu bekommen.

### Wanderkarten

Fritsch's Wanderkarte (Landkartenverlag Fritsch, Hof/Saale) 1:100 000 Blatt Fränkische Schweiz und Frankenalb sowie Teilgebiete 1:35 000.

1:50 000 Blatt Fränkische Schweiz Nord, Blatt Fränkische Schweiz Süd, Blatt Frankenalb.

Kompaß-Wanderkarte,Fleischmann Verlag, München, 1:50 000 Blatt Fränkische Schweiz, Blatt Hersbrucker Land.

Über Alfalter im Pegnitztal erheben sich
die markanten Rifflerfelsen

## Hauptwanderwege

7-Tage-Rundwanderung (Markierung blaue 7 in einem Dreieck) Auskunft: Tourismus-Zentrale Ebermannstadt, Oberes Tor 1.

*Wegstrecke* (Tagesstrecken um 20km; Gepäcktransfer möglich):

1. Tag:
Ebermannstadt – Ruine Neideck – Streitberg – Binghöhle – Streitburg – Muschelquelle – Langes Tal – Sommerrangen – Muggendorf.

2. Tag:
Oswaldhöhle – Hohes Kreuz – Quakenschloß – Adlerstein – Engelhardsberg – Riesenburg – Doos – Rabeneck – Waischenfeld.

3. Tag:
Burg Rabenstein – Klaussteinkapelle – Sophienhöhle – Ludwigshöhle – Schneidersloch – Rennerfelsen – Oberailsfeld – Weiße Marter – Forsthaus Schweigelberg – Behringersmühle – Gößweinstein.

4. Tag:
Tüchersfeld – Breit – Pottenstein – Oberes Püttlachtal – Pottenstein.

5. Tag:
Teufelshöhle – Klumpertal – Kirchenbirkig – Ruine Leienfels – Leupoldstein – Betzenstein.

6. Tag:
Stierberg – Fuchsweg, Südschleife – Obertrubach – Trubachquelle – Trubachtal – Haselstauden – Dörnhof – Bärenthalmühle – Egloffstein.

7. Tag:
Mostviel – Schlehenmühle – Wichsenstein – Ühleinshof – Urspring – Wolkenstein – Buckenreuth – Schlüsselstein – Wallerwarte – Ebermannstadt.

### IFS-Weg

(rotes Dreieck im Rechteck). 5-Tage-Rundweg, 135km, angelegt vom Internationalen Friseur-Studio, Forchheim

*Wegstrecke:*
Forchheim – Lange Meile – Eschlipp – Kalteneggolsfeld – Burggrub – Brunn – Burg Greifenstein – Oberaufseß – Nankendorf – Burg Rabenstein – Doos – Engelhardsberg – Moritz – Sachsenmühle – Leutzdorf – Wichsenstein – Schweinthal – Hundshaupten – Hundsboden – Leutenbach – Ehrenbürg – Kirchenehrenbach – Reuth – Forchheim

### Main-Donau-Weg

(blaues M und weißes D untereinander) Teilstrecke durch die Fränkische Schweiz 130km

*Wegstrecke:*
Staffelstein – Loffeld – Dornig – Küpser Linde – Dörrnwasserlos – Hohe Metzen – Pausdorf – Burgellern – Scheßlitz – Giechburg – Gügel – Neudorf – Laibarös – Hohenpölz – Heroldsmühle – Oberleinleiter – Burggrub – Heiligenstadt – Burg Greifenstein – Unteraufseß – Draisendorf – Wüstenstein – Kuchenmühle – Doos – Riesenburg – Behringersmühle – Gößweinstein – Tüchersfeld – Breit – Pottenstein – Teufelshöhle – Schüttersmühle – Klumpertal – Bronn – Betzenstein – Hetzendorf – Spieß – Schermshöhe – Burg Hohenstein – Kleedorf – Hersbruck (und weiter nach Regensburg)

### Main-Wanderweg

(blaues M)
Teilstrecke Fichtelgebirge – Obermaingebiet 110km

*Wegstrecke:*
Weißmainquelle am Ochsenkopf im Fichtelgebirge – Waldhaus Karches – Bischofsgrün – Bad Berneck –

**Die Sägemühle von Tüchersfeld geht auf das Jahr 1575 zurück**

Hohe Warte – Marktschorgast – Wirsberg – Himmelkron – Waizendorf – Plassenburg/ Kulmbach – Melkendorf – Schloß Steinhausen – Frankenberg – Bechtelsreuth – Altenkunstadt – Pfaffendorf – Großer Kordigast – Isling – Roth – Langheimer Wald – Eiserne Hand – Mistelfeld – Vierzehnheiligen – Staffelberg – Staffelstein – Banz

**Östlicher Albrandweg**
(roter Balken im Rechteck)
130 km. Am Ostrand der Frankenalb entlangführender alter Wanderweg

*Wegstrecke:*
Sulzbach/ Rosen-berg – Neukirchen – Zant (650 m) – Königstein – Forsthaus Sackdilling – Auerbach – Steinamwasser – Pegnitz – Kleiner Kulm – Trockau – Muthmannsreuth – Altenhimmel – Neubürg (586 m) – Obernsees – Busbach – Kleetzhöfe – Thurnau – Magnusturm – Kaserndorf – Görau – Niesten – Weismain – Großer Kordigast – Weißes Kreuz – Lahm – Fischer Kreuz – Lehmenbrunnen – Hohe Eller – Moritzkapelle – Lichtenfels

**Westlicher Albrandweg**
(roter Balken im Rechteck) 130 km
Am Westrand der Frankenalb entlangführender alter Wanderweg

*Wegstrecke:*
Hersbruck – Großer Hansgörgel (601 m) – Glatzenstein (572 m) – Schnaittach – Alter Rothenberg (506 m) – St. Martin – Oberrüsselbach – Igensdorf – Lindelberg (533 m) – Hetzlas (542 m) – Regensberg – Mittellehrenbach – Walberla – Kirchehrenbach – Weilersbach – Lange Meile – Fränkische Fliegerschule – Drügendorf – Gunzendorf – Senftenberger Kapelle – Hochstall – Friesener Warte – Kälberberg – Teuchatz-Lindach – Herzogenreuth – Neudorf – Gügel – Giechburg –

Giechburg – Zeckendorf – Würgau – Burglesau – Stübig – Dörrnwasserlos – Kümmersreuth – Vierzehnheiligen – Lichtenfels

## Leo-Jobst-Weg

(rotes Kreuz im Rechteck) 55km
Quer durch die Fränkische Schweiz

*Wegstrecke:* Forchheim – Kellerwald – Retterner Kanzel – Reifenberger Kapelle – Pretzfeld – Ebermannstadt – Rothenbühl – Ruine Neideck – Weiler Haag – Muggendorf – Sachsenmühle – Stempfermühle – Tüchersfeld – Pottenstein – Oberes Püttlachtal – Heiligensteg – Ruine Hollerberg – Wanderparkplatz Körbeldorfer Felsen an der A-9 – Langer Berg – Pegnitz.

## Heinrich-Uhl-Weg

(senkrechter roter Balken im Rechteck) 30km, ein Höhenweg von Aufseß nach Behringersmühle

*Wegstrecke:* Schloß Unteraufseß – Burg Greifenstein – Neumühle – Heiligenstadt – Veilbronn – Hummerstein – Streitburg – Langes Tal – Rübensteinacher Felsen – Koppenburg – Pavillon – Oswaldhöhle – Quakenschloß – Adlerstein – Pfaffenstein – Moritz – Behringersmühle.

## Hirschhaid – Betzenstein

(blauer Balken im Rechteck) 70km
Von Nordwesten nach Südosten durch die Fränkische Schweiz

*Wegstrecke:* Bahnhof Hirschhaid (zwischen Bamberg und Forchheim) – Steigendorf – Ketschendorf – Frankendorf – Kalteneggolsfeld – Heiligenstadt – Neudorf – Draisendorf – Aufseßtal bis Wüstenstein – Siegritzberg – Hubenberg – Waischenfeld – Pulvermühle – Burg Rabenstein – Neumühle – Zauppenberg – Albhochfläche – Weidmannsgesees – Pottenstein – Teufelshöhle – Schüttersmühle – Klumpertal – Kühlenfels – Waidach – Parkplatz an der B 2 (508m) – Hüll – Betzenstein – Reuthof – Spieß.

## Forchheim – Burg Greifenstein

(roter Punkt im Rechteck) 25km. Ein Höhenweg über die Lange Meile

*Wegstrecke:* Forchheim – Serlbach – Wanderparkplatz an der Retterner Kanzel – Lange Meile – Fränkische Fliegerschule – Eschlipp – Leitzberg – Schelmenstein – Heiligenstadt – Burg Greifenstein.

## Obertrubach – Trockau

(blaues Kreuz im Rechteck) 35km
Ein Weg über abwechslungsreiche Höhen

*Wegstrecke:* Obertrubach – Ruine Leienfels – Soranger – Trägweis – Hummertal – Pottenstein – Haselbrunn – Geiersleite – Hohenmirsberg – Hohenmirsberger Platte – Hubertuskapelle – Pullendorf – Hedelmühle – Trockau.

## Pegnitz – Oberailsfeld

gelber Balken im Rechteck) 30km
Ein Höhenweg im Nordosten der Fränkischen Schweiz

*Wegstrecke:* Pegnitz – Fischelhöhe – Willenberg – Pirkenreuther Kapelle – Brandtal – Heiligensteg – Püttlachtal – Unterhauensteiner Mühle – Oberhauenstein – Püttlach – Pullendorf – Hubertuskapelle – Hohenmirsberger Platte – Brünnberg – Pfaffenberg – Oberailsfeld – Weiße Marter.

## Wiesent-Talweg

(gelber Balken im Rechteck) 25km
Ein Weg durch das mittlere Wiesent-Tal

*Wegstrecke:* Hollfeld – Treppendorf – Welkendorf – Stechendorf – Scherleithen – Schressendorf – Plankenfels – Eichenmühle – Aalkorb – Nankendorf – Schlößlein – Waischenfeld – Pulvermühle – Rabeneck – Doos – Schottersmühle – Behringersmühle.

*Verlängerung:* Ab Sanspareil – Wonsees – Kainach – Kainachtal – Hollfeld (10 km).

Ab Behringersmühle – Stempfermühle – Gößweinstein – Ludwigshöhe – Stadelhofen – Allersdorf – Soranger – Teichtal – Obertrubach – Hilpoltstein (20 km).

## Aufseß-Talweg

(gelbes Kreuz im Rechteck) 45 km
Von Scheßlitz zur Aufseßquelle und weiter bis zur Mündung.

*Wegstrecke:* Scheßlitz – Demmelsdorf – Ludwag – Klingen – tal – Aufseßquelle in Königsfeld – Mittelmühle – Kotzendorf – Holzmühle – Voitmannsdorf – Drosendorf – Sachsendorf – Neuhaus – Oberaufseß – Aufseß – Draisendorf – Wüstenstein – Kuchenmühle – Doos (Mündung der Aufseß in die Wiesent).

## Leinleiter-Talweg

(gelber Balken im Rechteck) 50 km
Von Scheßlitz zur Leinleiterquelle, durch das Leinleitertal bis zur Mündung und weiter nach Pretzfeld.

*Wegstrecke:* Scheßlitz – Giechburg – Gügel – Ludwag – Eppental – Laibarös – Trockental mit Karstquellen – Leinleiterquelle – Heroldsmühle – Oberleinleiter – Heiligenstadt – Traindorf – Veilbronn – Unterleinleiter – Gasseldorf (Mündung der Leinleiter in die Wiesent) – Ebermannstadt – Pretzfeld.

## Erlangen – Bayreuth

(blaues Kreuz im Rechteck) 70 km
Von Südwesten nach Nordosten durch die Fränkische Schweiz

*Wegstrecke:* Erlangen – Rathsberg – Atzelsberg – Adlitz – Honings – Hetzlas – Streitbaum auf dem Hetzleser Berg – Wanderparkplatz oberhalb Weingarts (440 m) – Regensberg – Rangen – Kasberger Linde – Gräfenberg – Buchwald – Hohenschwärz – Todsfeldtal – Egloffstein – Mostviel – Schlehenmühle – Wichsenstein – Heidekreuz – Gößweinstein – Behringersmühle – Ailsbachtal – Oberailsfeld – Rennerfelsen – Ludwigshöhle – Christanz – Vordergereuth – Kannberg (517 m) – Altenhimmel – Pettendorf – Steinmühle – Thalmühle – Forstmühle – Bayreuth/Saas.

## Bamberg – Bayreuth

(grüner Balken im Rechteck) 60 km
Durch den Norden der Fränkischen Schweiz von West nach Ost

*Wegstrecke:* Oberjägers Marter im Staatsforst Hauptsmoor – Geisberg – Seigelstein – Oberleinleitner – Neumühle/ Heiligenstadt – Stücht – Aufseß – Hochstahl – Schressendorf – Plankenfels – Eichenmühle – Fräuleinsteig – Neubürg (586 m) – Gollenbach – Mistelgau – Donndorf – Bayreuth.

## Bamberg – Muggendorf

(grünes Kreuz im Rechteck) 50 km
Über die westlichen Albhöhen ins Wiesent-Tal

*Wegstrecke:* Oberjägers Marter im Staatsforst Hauptsmoor – Roßdorf – Wernsdorf – Friesener Warte – Kälberberg – Tiefenhöchstadt – Kalteneggolsfeld – Dürrbrunn – Unterleinleiter – Streitberg – Wanderparkplatz Langes Tal – Muggendorf – Trainmeusel – Birkenreuth – Kanndorf – Druidenhain.

### Behindertenwanderwege

Die landschaftlich besonders reizvollen Wege mit vielen Bänken können von Behinderten ohne Schwierigkeiten begangen oder befahren werden. Unterstellmöglichkeiten und Parkplätze vorhanden.

**1. Im Wiesent-Tal bei Waischenfeld:** Von der Pulvermühle entlang der Wiesent Richtung Burg Rabeneck vorbei an Felskulissen bis zum 2 km entfernten Wanderparkplatz.

**2. Von Egloffstein in den Rabensteiner Forst:** Schattige, 3 km lange Forststraße am Talhang mit Ausblicken ins Trubachtal und zu den gegenüberliegenden Felsenkanzeln.

**3. Von Unterleinleiter nach Veilbronn:** Bequemer Weg auf dem Bahnkörper der ehem. Lokalbahn Ebermannstadt-Heiligenstadt mit Blick auf die Felskulisse „Totensteine" und „Fürther Wand".

## Kleiner Sportspiegel

**Wandern** ist sicher die beliebteste Ferienbetätigung. Ein dichtes Netz markierter Wege wird allen Konditionen gerecht. Dem Wanderer ist ein eigenes Kapitel gewidmet, (→ S. 250).

**Klettern** ist in der Fränkischen Schweiz und Frankenalb ein beliebtes Hobby, das natürlich gute Konditionen erfordert. Fast unerschöpflich ist die Auswahl an Kletterfelsen, die auch hochalpinem Training gerecht werden. Hier eine Auswahl: Alfalter (Rifflerfelsen, Teufelsfinger), Düsselbach (Düsselbacher Wand), Egloffstein (Erlanger Felsentor, Kapuziner, Nebelsteiner Wand), Haunritz (Alter Fritz), Hirschbach (Mittelbergwand, Norissteig, Höhenglückssteig, Schwarzer Brand), Kirchehrenbach (Zwillingstürme und Geierswand am Walberla, Katzenkopf), Muggendorf (Frankenwand), Neuhaus (Allgäuer Turm, Neuhauser Wand), Oberailsfeld (Ailsbacher Turm), Pretzfeld (Rötelfels), Rabeneck (Alitzstein, Alpstein, Frankenländer Kamin, Rabenecker Wand), Rupprechtstegen (Seelmacher-Gedächtniswand, Roter Fels), Stempfermühle (Sachsenturm, Lorenzturm, Schwalbenstein, Martinswand), Streitberg (Hunnenstein, Schauertaler Turm), Tüchersfeld (Fuchsenstein, Püttlachnadel, Püttlacher Turm), Untertrubach (Großer Mönch, Topfstein, Fürther Turm, Fuchsstein, Waldmannspitze, Hohe Geisel), Veilbronn (Noriswand, Totenstein, Pferdekopf, Veilbronner Wand), Vorra (Hohe Wacht), Wichsenstein (Spitzenstein), Würgau (Würgauer Wand, Bamberger Turm, Nürnberger Turm).

**Schwimmbäder** besitzen fast alle größeren Städte und Fremdenverkehrsorte. Viele Freibäder sind beheizt, Hallenbäder sind eine Alternative bei schlechtem Wetter. Das bekannteste und beliebteste Freibad ist das schon 1926 erbaute idyllisch gelegene Felsenschwimmbad bei Pottenstein; über die modernste Anlage verfügt die 1986 eröffnete Obermain Therme in Staffelstein, ein Thermalsolbad mit 600 qm Wasserfläche in sechs Innen- und zwei Außenbekken bei Temperaturen von 34°-36° Celsius.

**Wasserwanderer** mit Kanu oder Faltboot schätzen besonders die Pegnitz ab Neuhaus und die Wiesent ab Hollfeld. Auf der Wiesent werden alljährlich überregionale Meisterschaften ausgetragen. Befahren werden können aber auch die kleinen Nebenflüsse Aufseß, Leinleiter, Püttlach und Trubach. Nähere Hinweise enthalten die Flußwanderkarten 1:25 000 des Bayerischen Kanuverbandes Nürnberg. Boote können stundenweise gemietet werden bei Pottenstein am

Bei Wasserwanderern beliebt
ist die Pegnitz
zwischen Nauhaus und Hohenstadt

Schöngrundsee, bei der Stempfermühle (Behringersmühle), bei Streitberg am Schwimmbad und in Waischenfeld. Der Happurger Stausee bei Hersbruck bietet Gelegenheit zum Segeln und Surfen.

**Angeln** ist in den zahlreichen Bächen und Flüssen immer noch sehr lohnend, besonders das Fliegenfischen auf Forellen und Äschen. Voraussetzung ist auch für den Ferienangler der Besitz eines Fischereischeines seiner Heimatbehörde sowie die Anglererlaubnis für das betreffende Fischwasser. Angelmöglichkeiten bieten Aufseß, Behringersmühle, Ebermannstadt, Forchheim, Happurg, Hollfeld, Hundshaupten, Kirchahorn, Muggendorf, Neuhaus/Pegnitz, Pegnitz, Pottenstein, Pretzfeld, Streitberg, Tüchersfeld, Velden, Waischenfeld. Nähere Auskünfte durch die örtlichen Verkehrsämter.

**Tennisplätze,** Minigolf-Anlagen und Kegelbahnen befinden sich in den meisten Fremdenverkehrsorten.

**Golfplätze** bestehen in Ebermannstadt-Kanndorf und Thurnau bei Kulmbach mit jeweils 18 Löchern.

**Reitsport** kann in mehreren Orten ausgeübt werden. Angebote für Reiter und Pferd halten bereit Betzenstein, Birkenreuth, Burggaillenreuth, Ebermannstadt, Forchheim, Pegnitz, Pottenstein und Rupprechtstegen. Näheres durch die Verkehrsämter.

**Segel- und Motorsportflieger** finden Flugplätze in Ebermannstadt-Burg Feuerstein (Fränkische Fliegerschule e.V.), Forchheim, Hersbruck, Pegnitz, Friesen bei Bamberg sowie auf dem Hetzleser Berg. Die meisten Flugplätze veranstalten auch Rundflüge.

**Wintersport.** Dem Skifahrer bieten sich besonders Möglichkeiten zu ausgedehnten Skiwanderungen. In einigen Orten gibt es Langlaufloipen und kleinere Abfahrtpisten mit Schleppliften. Beliebt sind auch Eislauf, Eisstockschießen und Rodeln.

Die wichtigsten Orte mit Wintersporteinrichtungen: Betzenstein (70km Loipen zwischen Betzenstein und Spies), Bärnfels (Liftanlagen mit Flutlicht am Wolfstein, Rodelbahn), Bodendorf/Trockau (Skilift), Happurg (Eisbahn), Hersbruck (Eisstockschießen, Eisbahn, Rodelbahn), Hohenstein (2 Lifte mit Flutlicht), Kosbrunn bei Pegnitz (Skilift), Neunkirchen am Brand (Lift am Nordhang des Rödlaser Berges), Obertrubach (Langlaufloipen), Pegnitz (Kunsteisstadion, Eislauf, Langlaufloipen), Pottenstein (Natureisbahn, Eislauf, Eisstockschießen), Schnaittach (2 Lifte und Sprungschanze am Rothenberg, Rodelbahn), Spieß (Skiliftanlage mit Flutlicht), Veldensteiner Forst (Langlaufloipen).

## Museen und Sammlungen

(Nähere Angaben bei den jeweiligen Ortsbeschreibungen)

**Bamberg:** Mehrere Museen, → S. 108.
**Banz:** Versteinerungssammlung im ehem. Klostergebäude.
**Bayreuth:** Mehrere Museen, → S. 128.
**Betzenstein:** Heimatmuseum mit geologischer Sammlung.
**Burgkunstadt:** Schustermuseum am Marktplatz.
**Creussen:** Krügemuseum im hinteren Torturm.
**Ebermannstadt:** Heimatmuseum mit geologischer Sammlung.
**Erlangen:** Mehrere Museen, → 142.
**Feucht:** Raumfahrtmuseum, Bienenzucht-Museum.
**Forchheim:** Pfalzmuseum mit geologischen Sammlungen.
**Fürth:** Stadtmuseum im Schloß Burgfarrnbach.
**Gößweinstein:** Heimatmuseum in einem ehem. Bauernhaus.
**Heiligenstadt:** Waffensammlung in der Burg Greifenstein.
**Hersbruck:** Hirten- und Heimatmuseum.
**Klosterlangheim:** Heimatmuseum.
**Kulmbach:** Zinnfigurenmuseum in der Plassenburg.
**Lauf:** Gewerbe- und Frühindustriemuseum.
**Michelau:** Deutsches Korbmuseum mit Korbmacherwerkstatt.
**Neunhof/Nürnberg:** Knoblauchsland-Museum, Schloßmuseum.
**Nürnberg:** Mehrere Museen, → S. 213.
**Pottenstein:** Burgmuseum auf der Burg.
**Pottenstein-Tüchersfeld:** Fränkische-Schweiz-Museum.
**Sanspareil:** Morgenländischer Bau mit Museum.
**Scheßlitz:** Giechburg mit wechselnden Ausstellungen.
**Schnaittach:** Heimatmuseum in der ehemaligen Synagoge.
**Schwabach:** Stadtmuseum mit Handwerkserzeugnissen.
**Staffelstein:** Heimatmuseum in der ehem. Volksschule.
**Thurnau:** Töpfermuseum.
**Waischenfeld:** Museum im Neuen Schloß (Haus des Gastes).
**Weismain:** Heimatmuseum im Rathaus.

## Burgen, Schlösser und Ruinen

**Artelshofen:** Ehem. Wasserschloß mit Herrenhaus von 1553.
**Aufseß:** Schloß Unteraufseß 12. Jh., Barockschloß Oberaufseß.
**Bamberg:** Neue Residenz (barock), Schloß Seehof (barock).
**Bayreuth:** Altes Schloß, Neues Schloß, Eremitage.
**Betzenstein:** Burganlage des 12. Jh., weitgehend verändert.

**Burggaillenreuth:** Keltische Fliehburg (Wälle); Burg 14./15. Jh.
**Egloffstein:** Burg-Schloß aus dem 12. Jh. auf steilem Fels.
**Erlangen:** Barockes Schloß des frühen 18. Jh.
**Eschenbach:** Ehem. Wasserschloß aus dem 16. Jh.
**Forchheim:** Ursprüngliche Wasserburg des 12. Jh. (Pfalz).
**Freienfels:** Schloß ursprünglich 14. Jh., Neubau 18. Jh.
**Giech bei Scheßlitz:** Burgruine aus dem 12. Jh.
**Gößweinstein:** Burg des 11. Jh., im 19. Jh. verändert.
**Hartenstein:** Ehem. oberpfälzische Amtsburg um 1300.
**Heiligenstadt:** Schloß Greifenstein aus dem 12./16. Jh.
**Heroldsberg:** Geuder-Schlösser aus dem 16. Jh.
**Hilpoltstein:** Burganlage um 1300 in aussichtsreicher Lage.
**Hohenstein:** Ruine einer Burg des 12. Jh. auf steilem Fels.
**Hundshaupten:** Renaissance-Schloß 16.-17. Jh., barockisiert.
**Kirchensittenbach:** Zweiflügeliges Schloß aus dem 16. Jh.
**Kulmbach:** Plassenburg hoch über der Stadt, Renaissance.
**Kunreuth:** Wasserschloß der Freiherren von Egloffstein, 16. Jh.
**Lauf:** Wenzelschloß aus dem 12. Jh. auf der Pegnitzinsel.
**Neideck bei Streitberg:** Ruine einer Burg aus dem 12. Jh.
**Nürnberg:** Kaiserburg aus dem 12. Jh.
**Plankenfels:** Burg-Schloß aus dem 13. Jh.
**Pottenstein:** Burg aus dem 10. Jh. hoch über der Stadt.
**Pretzfeld:** Burg-Schloß aus dem 12./18. Jh.
**Rabeneck:** Burg aus dem 13. Jh. hoch über der Wiesent.
**Rabenstein:** Burg aus dem 12./16. Jh., heute Schloßhotel.
**Rothenberg bei Schnaittach:** Festungsruine aus dem 13./18. Jh.
**Sanspareil:** Barockschloß, Naturpark und Burg Zwernitz 12. Jh.
**Simmelsdorf:** Ehem. Wasserschloß 14. Jh., 1598 in Tucherbesitz.
**Streitburg bei Streitberg:** Ruine einer Burg aus dem 12. Jh.
**Strössendorf:**Renaissance-Schloß mit altem Bergfried.
**Thurnau:** Schloßanlage aus dem 13.-18. Jh.
**Trockau:** Schloß aus dem 13. Jh.
**Veldenstein:** Große Burganlage aus dem 13. Jh.
**Waischenfeld:** Burganlage aus dem 13. Jh. (Steinerner Beutel).
**Wernstein:** Renaissance-Burg von Caspar Vischer.
**Wiesentfels:** Schloß der Grafen von Giech des 15./16. Jh.
**Wiesenthau:** Gut erhaltenes Renaissance-Schloß (Privatbesitz).

## Bedeutende Kirchen

**Auerbach-Michelfeld:** Barocke ehem. Benediktinerklosterkirche.
**Bamberg:** Kaiserdom, St. Michaelskirche, Obere Pfarrkirche.
**Banz:** Ehem. Klosterkirche in prunkvollem Barock.
**Bayreuth:** Gotische Stadtkirche, Schloßkirche in Rokoko.
**Buttenheim:** Barockpfarrkirche von J.M. Küchel.
**Ebermannstadt:** Marienkapelle mit Strahlenglanzmadonna.
**Erlangen:** Hugenottenkirche mit kostbarer Barockorgel.
**Gößweinstein:** Barocke Wallfahrtsbasilika von B.Neumann.
**Hersbruck:** Pfarrkirche mit spätgotischem Flügelaltar.
**Hilpoltstein:** Pfarrkirche mit Flügelaltar von 1626.
**Kalchreuth:** Spätgotische Kirche mit wertvollem Kunstbesitz.
**Katzwang:** Ehem. Wehrkirche mit reicher Ausstattung.

**Kleinschwarzenlohe:** Kirche mit wertvoller Ausstattung.
**Lichtenfels:** Pfarrkirche mit kostbaren Bronze-Reliefs.
**Lindenhardt:** In der Dorfkirche Flügelaltar von M. Grünewald.
**Neunkirchen am Brand:** Gotische Klosterkirche.
**Nürnberg:** Sebaldus-, Lorenz- und Frauenkirche (Ausstattung!).
**Oberailsfeld:** Barockpfarrkirche.
**Osternohe:** Gotische Pfarrkirche mit wertvollem Altar
**Pottenstein:** Pfarrkirche mit Barockhochaltar.
**Pretzfeld:** Barockpfarrkirche von J.M. Küchel.
**Rabenstein:** Romanisch-spätgotische Klaussteinkapelle.
**Scheßlitz:** Gotische Pfarrkirche mit barocker Ausstattung.
**Schwabach:** Gotische Stadtkirche mit ursprünglicher Ausstattung.
**Thurnau:** Barockpfarrkirche.
**Velden:** Pfarrkirche mit gotischen Altären.
**Vierzehnheiligen:** Barock-Basilika von Balthasar Neumann.
**Vorra:** Pfarrkirche mit romanischem Chorturm-Untergeschoß.

## Aussichtspunkte

**Burgruine Hohenstein** nördlich von Hersbruck, 634 m.
**Kleiner Kulm** bei Pegnitz nahe der Autobahn, 626 m.
**Hohenmirsberger Platte** bei Pottenstein, 614 m.
**Arzberg** bei Hersbruck, Aussichtsturm, 611 m.
**Moritzberg** bei Lauf, isoliert aufragender Inselberg, 600 m.
**Burgruine Leienfels** bei Obertrubach, 590 m.
**Wichsenstein** bei Gößweinstein, Burgfelsen, 587 m.
**Neubürg bei Wohnsgehaig** nordöstlich von Waischenfeld, 586 m.
**Signalfels** nordwestlich von Wolfsberg, 582 m.
**Friesener Warte** östlich von Hirschaid/Regnitz, 562 m.
**Rothenberg** bei Schnaittach, Festungsruine, 557 m.
**Görauer Anger,** Hochfläche bei Weismain, 552 m.
**Hetzleser Berg,** Hochfläche bei Neunkirchen am Brand, 548 m.
**Schloßberg** bei Pegnitz, Aussichtsturm, 543 m.
**Staffelberg** bei Staffelstein, 539 m.
**Großer Kordigast** bei Weismain, 536 m.
**Adlerstein** bei Engelhardsberg/Muggendorf, 531 m.
**Henrici-Aussichtsturm** bei Hollfeld, 523 m.
**Hohes Kreuz** bei Engelhardsberg/Muggendorf, 523 m.
**Lange Meile,** Höhenzug nordöstlich von Forchheim, 515 m.
**Kreuzberg** bei Ebermannstadt, Aussichtsturm, 513 m.
**Ehrenbürg,** volkstümlich „Walberla“, Nordgipfel, 512 m.
**Wallerwarte** bei Ebermannstadt, 500 m.
**Rehberg** bei Kulmbach, Aussichtsturm, 493 m.

## Für den Bücherfreund

**Karl Brückner,** Am Sagenborn der Fränkischen Schweiz. Sagen, Legenden und Lokalgeschichtliches aus den Jurabergen. Zwei Bände von 1921 und 1929 als Faksimile-Nachdruck in einem Band. Antiquariat Murr am Alten Rathaus in Bamberg.

**Siegfried Bufe,** Lokalbahn Forchheim – Fränkische Schweiz. Der Band schildert in Wort und Bild die wechselvolle 90jährige Geschichte dieser fränkischen Nebenbahn, die als Museumsbahn noch heute zwischen Ebermannstadt und Behringersmühle in Betrieb ist. Verlag Dampfbahn Fränkische Schweiz, Ebermannstadt.

**Joh.-B. Haversath,** Mühlen in der Fränkischen Schweiz. Beschreibungen und Ansichten von gestern und heute. Verlag Palm & Enke, Erlangen.

**Joseph Heller,** Muggendorf und seine Umgebungen oder die Fränkische Schweiz. Nachdruck der Bamberger Ausgabe von 1829, erschienen beim Verlag Palm & Enke, Erlangen.

**Friedrich Hermann,** Höhlen der Fränkischen und Hersbrucker Schweiz. Erläutert werden die wichtigsten und interessantesten Höhlen. Bildtafeln und Zeichnungen ergänzen den Text. Pustet Verlag, Regensburg.

**Alfred Höhn,** Fachwerkbauten in Franken. Auf 125 Fotos werden die schönsten fränkischen Fachwerkbauten mit erläuternden Texten vorgestellt. Echter Verlag, Würzburg.

**Dietrich Höllbuger** und **Wolfgang Kaul,** Wanderführer für Biertrinker. Band Fränkische Schweiz und Band Frankenalb. Zwei originelle Wanderführer, die sich mit den dargestellten Wanderrouten an den gerade in dieser Region noch zahlreichen Privatbrauereien mit angeschlossenen Gaststätten orientieren. Dort gibt es nicht nur gutes Bier, sondern auch eine gute hausgemachte Brotzeit. Verlag Hans Carl, Nürnberg.

**Gernot Messarius,** Fichtelgebirge; Goldstadt-Reiseführer Band 318. Oberpfalz; Goldstadt-Reiseführer Band 310. Zwei Führer über die benachbarten Gebiete.

**Ursula Pfistermeister,** Fränkische Schweiz – Hersbrucker Schweiz. Porträt der Landschaft mit ganzseitigen Farbtafeln von der Autorin, zahlreichen Wiedergaben alter Stiche und vielen erläuternden Texten über Land und Leute. Verlag Hans Carl, Nürnberg.

**Ursula Pfistermeister,** Nürnberg – Zauber einer unvergänglichen Stadt. Farbbilder, alte Stiche und erläuternde Texte über die geschichtliche, kulturelle und volkskundliche Entwicklung der ehemaligen Reichsstadt. Verlag Hans Carl, Nürnberg.

**Peter Pocharsky,** Die Kirchen in der Fränkischen Schweiz. Ein Führer zu über 130 Kirchen, gegliedert nach den einzelnen Stilepochen. Verlag Palm & Enke, Erlangen.

**Christoph Schaller,** Die Pfingstreise von 1793 durch die Fränkische Schweiz, den Frankenwald und das Fichtelgebirge nach Ludwig Tieck und Wilhelm Heinrich Wackenroder. Verlag Wilhelm Saalfrank, Helmbrechts und Kulmbach.

**Jürgen Weber,** Das Ehekarussell. Der Hans-Sachs-Brunnen in Nürnberg. Der Autor ist Künstler und Schöpfer des viel diskutierten, 1984 erstellten Brunnens, der nach dem Hans-Sachs-Gedicht „Das bittersüße ehlich Leben" in einem Karussell von sechs Wagen abwechselnd negative und positive Szenen der Ehe darstellt. Edelmann Verlag, Nürnberg.

## Wander-, Rad- und Tourenkarten

Für die Anreise zum Urlaubsgebiet empfiehlt sich eine Karte mit großem Maßstab. In der Fränkischen Schweiz fahren Sie gut mit einer Tourenkarte 1:200 000 oder einem Straßenatlas. Diese Karte ist auch sehr handlich im Gebrauch bei Radwanderungen. Sehr umfangreich ist das Angebot an Wanderkarten, die im Maßstab von 1:100000, 1:50000, 1:30000, 1:25000 und auch noch größer zu erhalten sind (→ S. 250). Spezialkarten für den Mineraliensammler z.B. können beim Internationalen Landkartenhaus GeoCenter in 7000 Stuttgart 80, Postfach 80 08 30, bezogen werden.

# ORTSREGISTER

(Die angegebene Seitenzahl bezieht sich jeweils auf das Hauptstichwort)

# STICHWORTVERZEICHNIS

## Fotografieren, damit Ihre schönsten Urlaubserinnerungen nicht verblassen!

Die Mehrheit der fotografierenden Weltenbummler bevorzugt für die Aufzeichnung ihrer Urlaubserinnerungen das farbige Papierbild, während für andere das Farbdia in der großflächigen Projektion das Nonplusultra bedeutet. Wofür Sie sich auch entscheiden, möglicherweise für beides und zwei Kameras: die Qualität Ihrer Bilder wird durch die Qualität des verwendeten Filmmaterials entscheidend mitbestimmt. Deshalb verwenden wir Filme, die auch von Profis gekauft werden.

Kodak beispielsweise, auf dem Filmsektor weltweit führend, bietet Filme für jede Kamera und jede Aufnahmesituation an. Die gebräuchlichsten Filme auf Reisen und auch sonst: Kodacolor Gold Filme für Papierbilder in satten, natürlich wirkenden Farben, und Ektachrome oder Kodachrome Filme für brillante Farbdias. Es gibt diese Filme in verschiedenen Lichtempfindlichkeiten: Mit dem Kodacolor Gold 200 Film (24°) werden Sie die meisten Tageslichtverhältnisse meistern, ebenso – falls Sie Dias bevorzugen – mit dem Ektachrome 200 oder dem Kodachrome 200 Film. Ein farblich überaus interessantes Material ist auch der neue Ektachrome 100 HC Film (21°). Für Aufnahmen bei wenig Licht und für Aufnahmen mit langbrennweitigen Teleobjektiven stehen auch Filme mit 400 und 1000 ISO (27° und 31°) zur Verfügung. So z.B. der neue Kodak Ektar 1000 Film, das in dieser Empfindlichkeitsklasse schärfste Material für Papierbilder mit exzellenter Farbwiedergabe.

Eine grundsätzliche Anmerkung noch zum Filmkauf: decken Sie den Filmbedarf für Ihre Reise bei Ihrem Fotohändler. Er wird Ihnen einwandfreies Material zu vernünftigen Preisen anbieten. Im Ausland müssen Sie fast überall mehr dafür bezahlen und oft auch für Material, dessen Qualität z.B. durch Hitzeeinwirkung gelitten hat. Wichtig ist auch, daß Ihre belichteten Filme möglichst bald in ein Fotolabor gegeben werden, damit Sie die Farben auf Ihren Bildern so wiederfinden, wie Sie sie gesehen haben.

Wie beim Filmmaterial sollten Sie auf Qualität und Ausrüstung der Kamera Wert legen – handlich in der Bedienung, vielseitig in der Aufnahmetechnik und trotzdem klein im Gepäck. Besonders das Objektiv ist entscheidend für die Qualität Ihrer Aufnahmen. Deshalb sind lichtstarke Zoomobjektive eine empfehlenswerte Ausrüstung. Bei Leica z.B. die Vario-R-Objektive 1:3,5/35-70 mm und Vario R 1:4/70-210 mm mit unerreichten Zeichnungseigenschaften in der Kleinbildfotografie.

Die heute viel verwendeten Kompaktkameras sind natürlich die einfachste Ausrüstung, um seine Urlaubserinnerungen festzuhalten. Auch in diesem Markt hat Leica mit ihren Qualitätsobjektiven ein Angebot: Leica AF-C1 ist mit allen Automatikfunktionen und einem Bifokal-Objektiv ausgestattet, das sich von der Weitwinkelposition 1:2,8/40 mm auf Knopfdruck in die Telestellung 1:5,6/80 mm umschalten läßt. Mit beiden Brennweiten sind auch Nahaufnahmen bis 70 cm möglich.

Und nun – viel Erfolg für ein „farbiges Reiseerlebnis".